Josef Fleckenstein

Grundlagen und Beginn der deutschen Geschichte

Deutsche Geschichte

Herausgegeben
von Joachim Leuschner

Band 1

Josef Fleckenstein
Grundlagen und Beginn der deutschen Geschichte

VANDENHOECK & RUPRECHT IN GÖTTINGEN

JOSEF FLECKENSTEIN

Grundlagen und Beginn der deutschen Geschichte

VANDENHOECK & RUPRECHT IN GÖTTINGEN

Josef Fleckenstein

geboren 18. 2. 1919, studierte — mit neunjähriger Unterbrechung durch Krieg und Gefangenschaft — in Leipzig, Mainz und Freiburg Geschichte, Kunstgeschichte, Germanistik und Latein, 1952 Promotion in Freiburg/Breisgau, 1958 Habilitation ebenda; anschließend Privatdozent in Freiburg und Göttingen, 1962—1965 ordentlicher Professor in Frankfurt/M., 1965—1971 in Freiburg/Breisgau, seit 1971 Direktor des Max-Planck-Instituts für Geschichte und Honorarprofessor in Göttingen.

Hauptforschungsgebiete: Verfassungs- und Sozialgeschichte sowie Geistesgeschichte des Mittelalters.

Veröffentlichungen u. a.: Die Bildungsreform Karls des Großen als Verwirklichung der norma rectitudinis (1953), Die Hofkapelle der deutschen Könige (2 Bde., 1959/66), Karl der Große (1962), Das Reich der Ottonen im 10. Jahrhundert (Gebhardts Handbuch der deutschen Geschichte I, 1970), ferner Spezialarbeiten zur Geschichte des frühen deutschen Adels und Vorarbeiten für eine Geschichte des mittelalterlichen Rittertums.

DEN FREIBURGER FREUNDEN

Kleine Vandenhoeck-Reihe 1397

Umschlag: Hans Dieter Ullrich. Gesamtherstellung: Hubert & Co., Göttingen

ISBN 3—525—33361—7

VORWORT DES HERAUSGEBERS

Eine Deutsche Geschichte scheint ein Anachronismus zu sein, unzeitgemäß in einer Zeit, in der die Nationen in neue historisch-politische Gebilde eingehen: wirtschaftliche, kulturelle, politische Einheiten, soziale und gewiß ideologische, in denen die älteren Staaten aufgehoben sind. Diese großräumigen Formen gewinnen bereits eigene Geschichte; es entsteht in ihnen ein Bewußtsein ihrer selbst. Mit den Nationalstaaten schwinden Nationen und nationales Bewußtsein. Was soll da eine Deutsche Geschichte?

Ist diese nicht auch methodisch zweifelhaft geworden? Selbst wenn man das Problem beiseiteschiebt, ob es jemals eine einheitliche Geschichte der Deutschen gegeben habe, ist die Frage aufgeworfen, ob nicht an die Stelle der älteren historischen Gegenstände sozioökonomische getreten seien, die eher sozialwissenschaftlich als historisch zu analysierende „Strukturen" wären. Es wird behauptet, daß dem Schwund des nationalen Bewußtseins ein Schwinden des historischen folge. Abermals also: was soll da eine Deutsche Geschichte?

Verfasser, Herausgeber und Verleger haben die hier nur skizzierten Probleme mehrfach bedacht; sie fühlten sich am Ende in dem einmal gefaßten Plane grundsätzlich ermutigt. Das historische Interesse ist nicht nur vorhanden, sondern ein neues Geschichtsbedürfnis offensichtlich im Wachsen begriffen.

Freilich kann Deutsche Geschichte nicht mehr als Nationalgeschichte geschrieben werden. Weder Historie der aufeinanderfolgenden Dynastien noch Entwicklung von Volk und Nation im älteren Sinne können die Grundgedanken des Ganzen sein; nicht Macht und Glanz der Herrscher, auch nicht Elend und Untergang des Volkes, weder Ruhm und Verklärung noch Klage und Selbstmitleid. Vielmehr versucht diese Deutsche Geschichte zu Belehrung und Diskussion allgemeine Erscheinungen am deutschen Beispiel zu zeigen. Diese Deutsche Geschichte setzt universalhistorisch ein und mündet in Weltgeschichte, deren Teil sie ist. In allen Perioden wird der Zusammenhang mit der europäischen Geschichte deutlich, soll dem allgemein-historischen Aspekt der Vorrang vor dem eng-„nationalen" gegeben werden.

Deutsche Geschichte als einen Teil der europäischen zu schreiben, wird hier also versucht. Aber noch in anderem Sinne ist deutsche Geschichte fast niemals im engen Begriff „Nationalgeschichte" gewesen: sie war und ist vielmehr Partikulargeschichte. Die Vielfalt ihrer Regionalgeschichten macht ihren Reichtum aus. Wer mit der Forderung ernst machen will, die historisch-politischen „Strukturen" und Grundfiguren, rechts-, verfassungs- und sozialgeschichtliche Phänomene stärker als herkömmlich zu berücksichtigen; wer die bleibenden und weiterwirkenden Erscheinungen hervorheben will, muß sich der Ergebnisse moderner landesgeschichtlicher Forschung bedienen. Nicht so sehr ob, sondern wie heute eine Deutsche Geschichte gewagt werden könne, ist Gegenstand unseres Nachdenkens gewesen.

Die politische Geschichte im weitesten Sinne hat den Vorrang; sie bestimmt die Periodisierung. Politik: das heißt nicht „Haupt- und Staatsaktionen", sondern umfaßt die gesellschaftlichen, wirtschaftlichen und rechtlichen Erscheinungen, ein Geflecht aus wechselseitigen Beziehungen. Daß der Historiker sich auch sozialwissenschaftlicher Methoden bedient, ist selbstverständlich. Dennoch bleibt Geschichte eine Erkenntnisweise eigener Art. Politische Geschichte in dem hier gemeinten Sinne integriert das alles und lehrt den Wandel der Dinge erkennen.

Diese Deutsche Geschichte ist von Verfassern der sogenannten mittleren Generation geschrieben worden, sowohl dem Alter wie der politischen Erfahrung und Auffassung nach. Selbstverständlich trägt jeder Einzelne Verantwortung für seinen Band, hat er für diesen Freiheit. Verfasser und Herausgeber, gebrannte Kinder durch Geschichte allesamt, haben ein kritisches Verhältnis zu ihrem Gegenstand. Darin stimmen sie ebenso überein wie in dem Vorhaben, Geschichte zu schreiben. Weder ein Bündel von Einzelstudien noch positivistische Sammlung, weder Kompilation noch bloße Problemanalysen oder Ereignisgeschichte werden geboten, sondern eine geformte Darstellung des heute und für uns historisch Wichtigen. Insofern verfolgt diese Deutsche Geschichte eine pädagogische Absicht. Indem sie sich an Studenten und Lehrer, ebenso an alle wendet, die etwas von deutscher Geschichte wissen und aus ihr lernen wollen, versucht sie, Probleme in Erzählung, Begriffe in Anschauung umzusetzen. Sie setzt nichts voraus als das Interesse ihrer Leser; sie breitet Stoff und Probleme aus, indem sie analysiert *und* erzählt. Wo immer möglich, wird der gegenwärtige Stand der Forschung erkennbar, ohne im einzelnen belegt zu sein.

Das Ziel also ist weit gesetzt: den Stoff zugleich ausbreitende, ordnende und durchdringende Geschichtschreibung, und das heißt allemal auch: Reflexion, Urteil und Aufklärung.

Straßburg, 19. September 1973 Joachim Leuschner

INHALT

Einleitung

DEUTSCHE GESCHICHTE ALS EUROPÄISCHE GESCHICHTE

Seit die Humanisten die deutsche Geschichte entdeckt haben, ist sie mit einer eigentümlichen Problematik beladen, die aus den Kämpfen und Zielen ihrer eigenen Zeit erwachsen ist. Sie äußert sich über Jahrhunderte in der pathetischen Forderung der Freiheit von Rom und der römischen Welt. Ihr Symbol wurde der Cherusker Arminius, in dessen durch Tacitus vermittelter Gestalt sie die Abwehr Roms mit der Behauptung germanisch-deutscher Eigenständigkeit verkörpert sahen. So beschworen sie ihn, von gelehrten, religiösen und politischen Vorstellungen ihrer Zeit bestimmt, als Leitfigur der deutschen Geschichte.

Lange vor den Romantikern haben damit die von Bibel, Kirchenvätern und antiken Autoren inspirierten Humanisten die geistige Absonderung Deutschlands aus der geschichtlichen Gemeinsamkeit Europas eingeleitet. Denn im übrigen Europa, vor allem in Frankreich, haben eben diese Humanisten merkwürdigerweise genau die gegenteiligen Überzeugungen genährt, indem sie dort anstelle des deutschen Pathos der Freiheit von Rom das Ethos der kulturellen Nachfolge Roms verkündeten. So ergab sich die paradoxe Situation, daß das Erbe des Imperium Romanum außerhalb des Heiligen Römischen Reiches Deutscher Nation bereitwilliger und selbstverständlicher aufgenommen wurde als im Reich selbst, obwohl dieses sich als dessen legitimen Nachfolger verstand.

Diese Grundkonstellation ist auch in die aufblühende Geschichtswissenschaft eingegangen. Sie drückt sich in aller Deutlichkeit in der unterschiedlichen Auffassung der Einbettung der europäischen Nationen in ihren Geschichtsgrund aus. Indem man dabei den Ursprungsgedanken verabsolutierte, wurde Deutschland wie die nordischen Länder mit Germanien gleichgesetzt, Frankreich hingegen ebenso wie Italien mit dem Römischen Reich verknüpft. Dementsprechend bezog noch ein so nüchtern-klarer Historiker wie Georg Waitz die Westgermanen in die „älteste deutsche Geschichte" ein, während Fustel de Coulanges, der Waitz der französischen

Geschichtsschreibung, seine Darstellung der französischen Geschichte mit dem Erbe der Antike beginnen läßt. Die unterschiedliche Rückbindung drückt offensichtlich zugleich eine deutliche Trennung aus: Der Limes ging gleichsam auch durch die Geschichtsschreibung des 19. Jahrhunderts noch hindurch. Er ist erst in diesem Jahrhundert allmählich durch die Forschung abgebaut worden.

Mehr und mehr wurde dabei deutlich, wie germanische Kräfte auch in Frankreich, Italien und Spanien, antike – in gestaffelten Zonen – auch in Deutschland und England, und christliche darüber hinaus in allen europäischen Ländern wirksam waren. Und auch der zuvor völlig übersehene slawische Anteil am Aufbau Europas wurde plötzlich einsichtig. Damit traten nun wieder Gemeinsamkeiten in den Blick, die lange Zeit verdeckt, den früheren Jahrhunderten aber wohlvertraut, ja selbstverständlich gewesen waren.

Im ganzen Mittelalter haben alle großen Bewegungen ganz Europa erfaßt, und wenn etwa die Differenzen zwischen Frankreich und Deutschland auch bis in ihre Anfänge zurückreichen, so war man sich doch noch lange bewußt, daß ihr Streit letztlich ein Streit zwischen feindlichen Brüdern war. Er ging im Grunde um ein Erbe, das die Rivalen auch noch im Streit verband: das Erbe Karls des Großen.

Das Karlsreich hat Europa zum erstenmal in seinen Grenzen politisch zusammengefaßt. Als es zerfiel, gingen aus ihm die europäischen Nationen hervor. Sie wurzeln, zumindest in ihrem Kernbestand, in eben diesem Reich, und die Gemeinsamkeiten, die sie alle geschichtlich verbinden, sind im buchstäblichen Sinne im Karlsreich grundgelegt. Darum ist Karl der Große eine Schlüsselfigur der europäischen Geschichte. Und da er in seinem Reich, in dem er Europa zusammenschloß, zugleich die Grundlagen für das künftige Deutschland – wie für das künftige Frankreich – gelegt hat, ist er ebenso eine Schlüsselfigur der deutschen – wie auch der französischen – Geschichte.

Er ist dies in einem ganz anderen Sinne, und man darf wohl sagen: auch mit einem höheren historischen Recht als Arminius: Der Frankenherrscher und erste Kaiser des Mittelalters hat den Cheruskerfürsten gleichsam historisch korrigiert, indem er Germanen und Romanen in seinem Reich zusammenband. So ist es symptomatisch, daß man sich im mittelalterlichen Deutschland (nicht anders als in Frankreich) allenthalben, wo und wann man einer historischen Legitimation bedurfte, auf Karl den Großen berief, die Erinnerung an Arminius hingegen verlor.

Es ist denn auch kein Zufall, daß Arminius in der Zeit des Aufstiegs der Nationalstaaten wiederentdeckt wurde, und daß man in ihm unter der Einwirkung des nationalen Gedankens gleichsam die Gegengestalt zu Karl dem Großen sah, die, auf die deutsche Geschichte bezogen, deren Eigenständigkeit, damit aber auch ihre nationale Absonderung und Introversion symbolisiert. Ihr gegenüber verweist die Gestalt Karls des Großen auf die Gemeinsamkeit der europäischen Völker. Von Karl dem Großen her gesehen, muß deutsche Geschichte als europäische Geschichte verstanden werden.

Das bedeutet, auf eine allgemeine Formel gebracht, daß die deutsche Geschichte auf Voraussetzungen beruht, durch die sie von ihren Anfängen an in europäische Zusammenhänge eingebunden ist.

Diese Zusammenhänge, die der älteren, universal ausgerichteten Forschung noch bewußt waren, treten jetzt erneut in unseren Blick, nachdem sie unter der Herrschaft nationalstaatlichen Denkens lange Zeit verdeckt gewesen sind. Der Wandel der Auffassung spiegelt sich in der Diskussion um die Entstehung des deutschen Reiches auf symptomatische Weise wider.

Sie setzt, ausgelöst durch die Erfahrung der Befreiungskriege, zu Beginn des 19. Jahrhunderts ein und reaktiviert die Einsicht, daß deutsche und germanische Geschichte nicht identisch seien. Aus dem Bedürfnis, sie gegeneinander abzugrenzen, wandte man sich folgerichtig der Untersuchung der verschiedenen Teilungen des Karolingerreiches zu. Dabei engte sich die Diskussion zeitlich wie räumlich immer stärker ein, und Johannes Haller zog daraus in seinen ebenso eindrucksvollen wie einseitigen „Epochen der deutschen Geschichte" die letzte Konsequenz, indem er erklärte, deutsche Geschichte gebe es erst, seit es ein deutsches Volk gebe; ein deutsches Volk gebe es aber erst, seit die deutschen Stämme zu einem Ganzen vereinigt seien, und diese Vereinigung sei im Jahre 911 mit der Wahl und dem Herrschaftsantritt Konrads I. erfolgt. Also beginne die deutsche Geschichte gleichsam punktuell im Jahre 911.

So klar und folgerichtig indessen diese Auffassung erscheint, so hat sie jedoch nie befriedigen können; denn ganz abgesehen davon, daß sich noch andere Wendepunkte anführen ließen, die nicht weniger einschneidend waren als die Wahl Konrads I., konnte man nicht übersehen, daß die Entstehung des deutschen Reiches ein viel zu komplexer Vorgang war, als daß man ihm mit der Bestimmung eines einzigen Jahres als „Entstehungsjahr" gerecht werden konnte. So weitete sich die Diskussion bald wieder aus, und in ihrer jüngsten, den heutigen Forschungsstand markierenden Phase ist sie trotz mancher Differenzen im einzelnen von der gemeinsamen Grundauffassung bestimmt, daß es sich um einen langgestreckten und mehrschichtigen Prozeß handelt, der mehrere Wendepunkte enthält, und daß diese Wendepunkte jeweils auf einzelne Teilerscheinungen verweisen, die erst in ihrer Gesamtheit die große Veränderung erkennen lassen, in der sich uns die Entstehung des deutschen Reiches darstellt.

Die Diskussion schließt als ein wesentliches Ergebnis die Einsicht ein, daß die Entstehung des Reiches nicht aus sich selbst heraus verstanden werden kann (weshalb sie auch nicht durch die bloße – nach wie vor freilich unverzichtbare – Rekonstruktion des äußeren Ablaufs der Ereignisse zureichend zu erforschen ist), da sie auf Voraussetzungen beruht, die ihr vorgegeben waren. So gehört es zum Wesen der deutschen wie aller Geschichte, daß sie gleichsam vor ihren Beginn zurückweist. Diese Feststellung gilt auf andere Weise auch für die folgenden Jahrhunderte. Es wird sich uns immer wieder zeigen, daß auch im Fortgang der Geschichte Zusammenhänge wirksam bleiben, die auf ältere Vorstufen zurückgehen und sich auf ganz Europa beziehen; das heißt: die deutsche Geschichte basiert auf europäischen Voraussetzungen und pulsiert in europäischen Zusammenhängen.

Die vorliegende Darstellung ist darum bemüht, diesem Sachverhalt Rechnung zu tragen. Sie hat als Einleitung einer mehrbändigen Deutschen Geschichte deren Beginn zu schildern und kann sich dabei auf eine Reihe vorzüglicher Untersuchungen und Darstellungen stützen. Indem sie sich ihnen beigesellt, möchte sie jedoch auch einen Beitrag leisten, der entsprechend unseren Vorüberlegungen darin liegen soll, daß sie mit besonderem Nachdruck auf die übergreifenden Zusammenhänge abhebt, das heißt: daß sie die deutsche Geschichte von vornherein als europäische Geschichte behandelt und daß sie sie besonders von ihren Grundlagen her zu erschließen sucht. Dabei verstehen wir die Grundlagen nicht nur als Ausgang, sondern als weiterwirkende Bedingungen der deutschen Geschichte und ihren Beginn als Ergebnis des allmählichen Aufstiegs eines fränkischen Teilreiches, das sich einerseits unter neuen Bedingungen verselbständigt, andererseits aber auch, freilich in gewandelter Form, den alten Zusammenhängen verhaftet bleibt. In dieser Doppelspannung zwischen allgemeinen und besonderen Kräften, zwischen einer weiteren, sich äußerlich lockernden, aber untergründig weiterhin wirksamen und einer engeren, sich politisch verfestigenden Gemeinsamkeit formt sich die deutsche Geschichte aus. Sie setzt in ihrer Entstehung wie in ihrer Existenz Europa voraus.

Dementsprechend wollen wir im folgenden die europäische Komponente der deutschen Geschichte zu akzentuieren suchen. Wir lenken damit den Blick in erster Linie auf ihre typischen und erst in zweiter

Linie auf ihre individuellen Züge, die freilich auch nicht fehlen dürfen; denn im Gewebe der Geschichte bilden die einen die Kette, die anderen den Schuß. Das heißt: unsere Darstellung ist vornehmlich verfassungs- und sozialgeschichtlich orientiert. Wenn die politische Geschichte damit auch nicht ausgeklammert werden soll, so geht ihr doch in unserer Sicht die Verfassungs- und Sozialgeschichte voraus; denn mehr als jede andere Betrachtungsweise ist sie geeignet, die Grundlagen und die allgemeinen Zusammenhänge sichtbar zu machen. Diese aber verdienen deshalb unser höchstes Interesse, weil sie mit den typischen Erscheinungen der Geschichte zugleich die Grundmuster unseres Daseins aufscheinen lassen.
Sie reichen um mehr als ein Jahrtausend zurück und zeigen die geschichtliche Tiefe an, die für unsere Existenz wesentlich ist.
Es gehört im übrigen zu den Grundtatsachen aller Geschichte, daß ihr Licht ihre eigenen Ursprünge nicht erreicht. Geschichte beginnt daher, seit sie uns erkennbar ist, nie mehr ganz von vorn. Ihre Schöpfungen setzen immer schon etwas voraus, an das sie anknüpfen, das sie verändern oder weiterführen, und diesen Voraussetzungen, die allen historischen Entscheidungen und Leistungen zugrunde liegen, entsprechen ihre Nachwirkungen, die künftigen Generationen wiederum zu Voraussetzungen werden. So wirkt Vergangenheit auf jede Gegenwart als Bedingung der Möglichkeit ihres Handelns ein, und jede Gegenwart vermag erst vor dem Hintergrund der Vergangenheit, erst im Spiegel der Geschichte, der ein Spiegel der conditio humana ist, zu erkennen, was ihr selbst eigentümlich und wesentlich ist.

Erster Teil

DIE GRUNDLAGEN DER DEUTSCHEN GESCHICHTE

I.

Die sozialen Grundformen

Die deutsche Geschichte gründet in Voraussetzungen, die nicht nur älter, sondern auch umfassender sind als sie. Sie gelten, wenn auch auf unterschiedliche Weise, auch für eine Reihe anderer Völker; man darf sagen: im wesentlichen für ganz Europa.

Die unterschiedliche Geltung zeigt an, daß neben den allgemeinen auch besondere Voraussetzungen wirksam waren, und es scheint, daß sie, die jeweils die Eigenentwicklung bedingen, erst im Laufe der Zeit hinzugekommen sind. Die ältesten und allgemeinsten Voraussetzungen, die wir kennen, sind sozialgeschichtlicher Natur.

Es ist eine Grundtatsache aller Geschichte, daß historische Existenz stets an Gemeinschaft gebunden ist. Schon mit seiner Geburt gehört jeder von uns wie jeder *vor* uns bestimmten Gemeinschaften an: seiner Familie, seinem Stamm, seinem Volk, seiner Kultur, dann auch seinem Stand oder in neuerer Zeit seiner Klasse. Diese Gemeinschaften können sich selbst im Lauf der Zeit in ihrer Gestalt verändern; ihre Bindung kann stärker oder schwächer werden, sie können sich bis zu einem gewissen Grade auch untereinander ablösen, aber die Tatsache als solche bleibt, daß jeder von uns gemeinschaftsgebunden ist. Sie bleibt vor allem auch die Bedingung jeder geschichtlichen Wirksamkeit. Selbst der größte Einzelne kann sich in der Geschichte nur durchsetzen und große Wirkungen erzielen, wenn er eine Gemeinschaft hinter sich bringt, deren Willen er zusammenfaßt und die sich mit ihm identifiziert. Isolierung hingegen bedeutet immer Rückzug aus der Geschichte, der sich freilich niemand ganz entziehen kann. Selbst Robinson Crusoe konnte nicht sein Leben lang mit seinem „edlen Wilden" Freitag auf seiner geschichtsfernen idyllischen Insel verbringen. Er kehrte wieder in seine Heimat und damit in die geschichtliche Wirklichkeit mit ihren Bedingtheiten, Forderungen und Aufgaben zurück.

Unsere Feststellung, daß der Mensch in der Geschichte immer in Gemeinschaften erscheint, läßt sich zunächst noch dahin präzisieren, daß er in der Regel gleichzeitig engeren und weiteren Gemeinschaften angehört. Es ist nun von besonderem Interesse zu beobachten, wie das Verhältnis der engeren zu den weiteren Gemeinschaftsformen sich mit dem Fortgang der Geschichte verschiebt. Je weiter wir zurückgehen, um so stärker scheinen die engeren Gemeinschaften gewesen zu sein, um so schwächer die weiteren, die anscheinend auch die jüngeren sind. Und es ist offensichtlich, daß dieses Kräfteverhältnis sich mit der Intensivierung größerer Herrschaftsgebilde im Lauf der Zeit umgekehrt hat: die größeren haben, geschichtlich gesehen, die kleineren, engeren Gebilde politisch und rechtlich weitgehend zurückgedrängt und enterbt. Dazu hat in den neueren Jahrhunderten eine fortschreitende Versachlichung das gesamte politische Leben erfaßt und bewirkt, daß Staat und Gesellschaft, die in der mittelalterlichen Herrschaft noch eine untrennbare Einheit bildeten, auseinandergetreten sind: der Staat ist zum Machtapparat schlechthin geworden, die Gesellschaft dementsprechend zum sog. „Träger" des Staates. Dazu kommt, daß mit der Versachlichung die alten Bindungen schwächer geworden sind. Das bedeutet, daß der Einzelne in ein verändertes Verhältnis zur Gemeinschaft überhaupt getreten ist: er ist nicht mehr nur ihr Teil; er hat als Einzelner ein Eigenrecht, mit dem er der Gemeinschaft gegenübertritt.

In der Frühzeit wäre dies undenkbar gewesen. Hier war der Einzelne als solcher rechtlich überhaupt nicht existenzfähig. Er besaß Rechtsschutz und Sicherheit nur als Glied einer Gemeinschaft, und zwar anfangs einer relativ engen und kleinen, die wir gewöhnlich Sippe nennen. Sie bildet den engsten und anscheinend auch den ältesten Schutzverband, den wir kennen. In enger Verbindung zu ihr steht das Haus als ein besonderer und originärer Herrschaftsbezirk. Um beide zieht sich dann bereits in vorgeschichtlicher Zeit ein weiterer Rechtskreis, der den Stamm umfaßt. Er stellt, ebenso wie die Sippe, eine Grundkategorie der Menschheitsgeschichte dar, hat sich aber viel stärker als jene in die Geschichte eingegraben. Der Stamm ist die geschichtsmächtigste Gruppe der Frühzeit überhaupt. So ist z. B. germanische (aber auch keltische und slawische) Geschichte wesentlich Stammesgeschichte, und aus der Verbindung bestimmter germanischer Stämme geht schließlich auch das deutsche Volk und Reich hervor. Diese Stämme bestehen im Rahmen des Reiches sogar fort. Sie bilden gleichsam die Brücke, die aus der germanischen in die deutsche Geschichte führt. Darum muß die Frage nach ihrer Struktur und ihrer Wandlung für uns wesentlich sein. Wir schicken jedoch, um sie in ihrer geschichtlichen Eigenart genauer zu erfassen, eine kurze Charakteristik von Sippe und Haus voraus.

1. *Die Sippe*

Die neuere Forschung hat das bestechend-klare Bild, das die klassische Rechtsgeschichte von der germanischen Sippe gezeichnet hatte, in entscheidenden Punkten korrigiert. So behält vor allem die herkömmliche Unterscheidung zwischen zwei Arten von Sippen, nämlich der agnatischen und der cognatischen, für die Frühzeit lediglich einen idealtypischen Wert. Als Idealtyp umschreibt die agnatische Sippe den Kreis der Nachkommen eines gemeinsamen Stammvaters in männlicher Filiation; sie ist damit als ein reiner Abstammungsverband von großer Festigkeit und Geschlossenheit definiert, der nur männliche Glieder kennt und sich nur durch Geburt und Tod verändert. Dagegen wird bei der cognatischen Sippe unterstellt, daß sie „die Gesamtheit der Blutsverwandten einer Person" umfaßt (Genzmer), also auch die Frauen einbezieht. Das bedeutet, daß sie sich nicht nur durch jede Heirat verändert, sondern daß sich für jedes Glied der Sippenzusammenhang anders darstellt. Im Unterschied zur agnatischen, geschlossenen Sippe ist die cognatische demnach eine offene Sippe und als solche gar kein dauernder Verband gleichbleibender Glieder, sondern ein immerfort sich ändernder und im Wechsel sich immer neu herstellender Verwandtenkreis. Für beide Typen hatte die ältere Lehre angenommen, daß sie in gleicher Weise als Friedens-, Schutz- und Rechtsverband und darüber hinaus auch noch als Wehr- und Siedlungsverband fungiert hätten.

War es schon schwer vorstellbar, daß beide trotz des großen Unterschiedes in ihrer Struktur dennoch die gleichen Funktionen, wenn auch in zeitlicher Verschiebung, erfüllt haben sollen, so hat die neuere Forschung gezeigt, daß die Quellen so klare Unterscheidungen, wie sie hier vorausgesetzt sind, nicht kennen. Man hat deshalb die Existenz der Sippe überhaupt leugnen wollen und vorgeschlagen, statt ihrer nur von Verwandtschaft zu sprechen. Doch geht diese Folgerung über das, was die Quellen fordern, hinaus: in ihnen ist nämlich eindeutig von *engeren* Verwandtengruppen die Rede, für die verschiedene Bezeichnungen (wie stirps, genealogia, generatio, parentela, propinquitas) vorkommen, darunter als deutsche Entsprechung, die schon die Glossen bieten: ahd. sibba, Sippe. Besteht demnach kein Grund, den Begriff der Sippe aufzugeben, so ist wesentlich, daß unter den verschiedenen Bezeichnungen im Grunde nur eine Form der Sippe zum Vorschein kommt, die weder mit dem Begriff agnatisch noch mit cognatisch zutreffend zu kennzeichnen ist. Obwohl man zwischen Schwert- und Spindelmagen (männlichen und weiblichen Verwandten) durchaus unterschied und das agnatische Vater-Sohn-Verhältnis immer als der engste Verwandtschaftsgrad galt, ist es gerade charakteristisch für die Sippe der Frühzeit, daß sie jeweils die durch Abstammung *und* durch Schwägerschaft begründete Verwandtschaft zusammenschloß, in gewissem Sinne also agnatische und cognatische Elemente vereinte. Dementsprechend war die Sippe ein relativ wechselndes Gebilde, in dem sich allerdings schon früh die Tendenz zeigte, sich dadurch größere Festigkeit zu verschaffen, daß man sich an einem berühmten Ahn orientierte und die Sippe nach ihm benannte (stirps Chuonradi, progenies Werinharii usw.). Eindeutigkeit ergab sich freilich damit noch nicht, wie man noch bei den Karolingern erkennen kann, die sowohl den Bischof Arnulf von Metz wie den Hausmeier Pippin d.Ä. als solche „Spitzenahnen" (K. Hauck) verehrten, also einen Vorfahren im agnatischen und einen im cognatischen Sinne. Die Vorstellung der Sippe war der Zeit selbst jedenfalls unter verschiedenen Ausdrücken vertraut.

Ihre historische Funktion klingt noch in den Grundbedeutungen des althochdeutschen sibba „Verwandtschaft und Friede" an. Sie weisen darauf hin, daß es sich ursprünglich um einen Friedensverband gehandelt hat. Das heißt: ihre Glieder waren gehalten, untereinander Frieden zu wahren. Diesem Frieden nach innen entsprach der Schutz nach außen. Die Rechtsquellen bestätigen diesen Sachverhalt, indem sie die Sippe als einen Rechtsverband ausweisen, in dessen Rahmen sich vor allem Fehde und Rache abspielen.

Es ist nun außerordentlich aufschlußreich, daß hier schon relativ früh, nämlich in der Zeit des Aufstieges des Frankenreiches, Veränderungen zu beobachten sind. Im Frankenreich hören die Fehden zwar keineswegs auf: bei Gregor von Tours ist sogar mehr als oft von ihnen die Rede. Aber nach der Lex Salica, dem ältesten fränkischen Volksrecht, das jedoch schon unter dem Einfluß des Königtums aufgezeichnet worden ist, erscheinen Fehde und Rache nicht mehr als reine Sippenangelegenheit. Vielmehr tritt hier der König durch seinen Beauftragten, den Grafen, vor den Verwandten in Erscheinung. Man sieht, wie die Königsgewalt die rechtlichen Funktionen der Sippe einzuschränken und sie damit aus ihrer alten Rechtssphäre zu verdrängen beginnt. Es ist allerdings im ganzen Mittelalter nicht in Vergessenheit geraten, daß die Sippe ein originäres Fehderecht besaß, das älter war als das Königtum.

Es ist aber auch deutlich, daß sie durch die rechtlichen Einschränkungen, die das Königtum ihr auferlegte, sich in der Folgezeit auch in ihrer Natur verändern mußte. Sie tritt, wie wir sehen werden, rechtlich und politisch mehr und mehr hinter den größeren Gemeinschaften zurück und bildet sich mit dem Wandel ihrer Funktionen in Formen um, die wir Geschlecht und schließlich Familie nennen.
So groß indessen ihre Bedeutung gerade in den früheren Zeiten auch war, so hat sich das Leben doch nie von ihr allein aus regeln lassen. Die Sippe ist denn auch keineswegs der einzige Friedens- und Rechtskreis gewesen, den das Mittelalter von der Vorzeit übernahm. Schon die Tatsache, daß sie im Grunde nach außen nur wirksam wurde, wenn eines ihrer Glieder von außen verletzt worden war, zeigt ihre begrenzte Wirkungsmöglichkeit. Sie hängt mit ihrer Struktur zusammen, die wesentlich genossenschaftlich bestimmt war und keine handlungsfähige Spitze besaß.

2. *Das Haus*

Was man bei der Sippe als eine Schwäche ansehen könnte, wendet sich ins Positive im *Haus,* das neben ihr einen eigenen Rechtskreis bildet. Es stellt zunächst eine Lebensordnung dar, die im Unterschied zur Sippe nicht nur Verwandte (und diese nur zum Teil), sondern auch mannigfaltige Abhängigkeitsverhältnisse umschließt. Der entscheidende Unterschied zwischen Haus und Sippe ist aber, daß das Haus, obwohl es auch genossenschaftliche Elemente aufweist, doch vor allem herrschaftlich strukturiert ist. Auf seinem herrschaftlichen Charakter beruht seine überragende geschichtliche Bedeutung. Das Haus ist überhaupt „der Kern aller Herrschaft" (O. Brunner): Haus und Herr gehören zusammen. Es gibt keinen Herrn ohne Haus, kein Haus ohne Herrn; mit seinem Namen wird auch das Haus benannt. Handelt es sich um das Haus eines Adligen, so ist damit zugleich gesagt, daß das nach ihm benannte Haus den oder einen Mittelpunkt seiner Herrschaft bildet.
Soweit die Quellen noch erkennen lassen, ist die rechtliche Sonderstellung des Hauses ebenfalls durch ein elementares Schutzbedürfnis bedingt. Ähnlich wie die Sippe zuerst als Friedens*verband* erscheint, so das Haus als ein besonderer Friedens*bezirk.* Die alten Volksrechte enthalten z. B. durchweg die Bestimmung, daß Fehdegegner ihren Todfeind nicht in seinem Haus stellen dürfen: in seinem Haus ist er vor fremdem Zugriff geschützt. Niemand darf ohne Erlaubnis des Hausherrn die Schwelle seines Hauses überschreiten – eben weil es einen eigenen Frieden besitzt, der heilig ist.

Überschreitung bedeutet Friedensbruch, und zwar Hausfriedensbruch – ein Rechtsbruch, auf dem die höchsten Strafen standen. Mehrere Rechte schreiben vor, daß ein Mann, der ein fremdes Haus betritt, seine Waffen an der Haustür niederlegen muß. An ihr endet jede fremde Gewalt, beginnt der Friedensbezirk des Hauses.

Dieser Friede bedurfte freilich in der harten Welt der Frühzeit trotz aller Rechtsbestimmungen, die deutlich zeigen, daß sie nicht selten verletzt wurden, des Schutzes, der Aufgabe, Recht und Pflicht des Hausherrn war. Er erstreckte sich ebenso wie der Hausfriede auf alle Hausgenossen: Frau und Kinder wie das Gesinde. Indem der Hausherr sie schützte, erwies er sich als ihr Herr; denn Schutz bedeutet immer Herrschaft. Dies ist ein Grundsatz, der für das ganze Mittelalter gültig bleibt. Von ihm aus erschließen sich, wie wir noch sehen werden, die wesentlichsten Erscheinungen der mittelalterlichen Verfassung.

In bezug auf das Haus bedeutet das Ineinander von Schutz und Herrschaft, daß der Herr nicht nur an der Spitze des Hauses steht, sondern daß er auch eine weitgehende Verfügungsgewalt über seine Hausgenossen besitzt. Diese Gewalt heißt Munt (lat. mundiburdium), was sowohl Schutz wie Herrschaft über Personen bedeutet. Das Wort lebt in abgeschwächter Form noch in unserem „Vormund" nach. Diejenigen, die der Munt des Herrn unterstehen oder sich ihm unterwerfen, sind seine Mundlinge. Sie werden als Hausgenossen vom Herrn unterhalten; er vertritt sie vor Gericht, steht für sie gegenüber Fremden ein; er kann sie aber auch strafen, verstoßen, im Falle „echter Not" sogar verkaufen. Er kann vor allem verlangen, daß sie neben den häuslichen Diensten auch mit ihm zur Fehde ausziehen. Dabei ist wichtig, daß damit die Grenzen der Sippenfehde durchbrochen werden; denn die Hausgenossen oder Mundlinge ziehen aus, ohne durch die Verletzung ihrer Verwandten dazu verpflichtet zu sein – nur auf Befehl ihres Herrn. Hier wird deutlich, wie in der Hausherrschaft die Möglichkeit angelegt war, über das Haus hinaus auszugreifen, und zwar sogar auf doppelte Weise. Die Hausherrschaft konnte sich nämlich nicht nur politisch (z.B. mit Hilfe der Fehde), sondern auch wirtschaftlich entfalten. Dies hing damit zusammen, daß die Hausgewalt des Herrn sich nicht nur über das Haus im engeren Sinn erstreckte, sondern auch über alles, was zu ihm gehörte: seine sogenannte Pertinenz. Wenn daher, wie schon Tacitus bezeugt und wie spätere Quellen bestätigen, abhängige Leute von einem Herrn mit Grund und Boden ausgestattet wurden und wenn sie diesen Boden in eigenen Wirtschaftsbetrieben, aber in seinem Auftrag und für ihn bestellten, so liegt hier bereits der Ansatz zur Ausbildung der sogenannten Grundherrschaft, die im Mittelalter Grundlage und Kennzeichen adligen Daseins wird.

3. *Die Gefolgschaft*

Wir kennen außerdem noch eine zweite, erweiterte, im Grunde freilich indirekte Form der Hausgenossenschaft, die sogar noch weiter ausgreift. Sie war eigens begründet, um das Ansehen und die Macht des Herrn zu steigern, und erlaubte ihm, nach außen machtvoll in Erscheinung zu treten. Es ist die Gefolgschaft, die ihre eigenen rechtlichen Wurzeln hat. Sie erwuchs nicht als Konsequenz der Zugehörigkeit zum Haus, sondern umgekehrt: die Zugehörigkeit zur Gefolgschaft machte den Gefolgsmann zum Hausgenossen des Herrn. Die Gefolgschaft selbst aber war ihrem Wesen nach ein Treueverhältnis, das durch den Treueid des Mannes begründet wurde und Mann und Herrn aneinanderband. Mit ihm verpflichtete sich der Mann dem Herrn zu „Rat und Hilfe" (consilium et auxilium), während der Herr dem Mann Schutz und Unterhalt gelobte. Dazu kommt, daß die Gefolgschaft im Unterschied zur Hausherrschaft nur freie Mitglieder kannte: Durch sie gebot der Herr über Freie. Dies aber ist die entscheidende Qualität, durch die sich der Adlige über die Masse der Freien erhob. Und da die Gefolgschaft mit dem Ziel, dem Ruhm des Herrn zu dienen, auf Bewährung im Kampf drängte, strebte sie als ein Element dauernder Unruhe und der Bewegung über das Haus hinaus. Sie steht damit in gewissem Sinne zwischen dem Haus und dem weiteren Lebenskreis, dem Stamm, ohne freilich deshalb an ihn gebunden oder auf ihn begrenzt zu sein.

4. *Der Stamm*

Der Stamm ist die ethnische Einheit der Frühzeit, in deren Rahmen sich überall dort, wo noch keine Reiche entstanden sind, die Geschichte vollzieht. Seine Geschichtsmächtigkeit hebt ihn von vornherein über Sippe, Haus und Gefolgschaft empor. Selbst wo er sich einem der neu entstehenden Reiche ein- und unterordnen muß, vermag er sich in der Regel zu behaupten, wenn er dabei zumeist auch starke Wandlungen durchläuft. Man wird freilich seiner geschichtlichen Rolle nicht gerecht, wenn man ihn nur als Typus betrachtet. Denn „der Stamm": das heißt in Wirklichkeit nicht nur eine Vielheit von Stämmen, sondern es bedeutet vor allem auch, daß jeder einzelne von ihnen ein „individuelles historisches Gebilde" (Schlesinger) darstellt, dessen Gestalt stark von seinem geschichtlichen Schicksal mitbestimmt ist. Es gibt aber auch verschiedene Arten von Stämmen. So sind die deutschen Stämme des 10. Jahrhunderts, die uns hier als Bauelemente des deutschen Reiches besonders zu interessieren haben, obwohl sie selbst zuvor germanische Stämme gewesen waren, etwas ganz anderes als diejenigen, von denen uns Tacitus berichtet, und die germanischen Stämme ihrerseits sind *vor* und *nach* der Völkerwanderung gewaltig voneinander unterschieden. Der Hauptunterschied wird bereits in ihrer Größe sichtbar. Wir sprechen zuvor von Kleinstämmen, danach von Großstämmen. Doch wird sich zeigen, daß der Größenunterschied nicht etwa nur im organischen Wachstum der Stämme begründet ist, sondern daß sich in ihm eine Veränderung ausdrückt, die ihre Substanz berührt. Die Frage ist deshalb berechtigt, ob es denn sinnvoll sei, in beiden Fällen gleichermaßen von „Stämmen" zu sprechen — zumal es sich um ein relativ junges Wort handelt, das erst seit der Romantik allgemeine Verbreitung fand. Es ist durch sie, die in ihm eine Ausprägung des Volksgeistes sah, obendrein noch mit der Vorstellung des Volkhaft-Organischen und dem Lobpreis einer unverdorbenen natürlichen Ordnung der Frühzeit beladen. Wenn die neuere Forschung diese Vorstellungen zurückgewiesen, das Wort selbst aber beibehalten hat, so hat sie dafür gute Gründe. Denn da es unbestritten ist, daß es in der Geschichte immer ethnische Einheiten gab (die freilich, wie wir sehen werden, keine organischen, sondern geschichtliche, das heißt der Wandlung unterworfene Gemeinschaften darstellen), ist es durchaus legitim, diese Einheiten als Stämme zu bezeichnen. Es wird nur nötig sein, die Tragweite des Begriffs am Sprachgebrauch der Quellen zu überprüfen.

Damit stellt sich die Frage, unter welchen Bezeichnungen die von uns Stämme genannten ethnischen Einheiten in den Quellen erscheinen. Bezeichnenderweise am häufigsten mit ihrem Namen: Suebi, Cherusci, Vangiones, Nemetes oder später Alamanni, Franci, Saxones usw. Die Eigennamen unterstreichen, daß sie primär als individuelle Gebilde empfunden wurden. Es finden sich aber auch Gattungsbezeichnungen, eindeutig erkennbar, wenn sie mit den Eigennamen verbunden sind, etwa: gens Sueborum, populus Chattorum, natio Chaucorum. Dementsprechend erwähnt Tacitus ebenso die nationes, die populi wie die gentes Germaniae. Die häufigste Bezeichnung ist gens. Es ist in unserem Zusammenhang wichtig, daß gens nicht nur für die altgermanischen Kleinstämme, sondern ebenso für die frühmittelalterlichen Großstämme angewandt wird. Seine althochdeutsche Entsprechung heißt thiuda; auch sie wird in gleicher Weise auf die Klein- wie die Großstämme bezogen. Wenn wir also beide Arten ebenfalls als Stämme bezeichnen, folgen wir einerseits zwar dem Sprachgebrauch der Quellen – andererseits können wir aber nicht ignorieren, daß die tatsächliche Gestalt und die Vorstellung von ihr, wie sie sich in den Begriffen gens und Stamm ausdrückt, nicht miteinander in Deckung stehen; denn die Gestalt ändert sich, und zwar wesentlich, während die Bezeichnung unverändert bleibt.

In dieser Diskrepanz verbirgt sich ein Problem: Wenn die Geschichtsschreiber einen Stamm über viele Jahrhunderte hin mit „gens" bezeichnen (und damit trotz seiner tiefgreifenden Wandlung seine Konstanz betonen), wird dieser gewissermaßen von außen unter einem einheitlichen Begriff zusammengefaßt. Tatsächlich haben sich die Stämme aber auch selbst als Einheiten verstanden. Es ist ein wesentliches Ergebnis der neueren Forschung, daß sie das Zusammengehörigkeitsgefühl der Stämme, ihr „ethnisches Bewußtsein" (Wenskus) schärfer als zuvor einsichtig gemacht hat. Es ist am deutlichsten erkennbar in ihren Stammessagen, die bezeichnenderweise immer Herkunftssagen sind: origines gentium. Danach wird der Stamm stets von der Herkunft her begriffen, und dementsprechend ist das Stammesbewußtsein wesentlich bestimmt durch den Glauben an den gemeinsamen Ursprung aller, die ihm angehören. Was sich hier ausspricht, ist gewissermaßen ein erweitertes Sippe-Denken. Man stellt sich den Stamm wie eine große Sippe vor; was sie im kleinen ist, das soll er im großen sein: eine viele Sippen umfassende Gruppe von Blutsverwandten, im Grunde also eine einzige große Sippe. Diese Vorstellung hält sich mit einer erstaunlichen Zähigkeit; sie ist uns in Zeiten und für Stämme bezeugt, bei denen wir in aller Deutlichkeit erkennen können, daß ihre Angehörigen mit Bestimmtheit nicht auf gemeinsame Vorfahren zurückgehen – zum Beispiel: weil gerade vorher Teile anderer Stämme eingeschmolzen worden sind. Das Unstimmige wird jedoch nicht zur Kenntnis genommen. Es scheint vielmehr eine Eigentümlichkeit primitiven Denkens zu sein, daß es Zusammengehörigkeit nur als Verwandtschaft verstehen kann. Dem entspricht auch, daß man immer bestrebt blieb, Bündnisse durch verwandtschaftliche Bande zu bekräftigen. Obwohl es keineswegs zutraf, daß solche Bande immer dauerhaft waren und obwohl selbst innerhalb der echten, alten Verwandtschaft Verfeindungen keine Seltenheit bilden, blieb doch die Grundüberzeugung unerschüttert, daß Zusammengehörigkeit auf Verwandtschaft beruhe und jedenfalls durch sie gesichert werde.

So zeigt sich auch hier, daß das Selbstverständnis des Stammes und seine tatsächliche Beschaffenheit voneinander abweichen. Wenn vielleicht auch sein Kern einmal in Vorzeiten eine Abstammungsgemeinschaft gebildet haben mag, so ist dies bei den Formen, die uns seit den Zeiten der Völkerwanderung deutlicher faßbar werden, mit Bestimmtheit nicht mehr der Fall. Gleichwohl bleibt das Selbstverständnis des Stammes eine geschichtlich wirksame Kraft, die sogar für seinen Bestand wesentlich ist; denn dieser setzt voraus, daß seine Glieder sich ihm zugehörig fühlen. Es ist zudem wahrscheinlich, daß das Vorbild der Sippe dafür bestimmend war, daß der Stamm sich als Friedens- und Rechtsgemeinschaft verstand. Es wäre dies also eine Frucht des Sippe-Denkens, das sich zum Stammesdenken erweitert hätte. Wie dem aber auch sei – es ist jedenfalls eindeutig, daß im Frühmittelalter das Recht durchweg auf den Stamm bezogen ist. Dabei schlägt, wie in der Frühzeit allgemein, die sonderbare Vorstellung durch, daß nur das eigene Recht wirklich Recht sei. Es bindet auch nur gegenüber den Stammesgenossen. Wer außerhalb des Stammes steht, der Fremde, ist ursprünglich rechtlos; er zählt nicht mit und wird jedenfalls als etwas Minderes angesehen.

Man muß zum Verständnis dieser Vorstellungen bedenken, daß die Stämme in ihrer Frühzeit, wie schon Tacitus berichtet und sowohl die Prähistorie wie die Siedlungsgeographie bestätigen, in der Regel in abgeschlossenen Räumen, sogenannten Siedlungskammern, lebten, durch tiefe Wälder, Flüsse und unzugängliche Landstriche voneinander getrennt. Die Erfahrung ist uralt, daß sich die Neigung, Fremde gering zu schätzen, um so leichter einstellt, je weniger man mit ihnen in Berührung kommt. Wir wissen aus der Geschichte der Völkerwanderung, wie hier bei den intelligenteren Stämmen wie den Goten infolge ihrer zunehmenden Kontakte mit den kulturell überlegenen Römern eine Änderung eintrat und die Verachtung sich in Bewunderung verwandelte. Doch hat der gotische Stamm selbst unter diesen Umständen seine Eigenschaft als Rechtsgemeinschaft bewahrt. Bekanntlich sind auch die deutschen Stämme im Mittelalter noch Rechtseinheiten gewesen.

Dagegen ist die Friedensgemeinschaft auf stammlicher Ebene nicht sonderlich wirksam geworden, möglicherweise nur zu besonderen Zeiten und bei besonderen Anlässen, etwa bei der Stammesversammlung, beim Heeresaufgebot und bei der Kultfeier, soweit sie den ganzen Stamm vereinte.

Man kann damit rechnen, daß die gemeinsame Kultstätte ein Zentrum der Stammesbildung gewesen ist, die vorerst freilich noch weithin im Dunkeln bleibt. Doch kann sich die Vermutung immerhin auf die Besonderheit des gentilen Denkens stützen, das stets in religiösen Grundvorstellungen wurzelt; es knüpft immer an göttliche Anfänge an. Hinzu kommt, daß auch das Recht im Kult verankert ist. Beide, Kult und Recht, haben, wie etwa das Beispiel der griechischen Amphiktyonen zeigt, einigende Kraft. Doch kommen wir in der Frage nach den Ursprüngen der Stämme und der ursprünglichen Bedeutung der Kulte über Vermutungen kaum hinaus. Wir können nur feststellen, daß im Laufe der ersten nachchristlichen Jahrhunderte, vor allem im Laufe der großen Wanderbewegung der Germanen, das kultische Element immer mehr an Kraft eingebüßt hat; es spielt in geschichtlicher Zeit im Grunde schon keine nennenswerte Rolle mehr. Dies gilt auch für die alten Sakralkönige, die stets Kleinkönige waren und, soweit wir sehen, keine größere Macht besaßen. Auch sie treten, wenn sie nicht überhaupt ganz verschwinden, zurück. Wir können deshalb hier von ihnen absehen, zumal sie uns noch an anderer Stelle beschäftigen sollen.

Seit dem großen Aufbruch der Germanen ist ihr Gesetz durch Wanderschaft und Kampf bestimmt. Es kann nicht unsere Aufgabe sein, all den Zügen der verschiedenen Stämme, die seit dem 2. Jahrhundert n. Chr. in immer drängenderer Weise aufeinanderfolgen, im einzelnen nachzugehen. Uns mag hier genügen, zu registrieren, daß sich dabei Ost- und Westgermanen deutlich voneinander unterscheiden. Während nämlich die Ostgermanen, das heißt: die Stämme, die zunächst östlich der Oder Fuß gefaßt hatten, sich auf die große Wanderschaft begaben und tief in den Süden vordrangen, um schließlich kreuz und quer durch ganz Europa zu ziehen, schoben sich die Westgermanen, also die zunächst in die Gebiete westlich der Oder vorgedrungenen Stämme, da sie auf Kelten und Illyrer stießen, weiterhin nur langsam in die von jenen besiedelten Gebiete im späteren West- und Mitteldeutschland, schließlich auch in Süddeutschland vor und verdrängten oder überlagerten die Vorbevölkerung. Diesen Westgermanen hat im folgenden unser Hauptinteresse zu gelten.

Wir erkennen deutlich, daß sie ebenso wie die wandernden Ostgermanen mit ihrer Ausdehnung einen starken Strukturwandel erfahren haben. Er läuft im wesentlichen auf eine stammliche Erweiterung und Verfestigung hinaus. Es hat sich nämlich herausgestellt, daß die Stämme anfangs viel lockerer strukturiert waren, als man lange Zeit angenommen hatte. Wie z.B. ältere Stämme wie etwa die Sugambrer plötzlich verschwinden, sich auflösen und in den Nachbarstämmen aufgehen, so bilden sich auch immer wieder neue: am Niederrhein z. B. die Kugerner, die wahrscheinlich Reste der untergegangenen Sugambrer aufgenommen haben.

Diese Fluktuation wird mit der Wanderung und Verlagerung der Stämme unter neue Bedingungen gestellt. Obwohl sie auf ihren Zügen sogar mehr als zuvor fremde Bevölkerungsteile in sich aufnehmen, gewinnen viele von ihnen zunehmend an Halt, während andere allerdings verschwinden. Ein Hauptgrund dafür liegt darin, daß jetzt einzelne Gestalten stärker hervortreten, denen die Wanderung offensichtlich die Möglichkeit bot, ihre Führungsgewalt zu verstärken. So konnte z. B. Ariovist, der von Haus aus nur „Fürst" (princeps) des kleinen Stammes der Triboker war, alle suebischen Stämme mit sich reißen und durch die gemeinsame Wanderung und die mit ihr verbundenen Kämpfe eine bedeutende Herrschaft konstituieren. Sein Beispiel wiederholt sich, mehr oder weniger deutlich faßbar, auch bei anderen Wanderstämmen. Und wo nicht ein einzelner an der Spitze des Stammes hervortritt, da figuriert an seiner Stelle eine engere Gruppe als herrschaftlicher Kern. Diesen Kern bildet der Adel, den wir weit zurückverfolgen können, der aber jetzt unter den Bedingungen von Kampf und Wanderschaft mächtig erstarkt.

Der Adel war durch seine Herkunft, die er von den Göttern herleitete, religiös-kultisch ausgezeichnet und repräsentierte seit eh und je in Kult, Gericht und Krieg den Stamm. Er war es auch, der den Zusammenhalt des Stammes sicherte. Er wahrte selbst die Stammestradition, obwohl diese ganz auf die Stammesgenossenschaft bezogen scheint. Denn wie schon der deutlich erkennbare Wechsel unter den Stammesgenossen erkennen läßt, ist nicht die Gesamtheit, sondern ihr Kern, die kleine Gruppe des Adels, der Träger dieser Tradition gewesen. Auch diese Gruppe konnte sich freilich in den dauernden Kämpfen aufreiben und verbrauchen oder nur in der herrschenden Dynastie fortleben. Es ist darum bezeichnend, daß in Fällen, in denen die herrschende Dynastie erlischt, nicht selten der ganze Stamm verschwindet, so z. B. die Cherusker oder später, in Spanien, Alanen und Silingen.

In der Regel aber haben die unaufhörlichen Züge und Kriege das Bedürfnis nach einer stetigen Führung wachgehalten und die Stellung des Adels verstärkt. Sie haben bei den großen Wanderstämmen sogar noch eine weitere Straffung herbeigeführt, die in der Ausbildung eines Heerkönigtums gipfelte. Dabei fiel offenbar entscheidend ins Gewicht, daß ein solcher Stamm sich vor seinem Aufbruch in fremde und ferne Räume einer Aufgabe gegenübersah, die über alles Frühere weit hinausging und die nur lösbar schien, wenn der mächtigste unter den principes oder auch den Kleinkönigen die übrigen mit ihren Gefolgschaften hinter sich brachte. Dieser adlige Führer nahm dann, wie es sich schon bei Ariovist angedeutet hatte und bei den Führern der großen Wander- und Eroberungszüge noch deutlicher zum Ausdruck kam, die Stellung eines Heerkönigs ein. Hatte das Unternehmen Erfolg und glückte die Eroberung, so ließ der Heerhaufen sich nieder und formierte sich wieder als Stamm, und aus dem Heerkönig wird — vor allem wenn das Unternehmen lange gedauert hatte und der Stamm zu weiterer Selbstbehauptung gezwungen war — ein Stammeskönig (Schlesinger). Mit und über dem Adel übernimmt damit der König die Repräsentation des Stammes. So gehören in vielen Fällen rex, optimates und gens, in jedem Falle aber optimates und gens zusammen. Das bedeutet unzweifelhaft eine Verfestigung, und diese Verfestigung ist das Ergebnis der schwierigen Existenzbedingungen des Stammes auf der Wanderschaft.

Was den Strukturwandel des Stammes angeht, so ergibt sich demnach, daß zwei Tatbestände zusammengehören: Der Stamm, der aufbricht, weite Strecken durchwandert, sich festsetzt, um aufs neue weiterzuziehen und endlich nach mehreren Menschenaltern feste Sitze zu gewinnen — dieser Stamm ist in seiner Zusammensetzung am Ende etwas ganz anderes, als was er vorher gewesen war: Er ist größer und er ist zugleich in sich gefestigter als zuvor — allerdings auf Kosten anderer, die diese Festigkeit nicht erreichen konnten und deshalb verschwanden. War der herrschaftliche Kern des Stammes, sein Adel, stark genug, so sicherte er seinen Zusammenhalt; gelang dies nicht, so war dies das Zeichen dafür, daß der Adel schon vor dem Erlöschen des Stammes verbraucht war. Von den rund 50 Stämmen, die Tacitus im ersten nachchristlichen Jahrhundert gekannt hatte, ist auf diese Weise beim Ausklang der Völkerwanderung nur noch ein Bruchteil übrig, und selbst dieser ist durch die langen Kämpfe und Wanderungen tief verwandelt. Absplitterungen, Unterwanderungen, Überschichtungen haben ihn in seiner Substanz verändert. Insofern muß man in den Großstämmen, die jetzt als Herrschaftsverbände hervortreten, nicht bloße Fortbildungen der alten Kleinstämme, sondern echte Neubildungen sehen. Man kann auch sagen, daß mit ihrer Entstehung der Prozeß der Stammesbildung in gewissem Sinne erst abgeschlossen ist; denn jetzt ist die Zeit der Fluktuation vorbei; die neuen Großstämme haben eine Form gefunden, die eine zuvor nicht gekannte Konsistenz und Festigkeit aufweist, und daß eine neue Stufe der Entwicklung erreicht ist, drückt sich bei den großen westgermanischen Stämmen auch noch darin aus, daß sie nun auch unter einem neuen Namen hervortreten. So hören wir seit dem Jahre 213 von den Alemannen, seit 258 von den Franken, seit etwa 285 von dem erweiterten Stamm der Sachsen (der allerdings den Namen des alten Kernstammes weiterführt) und seit etwa 500 von den Bayern.

Das Erstaunliche an diesen neuen Großstämmen ist ihre einzigartige Lebenskraft. Bekanntlich haben sich die letztgenannten Stämme in besonderem Maße der Landkarte Deutschlands eingeprägt. Sie zeigt, daß hier Landschaft und Stamm die engste Verbindung eingegangen sind. Obwohl die alten Stammesherzogtümer, in denen sie sich zunächst politisch formiert hatten, bereits seit dem hohen Mittelalter durch eine Vielzahl von Territorien abgelöst wurden, die in den folgenden Jahrhunderten ein immer bunteres Gemisch von Klein- und Kleinststaaten bildeten, sind durch diesen Verlust ihrer alten politischen Form die Stämme nicht wieder verschwunden; sie haben vielmehr ihr Eigenleben trotz aller Wandlung auf eine zum Teil erstaunliche Weise bewahrt, und dies gewiß dank ihrer langen und tiefen landschaftlichen Verwurzelung. So sind Alemannien und Bayern, Franken und in besonderer Weise Sachsen, ebenso Friesland und Thüringen auch heute noch historische Einheiten, die ihre Kraft und Dauer jedenfalls zu einem großen Teil aus der Wechselbeziehung von Stamm und Landschaft ziehen.

Diese Wechselbeziehung setzt freilich bereits eine starke innere Festigung der Stämme voraus, die wir in der Tat, wie oben angedeutet, bei ihnen allen zugleich mit ihrer Herausbildung beobachten können. Bei ihnen allen erweisen sich dementsprechend auch Adel und König- oder Herzogtum als die Seele des Stammes. Wenn sie damit, wie dargelegt, den gleichen Typus des Großstammes repräsentieren, so weisen sie jedoch andererseits auch je nach ihrem geschichtlichen Weg beträchtliche individuelle Unterschiede auf. Es ist vor allem deutlich, daß bei einem Stamm die innere Festigung schneller, beim anderen langsamer vor sich geht. So gibt es z.B. bei den Alemannen noch mehrere Könige nebeneinander, als die Franken bereits vom Kleinkönigtum zum Großkönigtum übergegangen sind. Um die gleiche Zeit haben die Sachsen weder eine königliche noch eine herzogliche Spitze; um so stärker ist bei ihnen dafür die Stellung des Adels insgesamt ausgeprägt. Einen solchen adligen Kern haben sie jedenfalls alle; er behauptet sich ebenso unter dem Königtum wie unter dem Herzogtum und bleibt noch jahrhundertelang entscheidend für die Selbstbehauptung und den Fortbestand des Stammes. Er hat, soweit

wir sehen, auch den Anstoß und den Ausschlag zu seiner landschaftlichen Einwurzelung gegeben – mit dem Ergebnis, daß in späterer Zeit, als der Adel immer weniger in der Lage war, seine alten Funktionen zu erfüllen, die Landschaft sich als Bindekraft erwies und den Zusammenhalt des Stammes sicherte.
Es verdient größte Beachtung, daß auf diese Weise auf dem Boden des heutigen Deutschland noch sämtliche Stämme fortbestehen, die seit mehr als einem Jahrtausend zum deutschen Reich gehören. Diese Stämme sind noch um mehr als ein halbes Jahrtausend älter als das deutsche Reich, das sie miteinander verbunden hat – und älter als das deutsche Volk, zu dem sie im Rahmen dieses Reiches zusammengewachsen sind. Obwohl bereits Bildungen aus der Frühzeit des großen Umbruchs der germanischen Völkerwanderung, stellen sie eine über viele Jahrhunderte hin wirksame Grundvoraussetzung der deutschen Geschichte dar; denn mit ihrer Entstehung sind ethnische Vorentscheidungen gefallen, die Gestalt und innere Gliederung des späteren deutschen Volkes und Reiches noch wesentlich bestimmt haben.
Es stand freilich keineswegs von vornherein fest, daß Franken und Sachsen mit Friesen und Thüringern, Alemannen und Bayern sich in der größeren Gemeinschaft eines Reiches zusammenfinden und zu einem Volk zusammenwachsen würden. Lange Zeit sah es vielmehr so aus, als sollten Sachsen und Friesen auf der einen, Alemannen und Bayern auf der anderen Seite ganz verschiedene Wege gehen, und als sie dann miteinander verbunden wurden, geschah es zunächst gegen ihren Willen und zudem im Rahmen eines Großreiches, das außer ihnen noch ganz andere Völkergruppen umfaßte. Daß schließlich sie und nur sie sich zusammenschlossen, hat vielerlei Gründe, die keineswegs nur bei ihnen lagen. Man kann die wichtigsten wohl in der Formel zusammenfassen, daß mehr als sie selbst die Geschichte sie zusammengeführt hat. Die Geschichte: das heißt eine Folge von Ereignissen und Entscheidungen verschiedenster Art, unter denen der Bildung und dem Zerfall des großfränkischen Reiches besondere Bedeutung zukommt. Dieses Reich, das selbst die Schöpfung eines dieser Stämme, eben des fränkischen, war und das zugleich die übrigen in seiner Herrschaft zum erstenmal vereinte, bildet daher ein entscheidendes Zwischenglied zwischen den genannten Stämmen und dem späteren deutschen Reich, das aus ihm hervorgegangen ist.
Bleiben so die Stämme, in der Hauptsache also Franken, Sachsen, Alemannen und Bayern, der Ausgangspunkt und der Grundstoff für die Entstehung des deutschen Reiches, so ist diese Entstehung unter Bedingungen erfolgt, die erst das Frankenreich geschaffen

hat. Und mehr noch: in ihm sind auch seine politischen Grundformen ausgebildet, seine wirtschaftlichen, religiösen und geistigen Grundlagen gelegt oder doch entscheidend umgeformt worden. Erst auf dem Wege über das Frankenreich haben die nachmals deutschen Stämme als Reich und Volk zueinander gefunden.

II.

Kräfte und Formen der politischen Ordnung

Jede politische Ordnung baut sich aus verschiedenen Schichten auf. Jacob Burckhardt hat diesen Sachverhalt in seinen „Weltgeschichtlichen Betrachtungen" auf die prägnante Formel gebracht, der Staat (wir sprechen für das Mittelalter statt dessen allgemein von der politischen Gesamtordnung) bestehe im wesentlichen aus „aufsummierter Vergangenheit". So liegt dem deutschen Reich des 10. Jahrhunderts eine fränkische Schicht zugrunde und wirkt in ihm fort, und dem fränkischen Reich wiederum eine vorfränkisch-germanische, die zumindest indirekt auch noch zu den Grundlagen des deutschen Reiches gehört.
Diese Feststellung führt uns auf einen Zusammenhang, dem fundamentale Bedeutung zukommt: Er verbindet die politische mit der sozialen Ordnung jener Zeit; denn auch sie ist in die „aufsummierte Vergangenheit" der Reiche einbezogen. Ja, im Grunde sind beide nur zwei Seiten des gleichen historischen Phänomens. Insofern jedoch die sozialen Grundformen am weitesten zurückreichen, kann man vielleicht sagen, daß die Ausbildung der politischen Ordnung der Frühzeit in der politisch-herrschaftlichen Durchdringung der rudimentär bereits vorhandenen sozialen Ordnung besteht.
So haben wir denn auch bei unserem Überblick über die sozialen Grundlagen bereits herrschaftliche Elemente beobachten können. Sie zeigten sich ebenso beim Haus wie bei der Gefolgschaft und beim Stamm. Die Auffassung, daß der germanische Stamm vormals aus einer einheitlichen Masse von Freien bestanden habe, ist längst als eine romantische Vorstellung enthüllt. Gleichheit ist kein naturgegebenes Prinzip, das sich etwa in Frühformen der Geschichte beobachten ließe. Der Stärkere, Mächtigere, Reichere oder auch Weisere nahm immer einen Vorrang ein. Darum ist auch der Adel,

dem diese Qualitäten zuerkannt wurden, eine Erscheinung, die bis in die ältesten Zeiten zurückreicht. Man kann sehr wohl sagen, daß ein germanischer Adel besteht, seit es eine germanische Geschichte gibt. Wir sahen, daß er seit seinen frühesten Bezeugungen tief in religiösen Vorstellungen verwurzelt ist. Seine Überlegenheit wird von den Göttern hergeleitet; sein Heil erscheint als göttliche Kraft.

Wir greifen hier auf diese früheren Erörterungen zurück, um sie weiterzuführen. Dabei soll uns besonders interessieren, wie sich die herrschaftlichen Elemente der Frühzeit weiterentwickelt haben. Wenn sie, wie wir erwarten dürfen, im Laufe der Jahrhunderte immer mehr an Kraft und Geltung gewonnen haben, so bedeutet dies, daß damit auch die allgemeinen Formen des Daseins verwandelt worden sind. Bei diesem Prozeß kommt, ihrer Stellung entsprechend, dem Adel und dem Königtum die größte Bedeutung zu.

Wichtig ist zunächst die Verwandlung, die der Adel erfährt. Wenn wir sahen, daß er ursprünglich einen Vorrang besaß, so ist dieser Vorrang noch nicht mit Herrschaft gleichbedeutend. Er beruhte auf der Abstammung, auf höherem Ansehen, unter Umständen auch auf dem Besitz eines Heiligtums und äußerte sich im wesentlichen in einem gut bezeugten Vorstimmrecht und allgemein in leitenden Funktionen in Kult, Heer und Gericht. So sagt Tacitus (c. 7) zum Beispiel von den Herzögen, daß sie „mehr durch ihre Vorbildlichkeit als durch Befehlsgewalt" anführten. Selbst die Könige, die sich über den Adel erheben, haben zunächst nur geringe Macht. Diese frühen Könige, die den im vorigen Kapitel erwähnten Heerkönigen zeitlich vorausgehen, sind durchweg Kleinkönige; sie tauchen in der Regel zu mehreren auf, mit denen sie auch verwandt sind, haben also ihr Königtum ererbt und sind ursprünglich viel weniger Träger von Macht als Garanten des Heils, lebendige Glieder, die das Volk mit den Göttern verbinden. Ihre Hauptbedeutung ist zunächst kultischer Natur, ihr Königtum ein ausgesprochenes Sakralkönigtum. Es ist wesentlich, daß dieses alte sakrale Kleinkönigtum sich nicht unmittelbar in das Großkönigtum weiterentwickelt hat, dem unser zentrales Interesse gelten muß, da nur dieses zum Zentrum der frühmittelalterlichen Reichsgründungen, vorab der fränkischen, geworden ist.

Wir können noch mit hinreichender Deutlichkeit erkennen, daß z. B. bei den Alemannen die Vielzahl der Kleinkönige bewirkte, daß die Herrschaftsbildung auf die Kleinräumigkeit begrenzt blieb. Die Alemannen sind denn auch über das Kleinkönigtum nicht hinausgekommen. Andererseits hat das Verblassen der Kulte, das sich bereits in den ersten nachchristlichen Jahrhunderten abzeichnet, das sakrale Kleinkönigtum spürbar geschwächt. Eine ganze Reihe der alten Sakralkönige ist überhaupt verschwunden. Bei denjenigen, die fortbestehen, tritt die kultische Seite im allgemeinen zurück, und dafür erhält die Gefolgschaft ein um so größeres Gewicht.

Entscheidend für die Weiterbildung ist aber erst das Heerkönigtum geworden, von dem bereits kurz die Rede war. Es ist nicht zufällig bei allen großen Wanderstämmen in Erscheinung getreten. Sie haben alle, wie wir sahen, unter dem Zwang dauernder Kämpfe im fremden Land und im Sog ihres auf Landnahme gerichteten Ziels über das Zwischenglied des Heerkönigtums den Übergang zum Ein- und Großkönigtum gefunden. Und diesem Übergang entsprach die Fortbildung ihrer Stämme zu festen Herrschaftsverbänden. In ihnen mündete die Herrschaft des Königs in der Regel in eine Reichsgründung ein.

Wie bereits betont, geht uns hier von allen diesen Reichsgründungen nur die fränkische an, da sie allein nicht nur die Zeit der Völkerwanderung überlebt, sondern auch den Ausgangspunkt und Kern einer neuen weltgeschichtlichen Entwicklung abgegeben hat, die auch die deutsche Geschichte umgreifen sollte. Im Frankenreich, in dem sich die Bildung Europas vollzog, sind auch die neuen politischen Ordnungen in einer für die künftigen europäischen Nationen gültigen Weise verwirklicht worden. In ihnen sind Königtum, Adel und Volk in neue Zusammenhänge eingetreten, die ihnen eine gewandelte Bedeutung verliehen.

Es wird daher zweckmäßig sein, zunächst kurz auf diese neuen, für das Frankenreich charakteristischen Zusammenhänge einzugehen, ehe wir die weitere Entwicklung von Königtum und Adel und der von ihnen geprägten Herrschaftsformen zu verfolgen suchen.

Was die fränkische Reichsgründung von den übrigen Reichsgründungen der Völkerwanderungszeit unterscheidet, ist einmal, daß sie im eroberten Gallien dadurch besonders günstige Bedingungen fand, daß der Eroberung durch die Könige bereits eine fränkische Volkssiedlung vorausgegangen war, die ihr den Boden bereitet hatte. So ruhte sie auf einer breiteren Volksgrundlage auf, die der Herrschaft der Merowinger einen sichereren Rückhalt bot. Hinzu kam, eingeleitet durch die Taufe Chlodowechs, die Christianisierung des neu gegründeten Frankenreiches. Sie gliederte die Franken im Unterschied zu den übrigen Germanen, die Arianer waren, in die katholische Kirche ein und verband sie zugleich mit den unterworfenen Romanen. Und da auch das connubium zwischen Franken und Romanen erlaubt war, wurden damit auch die Romanen in den

Reichsbau einbezogen, in dem Germania und Romania hinfort untrennbar verbunden sind. Und schließlich kommt noch ein weiteres Moment hinzu, das sich als Folge des Übertritts zur römischen Form des Christentums wie der Verbindung mit den Romanen ergab: die Übernahme christlicher und antik-römischer Elemente, die man in Gallien kennenlernte, für das eigene Reich.
Mit dieser Einbeziehung zuvor fremder Kräfte und Formen, deren völlige Aneignung freilich noch längere Zeit in Anspruch nehmen sollte, erfolgte ein entscheidender Schritt über die bisherige Begrenzung hinaus: Sie bedeutet nämlich, daß die fränkische Geschichte fortan nicht mehr nur auf germanischen, sondern ebenso auf romanischen, dazu auf christlichen und antik-römischen Grundlagen basiert. Obwohl gentile Prinzipien auch in Zukunft in ihr gültig bleiben, hat sie damit jedoch die alten gentilen Grenzen durchbrochen und ist bereits mit dieser Ausweitung ihrer Grundlagen in europäische Dimensionen eingetreten.
Zunächst hat allerdings die Verbindung mit dem Christentum noch einen recht äußerlichen Charakter; seine Aneignung braucht, wie gesagt, Zeit. Und auch die antik-römischen Formen, die ebenfalls schon früh übernommen werden, bleiben noch längere Zeit in der Obhut der Romanen, ehe Franken selbst sich mit ihnen einlassen und, indem sie sich die fremden Formen zu eigen machen, sie zugleich verwandeln. So schlägt in der Frühzeit das germanische Grundmuster besonders deutlich durch.

1. Ausbildung herrschaftlicher Elemente im Frankenreich: das Königtum

Man sieht dies am besten am Königtum, das die Entwicklung überhaupt am stärksten bestimmt. Wie schon die Eroberung in erster Linie sein Werk gewesen war, so hat es auch mehr als alle anderen von ihr profitiert. Dabei hat es im Zuge ihrer Durchführung die gleiche Wandlung vom Klein- zum Großkönigtum durchgemacht, die wir schon von anderen Stämmen kennen. Bei den Franken erhält sie paradigmatische Bedeutung, weshalb wir hier noch einmal darauf eingehen müssen.
Unter den frühen fränkischen Kleinkönigen, die zunächst an der Spitze unterschiedlicher Gruppen standen, aus denen der Stamm durch die Eroberung als Kampfbund zusammenwuchs, hebt die Überlieferung die salischen Könige hervor. Sie waren nach ihr älter und mächtiger als die anderen und gehörten einem einzigen Geschlecht an, das sich in seinem halb geschichtlichen, halb sagen-

haften Stammvater Merowech in mythischem Dunkel verliert: Über ein numinoses Wesen, das die Sage als Meeresungeheuer beschreibt, geht die Verbindung des Geschlechtes zu den Göttern zurück. Das merowingische Königtum ist also seiner Herkunft nach ein typisches Sakral- und Kleinkönigtum. Mit der Eroberung beginnt es sich dann in ein Heerkönigtum zu verwandeln, und es ist deutlich, daß ihm damit neue Energien zuwuchsen. Dabei gelang es einem dieser Könige, Chlodowech I. (481/511), seine Mitkönige zu überflügeln. Er war die Seele des Kampfes gegen Syagrius, den letzten römischen Statthalter Galliens, den Gregor von Tours „König der Romanen" nennt, und der im Grunde wohl auch nur mehr ein Regent auf eigene Faust gewesen ist. Als Chlodowech ihn im Jahre 486 bei Soissons besiegte, war jedenfalls der Rest der römischen Herrschaft in Gallien beseitigt, und Chlodowech strebte sogleich als nächstes Ziel die Vereinigung aller Franken unter seiner Herrschaft an. Gestärkt durch weitere Siege über Alemannen (496) und Westgoten (507), durch die er seine Herrschaft vom Rhein bis zur Garonne ausdehnen konnte, beseitigte er schließlich alle seine Mitkönige; die Rheinfranken erhoben ihn noch eigens in förmlicher Wahl auf den Schild. Damit hatte er sich als Alleinherrscher durchgesetzt: anstelle des alten fränkischen Kleinkönigtums war das merowingische Großkönigtum getreten. Chlodowech selbst verdankte seine Machtstellung der Heerführerschaft und dem Erfolg. Sein Königtum erscheint als ein Heerkönigtum, war dies aber nicht allein; denn Chlodowech war schon als Sohn und Erbe eines Königs König geworden, das heißt: als Erbe königlichen Geblüts. So fließen bei ihm Heer- und Sakralkönigtum zusammen, und seine Siege bestätigen nur, daß er der Träger königlichen Blutes und königlichen Heiles war. Welch überragendes Gewicht das Königtum damit gewann, zeigt sich besonders eindrücklich darin, daß es seit Chlodowech keine Volksversammlung mehr gab, wenn auch das Heer sich weiterhin als Repräsentation des Volkes betrachtete und bei wichtigen Entscheidungen mitwirkte.

Als Chlodowech dann im Jahre 511 starb, war es selbstverständlich, daß seine Söhne ihm in der Herrschaft nachfolgten – und zwar alle Söhne, da alle königliches Blut in ihren Adern hatten. Nichts zeigt deutlicher als diese Nachfolgeregelung, daß das merowingische Königtum trotz der Taufe Chlodowechs und seiner Nachfolger noch ganz aus germanischen Voraussetzungen lebte; denn es ist das Prinzip der Geblütsheiligkeit, das dieser Regelung zugrunde lag (K. Hauck). Es wurzelt in religiös-magischen Gründen und hängt mit dem eigenartigen Sippedenken der Frühzeit zusammen, das in der Königssippe, der stirps regia, konzentriert zum Ausdruck kam. Was die Königssippe vor den adligen Sippen, über die sie sich nur graduell erhob, auszeichnet, ist das Königsheil. Es ist wesentlich, daß dieses nicht an den einzelnen, sondern an die ganze Sippe gebunden war. Dadurch erscheint das Königtum selbst als eine an das Blut gebundene magische Kraft, als Charisma, das seinem Träger Sieg und Glück verleiht, ihn befähigt, die Stimmen der Vögel und das Wiehern der Pferde zu verstehen und die Fruchtbarkeit der Felder zu vermehren, wenn er über sie schreitet oder im alten Ochsenkarren kultischer Herkunft über sie fährt. Sein lang herabwallendes Haupthaar war wie beim alttestamentlichen Samson Zeichen seiner übernatürlichen Kraft, die wie bei jenem auch mit seinem Verlust verlorenging. Dies war die Kehrseite, die dazu gehört: das Königsheil konnte auch wieder verlorengehen. Wenn der Sieg den König verließ oder die Felder die Frucht verweigerten, war dies offensichtlich der Fall: dann stand dem Volk das Recht des Königsopfers zu. War das Königsheil dagegen intakt, so hatte dies eine doppelte Konsequenz: nämlich einmal, wie erwähnt, für das Königtum, daß es sich grundsätzlich auf alle Königssöhne vererbte, da sie als Träger des gleichen Blutes auch in gleicher Weise zur Herrschaft berufen waren – und zum anderen für das Reich, daß es dementsprechend unter alle Königssöhne aufgeteilt werden mußte. Es ist wesentlich und aufschlußreich, daß sich das Volk diesen Teilungen nie widersetzt hat; es hat sie vielmehr als einen Gewinn begrüßt, weil sie bewirkten, daß jeweils in einem begrenzteren Landesteil ein Mitglied der heilbringenden Königssippe anwesend sein konnte. Prinzipiell handelt es sich dabei auch immer nur um eine Herrschaftsteilung, die nicht der Einheit des Reiches widersprach, da diese in der Königssippe als ganzer verkörpert und gesichert war. Praktisch sah es freilich meist anders aus: in der Regel waren es die Königssöhne selbst, die nach jeder Teilung Schwierigkeiten machten, weil sie im allgemeinen mit ihrem Anteil nicht zufrieden waren und deshalb in wechselnden Kombinationen gegeneinander kämpften. Dabei kamen sie ihrem Ziel, der Arrondierung ihrer Gebiete, am nächsten, wenn es gelang, das eine oder andere Mitglied des eigenen Hauses gleich ganz aus der Welt zu schaffen. So wurde der indirekte und, wenn nötig, auch der direkte Mord ein beliebtes Mittel, den Stammbaum wieder zu reduzieren – getreu dem Vorbild, das bereits Chlodowech gegeben hatte. Dem modernen Betrachter muß es seltsam erscheinen, daß man angesichts solcher Konsequenzen die Teilungen nicht wenigstens einzuschränken suchte. Tatsächlich haben dies die Vandalen, die als die Rationalisten unter den Germanen erscheinen, auch durch die Einführung des Seniorates getan, wodurch die Herrschaft immer nur auf den ältesten Sohn überging. Die Franken und die übrigen germanischen Stämme sind ihnen darin aber nicht gefolgt, und zwar offensichtlich deshalb nicht, weil bei ihnen das geblütsrechtliche Denken so tief verwurzelt war, daß seine Einschränkung überhaupt nicht in Betracht gezogen wurde. So hat sich das Teilungsprinzip trotz seiner nicht ungefährlichen Problematik auch noch bei den Karolingern durchgesetzt. Als man es dann endlich aufgab, bedeutete dies das Ende der Karolingerzeit und damit zugleich den Beginn einer neuen Phase der europäischen Geschichte.

Wir werden sehen, daß zuvor, nämlich zu Beginn der Karolingerzeit, bereits eine entscheidende Wandlung im Königtum eingetreten war, ausgelöst durch seine erst jetzt, mehr als zwei Jahrhunderte nach der Taufe des ersten Merowingers erreichte Verchristlichung. Das Königtum der Merowinger selbst hat jedenfalls noch ganz aus germanischen Kräften gelebt.

2. *Der Adel*

Auch die ersten Helfer des Königtums, die in der königlichen Gefolgschaft, der trustis, zusammengeschlossen waren, müssen aus germanischen Voraussetzungen verstanden werden. Ihre Mitglieder werden in den Quellen Antrustionen genannt. Sie waren als Königsdiener durch das dreifache Wergeld geschützt und stellen eine besondere Form des Adels dar: wir pflegen sie den merowingischen Amtsadel zu nennen. Amtsadel ist dem Begriff nach das Gegenstück zum Blutsadel. Im ersten Fall ist es das Amt, im zweiten das Blut — man könnte auch sagen: im ersten Fall der Dienst, im zweiten die Geburt, die adlig macht. Offenbar zwei ganz unterschiedliche Prinzipien, zwischen denen aber in der geschichtlichen Wirklichkeit kein absoluter Gegensatz besteht. Wenn uns besonders zu Beginn der Merowingerzeit Adel nur in Verbindung mit dem Königtum, also als Amtsadel, entgegentritt, so schließt dies nicht aus, daß es noch immer auch Angehörige des alten Blutsadels gab. Die alte These, König Chlodowech habe den alten Adel gänzlich ausgerottet, ist nie bewiesen worden, und sie hat alle Wahrscheinlichkeiten gegen sich. Sobald die Quellen mit Gregor von Tours etwas reicher fließen, ist denn auch sofort von Adligen „de nobiliore familia" oder auch „de prima familia" die Rede. Zu ihnen gehören zunächst Angehörige des alten gallo-romanischen Senatorenadels, die der König in ihren Stellungen beließ, um sich ihre Erfahrungen wie ihren Einfluß bei den romanischen Bevölkerungsteilen zunutze zu machen. Und unverkennbar haben die Franken auch, wie wir noch sehen

werden, vieles von ihnen gelernt, übernommen und mit der Übernahme allerdings auch ihren eigenen Verhältnissen besser angepaßt. Zu ihnen müssen aber auch nach dem Zeugnis der Namen noch Angehörige des alten germanischen Adels gehört haben. Sie treten zunächst nur hinter dem neuen, im Königsdienst aufgestiegenen Amtsadel zurück, um sich schon bald selbst in ihn einzugliedern und mit den neuen Familien zu verbinden. Jedenfalls ist er im 6. Jahrhundert da. Der ungeheure Machtgewinn des Königtums hat ihn nur in stärkere Abhängigkeit von der Zentralgewalt gebracht. Aber grundsätzlich, so zeigen besonders die Schilderungen bei Gregor von Tours, behauptet er sein Eigenrecht, was vor allem in seinen zahllosen Fehden deutlich sichtbar wird. Und im Laufe der Zeit weiß er sich auch immer stärker zur Geltung zu bringen. So muß Chlothar II. im Pariser Edikt von 614 das Richteramt den im Gerichtsbezirk ansässigen Adligen zusichern. Andererseits ist das Königtum aber auch in dieser Zeit noch in der Lage, Unfreie, sog. pueri regis, in den Amtsadel aufzunehmen. Und das Erstaunliche ist, daß es die Kraft besitzt, durch seinen Dienst die verschiedenen Gruppen des alten germanischen Blutadels wie des galloromanischen Senatorenadels und des neuen, zum Teil aus der Unfreiheit aufsteigenden Amtsadels zu einem relativ einheitlichen merowingischen Adel zu integrieren. Aus seinen Reihen gehen die Inhaber der höchsten Ämter hervor, die in den Quellen potentes und optimates genannt werden: beides Bezeichnungen, die in der Folgezeit wie im ganzen Mittelalter allgemein der adligen Führungsschicht vorbehalten bleiben.
Das Königtum ist auf die Hilfe dieses Adels angewiesen: sie tragen zusammen das Reich.

3. König und Volk

Das Reich heißt „regnum Francorum". Es ist damit als Königsherrschaft über Franken definiert, worunter nun aber nicht mehr der Stamm, sondern das „Reichsvolk" der Franken zu verstehen ist, zu dem auch die unterworfenen und gewonnenen Romanen mit ihrem Adel und den Bischöfen gehören. Die Bezeichnung faßt König und Volk zusammen: sie sind konstitutiv für das Reich.
Dementsprechend lautet auch der fränkische Königstitel „rex Francorum", d. h. König *der Franken,* und nicht etwa König des Frankenreiches. Der Akzent liegt auf den Personen, nicht auf der Institution. Der König wird also in alter Weise als „Spitze eines Personenverbandes" (Th. Mayer) verstanden. Und demgemäß tritt

auch das Reich als „Personenverbandsstaat“ in Erscheinung — was freilich nicht ausschließt, daß es seiner Natur nach auch eine räumliche Ausdehnung besaß. Der Begriff sagt nur, daß die persönliche Seite im Vordergrund stand und für das Selbstverständnis der Franken bestimmend war.

Wenn dieses Selbstverständnis, wie man sieht, ganz auf den populus Francorum abhob, so war vorausgesetzt, daß das „Volk der Franken“ aus Freien, und zwar *nur* aus Freien bestand. In der Tat ist der Begriff des Freien wesentlich durch die Zugehörigkeit zum populus Francorum bestimmt. Aus ihr ergibt sich erst, daß die Freien allein voll rechtsfähig sind, daß sie das Heeresaufgebot stellen und Recht und Pflicht der Mitwirkung im Gericht haben. Freilich hat auch hier die Eroberung entscheidende Wandlungen mit sich gebracht. Die wichtigste bezieht sich auf die Zusammensetzung des Volkes, die seitdem bedeutend ungleichartiger war, als man nach solchen Vorstellungen erwarten könnte. So gab es nicht nur neben den Freien wohl ebenso viele, wenn nicht noch mehr Minderfreie und Sklaven, sondern auch die Freien selbst sind häufig in mannigfaltige Formen der Abhängigkeit geraten. Und die Tatsache, daß es schon seit Chlodowech keine allgemeine Volksversammlung mehr gab, zeigt an, daß ihre politische Wirksamkeit sich in engere Bezirke zurückzog. Andererseits bleibt jedoch das Bewußtsein wach, daß Volk und Heer letztlich zusammenfallen, und so lebt die alte Volksversammlung in gewissem Sinne noch in der Heeresversammlung fort, der freilich keine politischen Kompetenzen zustehen. Auf der Heeresversammlung befiehlt (noch für lange Zeit) der König, und sofern sich hier etwas wie Mitsprache abzeichnet, so liegt diese praktisch nicht beim Volk, sondern beim Adel, der es repräsentiert. Darum muß man, auch wenn in den Quellen vom Volk die Rede ist, stets zuerst an den Adel denken. Er ist es, der in zunehmendem Maße mit dem König regiert. So wird es üblich, daß der Herrscher bei allen wesentlichen Entscheidungen seine Zustimmung, das heißt: die Zustimmung der Großen in seiner Umgebung einholt. Und da diese zugleich im Namen des Volkes gegeben wird, bleibt auf diese Weise zumindest grundsätzlich die Vorstellung gewahrt, daß der König in seiner Herrschaft stets mit dem Volk zusammen handelt.

Ähnliches gilt auch für den Bereich der Wirtschaft, auf den erst im folgenden Kapitel näher eingegangen werden soll: Obwohl in ihm das Volk naturgemäß stets von Gewicht bleibt, da es die für den Lebensunterhalt aller notwendige Arbeit leistet, schaltet sich doch auch hier, wie wir sehen werden, der Adel auf eine die ganze Struktur des wirtschaftlichen Lebens bestimmende Weise ein — wie man überhaupt allgemein sagen kann, daß der Adel gleichsam die

Schlüsselposition in der sich bildenden mittelalterlichen Welt einnimmt: zwischen König und Volk stehend, gibt er der Herrschaft der Könige ihre konkrete Gestalt, indem er sich an ihr beteiligt. Wenn er dabei unter einem schwachen Herrscher freilich auch bedenklich mit diesem konkurrierte, so wies ihm der starke Herrscher doch immer wieder die Aufgabe zu, als Bindeglied zwischen König und Volk zu dienen.

4. *Die Kirche*

Zwischen König und Volk gibt es noch ein weiteres Bindeglied, das nicht weniger wirkungsvoll ist und darüber hinaus für die Gestalt des Reiches, seinen Zusammenhalt und seine Funktionsfähigkeit die größte Bedeutung besitzt: die Kirche. Sie bildet seit der Christianisierung einen Wesensbestandteil des fränkischen Reiches, das sich seitdem nicht mehr nur als ein germanisches, sondern ebenso als ein christliches Reich versteht und sich damit, wir wir bereits hörten, in neue und weitere Zusammenhänge einordnet.

Die Christianisierung des Frankenreiches war zunächst die Konsequenz der Taufe König Chlodowechs. Es entsprach germanischem Herkommen, daß das Volk dem König folgte, als dieser sich taufen ließ. Wie bei allen germanischen Völkern drang das Christentum also auch bei den Franken von oben nach unten ein. Es ist bekannt, daß es sie zunächst nur ziemlich äußerlich erfaßte. Seine innere Aneignung war eine Aufgabe, die Jahrhunderte in Anspruch nahm. Dagegen hat sich die Christianisierung politisch erstaunlich schnell ausgewirkt, und zwar im wesentlichen in dreifacher Hinsicht: sie hat erstens im Innern die trennenden Religionsschranken beseitigt und dadurch das Zusammenwachsen der fränkischen und der romanischen Bevölkerung begünstigt; sie hat zweitens außenpolitisch dem Vordringen Chlodowechs gegen die Westgoten Vorschub geleistet, da der eingesessene Episkopat Südgalliens dem fränkischen Eroberer, der ihr Glaubensgenosse war, bereitwillig entgegenkam; und sie hat drittens, wie sie den gallo-römischen Episkopat an den König gezogen hat, so vor allem dem König die Möglichkeit gegeben, die Kirche innerhalb seines Herrschaftsbereiches in das Reich einzugliedern. Obwohl die Kirche im Frankenreich ein Teil der Gesamtkirche ist und diese als geistige und kirchenrechtliche Einheit erhalten bleibt, wird sie gewissermaßen im Ausschnitt der Ausdehnung des Reiches herrschaftlich erfaßt und organisatorisch ein Glied des Reiches: wir sprechen für die Merowingerzeit von der fränkischen Landeskirche. Dies ist eine für das Mittelalter überaus

charakteristische Erscheinung: Die Einheit der Kirche bleibt bestehen, wird aber durch die Vielheit der Staaten in sich gegliedert. Die Landes- oder Reichskirche ist demnach ebenso ein Teil der Gesamtkirche, wie sie ein Glied des Reiches ist. Ganz abgesehen davon, daß in dieser Doppelbeziehung bereits der Keim zu Spannungen liegt, die schließlich in die Kampfsituation des Investiturstreites einmünden sollten, ist zunächst wesentlich, daß die Kirche als Glied des Reiches auch an dessen herrschaftlicher Struktur partizipiert. Die Landeskirche ist darum wie die Reichskirche im wesentlichen Hochkirche; sie umfaßt die Bischofskirchen, die großen Stifter und die Reichsklöster, die alle rechtlich zum Reich gehören. Ihre Repräsentanten sind Bischöfe und Äbte, die in der Regel dem Adel entstammen, als dessen Angehörige sie auch in die kirchliche Führungsschicht aufrücken. Und vor allem ist diese Reichskirche der Herrschaft des Königs unterstellt. Er beansprucht in seinem Reich die sog. Kirchherrschaft. Sie äußert sich in der Hauptsache darin, daß er die Kirchenversammlungen einberuft, die Bischöfe einsetzt oder zumindest das Recht in Anspruch nimmt, sie einzusetzen, und daß er sie allgemein zu staatlichen Aufgaben heranzieht.
Es ist bezeichnend, daß in der Frühzeit der fränkischen Kirche zunächst vorwiegend Angehörige des römischen Senatorenadels auf ihren Bischofsstühlen begegnen, unter ihnen Träger berühmter Namen wie Avitus von Vienne, Caesarius von Arles, Nicetius von Trier, Gregor von Tours u.a.m. Allmählich rücken dann neben ihnen auch vornehme Franken auf. Dabei zeigt sich, daß auch im Bereich der Reichskirche der Adel, der die Bischofsstühle besetzt, zum Mitspieler und Partner des Königtums wird. Dies gilt sogar im wörtlichen Sinne: Die Tatsache, daß der König die Bischöfe in seine Dienste nimmt, hat nämlich zur Folge, daß der Episkopat seinerseits – genau wie der weltliche Adel – bei der Regelung der großen Reichsangelegenheiten ein Mitspracherecht gewinnt. Das bedeutet aber, daß damit die Kirche nach dem Königtum und neben dem Adel zu den drei entscheidenden Kräften gehören wird, die den Aufbau wie das weitere Geschick des Reiches bestimmen: wie sie ein konstitutives Element seiner politischen Ordnung.
Es ist freilich nicht zu verkennen, daß die Kirche unter den Merowingern – gemessen an ihrer Vorgeschichte in der christlichen Antike – auf ein barbarisches Niveau absank. So konnte sie denn auch ihre religiösen Aufgaben zunächst nur ganz unzulänglich erfüllen. Welcher Geist sie beseelte, geht am deutlichsten aus der Frankengeschichte Gregors von Tours hervor. Nach seiner Darstellung war der Glaube, dem König Chlodowech folgte, im wesentlichen ein Wunderglaube – was jedoch nicht ausschließt, daß bei seiner An-

nahme auch politische Berechnung eine Rolle spielte. Man kann in dieser Frühzeit überhaupt religiöse und politische Motive nicht voneinander scheiden. Sicher ist jedenfalls, daß der Wunderglaube, den uns Gregor von Tours bezeugt und den das fränkische Volk mit seinem König teilte, im buchstäblichen Sinne als primitiv zu gelten hat. In ihm lebt noch viel von dem alten Zauber der Frühzeit weiter, vor allem der Blutzauber, der Glaube an die magische Kraft des königlichen Geschlechtes. Eben deshalb konnten auch so merkwürdig unchristliche Gebräuche wie die Ordale, Gottesgerichte, durch den Zweikampf, durch das Berühren glühenden Eisens oder durch die sog. Wasserprobe in ihm einwurzeln. Uraltes Brauchtum schlüpft mit ihnen in ein christliches Gewand. Und was uns Heutige gerade bei der Lektüre Gregors von Tours immer wieder erstaunt, ist die Tatsache, wie seltsam wirkungslos dieser Glaube in moralischer Hinsicht bleibt. Er scheint bei der großen Schar der Gläubigen den Punkt noch gar nicht zu erreichen, wo er sich als moralische Konsequenz auf das Leben auswirkt. Auch Chlodowech selbst hat ja seine Mitkönige noch ermorden lassen, als er bereits die Taufe empfangen hatte, also zu einer Zeit, als er von den Bischöfen als ein „neuer Konstantin" gepriesen wurde. Von der Annahme des Glaubens bis zur Weckung der Gewissen war offenbar noch ein weiter Weg. Man staunt, mit welcher Sachlichkeit der Bischof Gregor von Tours von den Morden seiner Zeit und allen möglichen Greueltaten berichtet. Es wäre jedoch ein großer Irrtum zu meinen, dabei handle es sich um eine merowingische Eigentümlichkeit. Es gibt eine Fülle von spätantiken Zeugnissen, die in die gleiche Richtung weisen. Die alten Götter verschwinden eben nicht von heute auf morgen; sie sinken nur in die Sphäre der bösen Geister ab und halten die Gemüter noch lange in ihrem Bann. Man nimmt sich vor ihnen in acht und sucht sich mit Hilfe des Christengottes und seiner Heiligen vor ihnen zu schützen. Wie besonders aus zahlreichen Heiligenviten hervorgeht, gab es im übrigen nicht wenige Christen, die noch für lange Zeit neben dem christlichen Gottesdienst auch noch an heidnischen Opfern teilnahmen, um ganz sicher zu gehen, daß die erbetene Hilfe, falls sie von der einen Seite ausbliebe, dann von der anderen gewährt werde. Und dies trotz strenger Verbote, die in den königlichen Erlassen häufig wiederkehren. Es braucht offenbar seine Zeit, bis das Christentum von außen nach innen eindringen kann.

Um so erstaunlicher ist es, wie schnell es sich verbreitet hat, obwohl die merowingische Kirche merkwürdigerweise keine umfassende Missionstätigkeit entfaltet hat. Dabei war der Schritt vom alten Götterglauben zum Christentum ungeheuer groß. Dennoch gab es keinen Umsturz, kein Zeichen einer wirklichen Erschütterung. Es tritt auch keine große Gestalt als Missionar hervor. Die Ausbreitung des Christentums im Merowingerreich ist sozusagen still und ohne Aufhebens vor sich gegangen. Wir können sie am besten an den Klostergründungen verfolgen, die im 6. Jahrhundert einsetzen und sich in einer großen Welle vom Westen und Süden nach Osten und Norden bewegen, wobei auch hier der Adel wiederum maßgebend beteiligt ist.

An diese Klostergründungen schließen sich Kirchengründungen auf dem Lande an. Dies ist ein Novum, dem die größte Bedeutung zukommt, und zwar aus mehreren Gründen: In der Antike, auch im römischen Gallien und im Rheinland, war die Kirche wesentlich Stadtkirche gewesen, so wie ja auch die antike Kultur Stadtkultur gewesen war. Nachdem zunächst nur das Mönchtum den urbanen Rahmen durchbrochen hatte, griff jetzt die Kirche überhaupt auf das Land aus, womit sie offenbar der seit der germanischen Landnahme erfolgten allgemeinen Verlagerung des sozialen und wirtschaftlichen Lebens auf das Land entsprach. Dieser Zug der Kirche auf das Land hatte indessen auch rechtliche Konsequenzen: Auf dem Land fügte sich die Kirche nämlich in der Regel in die Grundherrschaft ein. Das bedeutet, daß sie damit dem germanischen Grund- und Bodenrecht unterworfen wurde. Sie wurde — mit anderen Worten — mit allem, was zu ihr gehörte: ihren sog. Pertinenzien, Eigentum des Grundherrn. Wir nennen diese Erscheinung seit Ulrich Stutz Eigenkirchenwesen. Da im Rahmen dieses Eigenkirchenwesens der Grundherr die Verfügung über seine Stiftung behielt, wie er z.B. auch den Geistlichen ein- und absetzen konnte, wurde die Kirchen- oder Klostergründung im doppelten Sinne eine Kapitalanlage: Sie sicherte dem Herrn die Einkünfte seines Bodens und der Kirche dazu und stellte zugleich eine Art Faustpfand für sein und seiner Familie Seelenheil dar. Dies erklärt das starke Interesse, das der Adel an den Gründungen eigener Kirchen und Klöster nahm. Wenn die Kirche später, im Investiturstreit, das Eigenkirchentum zäh bekämpft hat, so darf man nicht vergessen, daß es in der Frühzeit durchaus positiv gewirkt hat: es half der Kirche den Weg zu ihrer Ausbreitung bahnen.

So könnte man zusammenfassend sagen: die Christianisierung der Franken wurde ausgelöst durch die Taufe des Königs, vorangetrieben durch den Adel und auf das Land verpflanzt durch die Grundherrschaft. Man sieht ganz deutlich, wie dieser Weg von oben nach unten geht.

Indessen hat sich dabei nicht nur das soziale Gefälle ausgewirkt. So groß die Bedeutung von König und Adel auch in diesem Zusammenhang zweifellos war, so hat die Kirche doch auch von sich aus Kräfte aktiviert, die für sie warben: Sie sind verkörpert im Mönchtum, welches das eigentlich treibende Element der merowingischen Kirche gebildet hat. Sein Prototyp und Protagonist war St. Martin von Tours. Der Mönch und Bischof Martin, der ehemals Soldat gewesen war und von dem die Legende berichtet, daß er vor den Toren von Amiens einen frierenden Bettler mit der Hälfte seines geteilten Mantels bekleidet habe, um dann zu erfahren, daß ihm in dem Bettler Christus selbst begegnet sei — dieser Soldat, Mönch und Bischof ist den Franken besonders ans Herz gewachsen. Sein Mantel, die sog. Capella, wurde die Lieblingsreliquie ihrer Könige, die sie als siegverheißendes Zeichen mit in die Schlacht nahmen. Seine Lebensbeschreibung, die Vita sancti Martini des Sulpicius Severus, wurde eines der meistgelesenen Bücher des frühen Mittelalters. Sie zeigt den Heiligen nicht als gelehrten Theologen, sondern als einen Mann des Volkes, der sich um sein Heil bemüht und dies durch eindrucksvolle Wunder dokumentiert. In den Wundern über seinem Grabe erkennt das Volk die Größe seiner Heiligkeit. Als Vater und Förderer der Mönche wird er das Vorbild, dem sie nachstreben. Er verliert freilich mit der Zeit an Ausstrahlungskraft, und so wird das merowingische Mönchtum unter den Karolingern von einer ganz anderen Art von Mönchtum abgelöst, die dann für Jahrhunderte den Typ des abendländischen Mönchs bestimmt.

Gegenüber dem Mönchtum spielt der Episkopat, wie bereits angedeutet, mehr eine politische als eine religiöse Rolle. Sofern wir von heiligen Bischöfen hören, sind sie fast durchweg Klostergründer gewesen. Im großen und ganzen hat jedoch das Mönchtum so wenig wie der Episkopat der merowingischen Kirche auf die Dauer die für die Bewältigung ihrer großen Aufgaben notwendige innere Kraft einflößen können. Wir stellen jedenfalls fest, daß ihr inneres Leben ermattet. Der Metropolitanverband, ein Erbe der vorfränkischen Zeit, verfiel; seit dem Ende des 7. Jahrhunderts fand keine Synode mehr statt. Man sieht, daß die merowingische Landeskirche nicht nur außerstande war, über sich hinaus zu wirken, sondern daß auch die Kommunikation in ihrem Innern verkümmerte. Es kommt hinzu, daß der Rückgang der allgemeinen Bildung, der sich in den zeitgenössischen Quellen drastisch spiegelt, sich besonders drückend auf die Kirche auswirkte.

Im Glauben freilich blieb sie eingebettet und umfangen von der Gemeinschaft aller Gläubigen. So war es möglich, daß in der inneren Stagnation, in die sie absank, Hilfe und Besserung von außen kam, zuerst von den Inseln im Norden.

Auch hier sind es die Karolinger, die dabei tatkräftig mithelfen und dafür sorgen, daß der fränkische Boden neue Saat erhält. Sie werden die Grundlagen, welche die Merowinger für das fränkische Königtum, das fränkische Reich und die fränkische Kirche gelegt haben, festigen, sie verbreitern und zugleich so intensivieren, daß sie in ihrer karolingischen Form mit der sich herausbildenden europäischen auch für die spätere deutsche Geschichte wirksam werden.

III.

Die wirtschaftlichen Grundlagen

Die wirtschaftlichen Grundlagen der mittelalterlichen Welt stehen in einem inneren Zusammenhang mit ihren politischen Grundformen. Sie gehen ihnen aber nicht etwa voraus, sondern sind ebenso wie sie in der Zeit des großen Umbruchs der Völkerwanderung ausgebildet worden. Zwar brachten die germanischen Stämme bereits gewisse wirtschaftliche Voraussetzungen mit: die Stammesgenossen begegnen uns schon früh als Bauernkrieger, und wie etwa die Ausgrabungen von Feddersen Wierde zeigen, haben sie auch schon deutliche Besitzunterschiede gekannt — aber bestimmend für die Folgezeit sind erst die Konstellationen geworden, die aus den großen Wanderungen hervorgegangen sind. Sie sind gekennzeichnet durch eine außerordentliche Stärkung der herrschaftlichen Elemente, die sich bei der fränkischen Landnahme wie bei der Festsetzung aller übrigen Stämme sofort wirtschaftlich ausgewirkt haben — und zwar so, daß das Volk zwar den erstrebten Grund und Boden erhielt, den Hauptgewinn aber der König und nach ihm der Adel davontrug, was wiederum voraussetzte, daß sie alle auf Unfreie zurückgreifen konnten, die für sie das Vieh besorgten und die Felder bestellten. Diese Differenzierung in der Neuverteilung des Besitzes ergab sich mit um so größerer Selbstverständlichkeit, als sie auch der Sozial- und Agrarstruktur des römischen Reiches entsprach, auf dessen Boden sich die Germanen, von denen uns im folgenden wieder nur die Franken interessieren sollen, niederließen. Und wenn die römischen Institutionen, die Latifundien ebenso wie die Städte, auch in den vorausgegangenen Wirren vielfach zerstört oder verfallen waren, so waren doch die Reste, die sich davon erhalten

hatten, noch eindrucksvoll genug, daß die Franken sie, wo immer es ihnen möglich war, übernahmen und ihre Übernahme für sie noch immer einen großen Gewinn bedeutete. Dabei zeichnet sich freilich ein grundlegender Unterschied zwischen den Landschaften ab, die zuvor unmittelbar zum römischen Reich gehört hatten, und jenen, die außerhalb seiner Grenzen geblieben waren. Es ist der Unterschied zwischen der Romania und der Germania, der so mit der Reichsgründung in das fränkische Reich selbst einzog und in ihm als eine fruchtbare und dauernde Spannung wirksam wurde. Bezeichnend dafür ist das Fortleben der civitas, die im Westen und Süden des Reiches, auf dem Boden Galliens, wie wir sehen werden, weiterhin Verwaltungsmittelpunkt bleibt, während sie im westlichen Germanien, im Rheinland, bald verfällt und östlich des Rheins entweder überhaupt fehlt oder jedenfalls keine nachhaltige Rolle spielt. Obwohl das Königtum – besonders unter den Karolingern – diesen Unterschied nach Kräften abzubauen suchte, war er doch sprachlich und kulturell so tief verwurzelt, daß er sich als stärker als alle politischen Maßnahmen erwies.
Wirtschaftlich indessen fiel der Unterschied viel weniger ins Gewicht. Hier war entscheidend, daß das spätrömische Reich einen riesigen Fiskus, daß es die Grundherrschaft und eine in der Regel in starker Abhängigkeit lebende Landbevölkerung kannte. Es sind dies Erscheinungen, die in mehr oder weniger abgewandelter Form auch bei den Franken wiederkehren. Obwohl eine direkte Kontinuität nur in wenigen Fällen nachweisbar ist, kann es doch kaum zweifelhaft sein, daß hier mannigfaltige Zusammenhänge bestehen, mögen sie vielfach auch erst nach Unterbrechungen wieder angeknüpft worden sein.

1. Das Königsgut

Am deutlichsten zeigen sich die Zusammenhänge auf der Ebene der materiellen Grundlagen des Königtums. Hier ist gesichert, daß das merowingische Königsgut in breitem Maße auf altes römisches Staatsland zurückgeführt werden kann. Damit ist deutlich, daß der König nach der Eroberung den riesigen römischen Staatsbesitz für sich in Anspruch genommen hat. Zu den römischen Domänen kamen weitere konfiszierte Ländereien, ferner alles herrenlose Land und vor allem die ungeheuren Wälder hinzu, die den weitaus größten Teil des Reichsbodens, freilich im Osten noch stärker als im Westen, bedeckten. Nach den Schätzungen Schlüters machte das bebaute Land auf dem späteren deutschen Boden um 500 nur einen kleinen Bruchteil, nämlich nur etwa 2 % des gesamten Raumes aus. Im alten Gallien war zwar die Anbaufläche etwas ausgedehnter, aber auch sie war nicht anders als im Osten in zahllosen Inseln in das Dickicht und Dunkel der Wälder hineingesprengt, die einen von ihnen größer, die anderen kleiner, doch alle mit der Möglichkeit zur Ausweitung in den unerschöpflichen Wald hinein: die Rodung schuf dem König und seinen Getreuen neues Land. Die materielle Basis, über die er verfügen konnte, war, wie man sieht, immens. Auf ihr beruht die überlegene Macht des Königtums.

2. *Die Grundherrschaft*

Ähnlich wie das Königsgut hängt auch die adlige Grundherrschaft noch mit der alten römischen Grundherrschaft zusammen, allerdings nicht durchgehend und weniger direkt. Doch gibt es eine Reihe von Fällen, in denen ein solcher Zusammenhang zumindest durch das Königsgut vermittelt ist. Es wird gewiß kein Zufall sein, daß der königliche Grundbesitz früher feststellbar ist als der des fränkischen Adels. Wenn man aus dieser Tatsache geschlossen hat, daß die Adelsvillen im allgemeinen fiskalischen Ursprungs waren, so mag dieser verallgemeinernde Schluß durch die Quellen nicht zureichend gedeckt sein: immerhin fällt ins Gewicht, daß in mehreren Fällen der unterstellte fiskalische Ursprung von Grundherrschaften tatsächlich nachweisbar ist. Das bedeutet, daß der König sie offenbar Gefolgsleuten übertragen hat, um diese damit für ihre Dienste zu entlohnen. Es dürfte sicher sein, daß auf diese Weise adlige Grundherrschaften schon sehr früh durch königliche Schenkung aus Königsgut entstanden sind.

Daneben gab es jedoch noch andere Möglichkeiten des Zusammenhangs. So ist damit zu rechnen, daß sich auch fränkische Herren bereits in Villen, die von ihren alten Besitzern verlassen waren, festgesetzt haben. Vor allem aber ist bemerkenswert, daß die Franken bei der Landnahme — also noch vor ihrer Christianisierung! — den Kirchenbesitz nicht angetastet haben. In den großen kirchlichen Grundherrschaften waltet also unzweifelhaft Kontinuität aus der gallorömischen in die fränkische Zeit. Und ebenso ist der gallorömische Senatorenadel, den die Merowinger in ihre Dienste nahmen, im Besitz seiner Domänen verblieben. Sie unterscheiden sich in der Folgezeit kaum von den übrigen fränkischen Grundherrschaften. Dies ist ein aufschlußreicher Sachverhalt; denn wenn die Grundherrschaft des fränkischen Adels sowohl derjenigen des gallorömischen Senatorenadels wie der königlichen und kirchlichen Grundherrschaft strukturell entsprach, so dürfte dies ein sicheres Zeichen dafür sein, daß sie alle in einem gemeinsamen, auf ihre römische Vorform zurückgehenden Zusammenhang stehen.

Wenn man diesen Zusammenhang betont, so muß man jedoch hinzufügen, daß die in der römischen Welt seit langem bekannte Grundherrschaft in ihrer fränkischen Form durchaus auch eigene, germanische Wurzeln hat: Übernahme und Eigenbildung gehen hier gleichsam Hand in Hand, was um so verständlicher ist, als die römische und die germanisch-fränkische Sozialstruktur sich seit Beginn der Wanderungen mehr und mehr angenähert haben. Dabei ist wesentlich, daß die Grundherrschaft nicht nur mit Leibherrschaft verbunden ist, sondern daß diese auch älter ist als die Grundherrschaft. Leibherrschaft geht unmittelbar auf die Hausherrschaft zurück, die daher letztlich auch als die Keimzelle der Grundherrschaft angesehen werden darf. Man sieht: die soziale Differenzierung geht der agrarischen voraus und zieht sie nach sich; sie bildet ihre erste und wichtigste Voraussetzung.

Eine weitere Voraussetzung liegt in der expansiven Okkupation des Bodens durch das Königtum und dessen Weitergabe an seine Helfer; denn solange in der Frühzeit noch mehr an Boden zur Verfügung stand, als überhaupt benötigt und beansprucht wurde, hatte wohl Herrschaft über Leute, aber noch nicht Herrschaft über Boden einen Sinn. Dies änderte sich mit der Landnahme, mit der man plötzlich den Boden in die Herrschaft einbezog. So waren die Franken zu der Zeit, als sie in Gallien die römische Grundherrschaft kennenlernten, in ihrer sozialen wie ihrer agrarischen Entwicklung an dem Punkt angelangt, an dem sie sich gedrängt sahen, die längst praktizierte Herrschaft über Leute auch auf das Land, das sie in Besitz genommen hatten, auszudehnen. Dieser Schritt aber bedeutete den Übergang zur Grundherrschaft, die ihrem Wesen nach eben „Herrschaft über Leute und Land" (Lütge) ist.

Sie tritt uns, wie bereits angedeutet, in einer relativ einheitlichen und typischen Gestalt entgegen. Wenn die Quellen, die uns über sie genaueren Aufschluß geben, erst der Karolingerzeit angehören, so ist doch nicht zu bezweifeln, daß ihre wesentlichen Merkmale bis in die Zeit ihrer Anfänge zurückreichen. Den Kern der Grundherrschaft bildet danach der Herren- oder Fronhof, in den alten römischen Gebieten villa, den übrigen Landschaften gewöhnlich curtis dominica genannt: ein größeres Landgut, das der Herr entweder in eigener Regie bewirtschaftet oder aber meist, da seine Grundherrschaft in der Regel mehrere solcher Landgüter umschloß, durch einen Beauftragten, den maior oder Meier, bewirtschaften

läßt. Jeder Fronhof ist von Häusern von Sklaven und Unfreien umgeben, die zur engeren familia gehören und dem Leibherrn mit dem servitium cottidianum praktisch ungemessene Leistungen schulden. Ihre Zahl schwankt naturgemäß, doch ist sie im allgemeinen beträchtlich; sie beträgt bei den größeren Höfen oft 50 Personen und mehr. Dementsprechend sind auch die Villen oder Fronhöfe gewöhnlich erstaunlich groß: 500 ha sind keine Seltenheit. Dabei ist zu bedenken, daß eine größere Grundherrschaft stets mehrere Fronhöfe umfaßt hat. Das Kloster Werden a. d. R. verfügte z. B. im 9. Jahrhundert über 22 Fronhöfe und geht damit wohl kaum über den Durchschnitt hinaus.
Mit den größeren Höfen oder Landgütern, der entsprechenden Eigenbewirtschaftung und den dazugehörigen Frondiensten ist indessen die Grundherrschaft nur zum Teil, gleichsam in ihrem Kern, beschrieben. Es ist wesentlich, daß dazu noch mannigfaltige Abgaben und Leistungen hinzutreten, durch welche sie noch weitere Personengruppen erfaßt und damit in andere Wirtschaftseinheiten übergreift. So werden z. B. freien wie minderfreien Bauern mit eigenen Haushalten, Handwerkern und anderen Personen pflichtige Grundstücke übertragen, mit denen diese sehr unterschiedliche Leistungen — als Arbeit oder Naturalabgaben — auf sich nahmen. Von dem genannten Kloster Werden hören wir, daß es auf diese Weise 200 Hufen und 420 sonstige pflichtige Grundstücke in weiter Streuung um Mittel- und Niederrhein ausgegeben hat. Das gleiche Bild zeigt das berühmte Capitulare de villis aus der Spätzeit Karls des Großen, indem es für das Königsgut zwischen Haupthöfen und kleineren Vorwerken unterscheidet und dabei deutlich macht, daß die Haupthöfe nicht nur für die Erträgnisse aus der Eigenwirtschaft, sondern ebenso für die Abgaben der Zinspflichtigen als Sammelstellen zu fungieren hatten. Diese fremden Leistungen fielen für den Gesamtertrag der Grundherrschaft, wie auch andere Quellen wie etwa das Urbar von Werden bestätigen, sogar besonders stark ins Gewicht. Man sieht zudem aus der Aufzählung der Abgaben, daß auch im 9. und 10. und erst recht in den früheren Jahrhunderten der Viehwirtschaft noch größere Bedeutung zugemessen wurde als dem Ackerbau.

3. Der bäuerliche Besitz und die Freien

Das Überwiegen der Viehwirtschaft charakterisiert nicht nur alle Grundherrschaften, sondern ebenso die kleineren Wirtschaftsbetriebe der freien Bauern, die es von Anfang an neben den

Domänen und großen Herrenhöfen gegeben hat. Die waffentragenden Freien bildeten, wie wir hörten, in ihrer Gesamtheit das Volk, das seit der Reichsgründung der König und unter ihm der Adel repräsentierte. Eigenen Grund und Boden zu gewinnen, war das Ziel ihres Aufbruches gewesen, und eben dieses Ziel war mit der Landnahme erreicht. Es muß daher auf den ersten Blick überraschend erscheinen, daß die Gesamtheit der Freien, also das Volk, nur einen Bruchteil des Bodens erhielt, den König, Adel und Kirche in Besitz nahmen. Die große Ungleichheit erklärt sich nicht allein aus der bestehenden Sozialstruktur. Man wird auch unterstellen müssen, daß jeder Freie so viel an Boden erhielt, wie er bewirtschaften konnte, ihre Gesamtheit also mit dem ihr überlassenen Boden zufriedengestellt war; denn daß die fränkischen Krieger sich nicht einfach mit dem, was schließlich übrigblieb, abspeisen ließen, zeigt die berühmte Geschichte, die Gregor von Tours über die Verlosung der Beute erzählt. Aus ihr geht hervor, daß der König sich nicht ohne weiteres über den Willen seiner Krieger hinwegsetzen konnte: als er sich ein erbeutetes Gefäß erbat, das nach dem Los einem anderen zugefallen war, mußte er es diesem überlassen, als er auf seinem Recht bestand. Es spricht zudem auch einiges dafür, daß die Nachkommen derer, die es einst vorgezogen hatten, ihren angestammten, aber zu eng gewordenen Heimatboden zu verlassen, statt ihn durch Rodung zu erweitern, wohl von sich aus kaum den Drang verspürten, mehr zu bearbeiten, als ihrem wirklichen Bedarf entsprach. Wie dem aber auch sei: sicher ist jedenfalls, daß es neben dem großen Grundbesitz von Anfang an einen freibäuerlichen Besitz gab, der an sich zwar relativ klein, aber weithin verbreitet war.

Über seinen Grundbestand unterrichten uns am besten die Volksrechte, die als Besitz von Freien Haus, Hof und Garten erwähnen; diese Freien verfügen außerdem über Felder und haben Anteil an Weide und Wald.

Wie der Herrenhof besteht nach ihrem Zeugnis auch der einfache Bauernhof aus einer „vielgliedrigen Gehöftanlage" (H. Dölling), deren Mittelpunkt das Wohnhaus bildet. Beide, Herrenhof und Bauernhof, unterscheiden sich voneinander äußerlich allein durch ihre Größe. Um das Wohnhaus, das als Pfostenbau erkennbar ist, gruppieren sich die Ställe, die in ihrer Zahl und Ausdehnung für den Reichtum an Vieh aufschlußreich sind, dazu die unentbehrlichen Vorratsgebäude. Mehrfach sind auch Arbeitshäuser, Webhütten und Badehäuser bezeugt. Das Ganze umschließt ein Zaun, der zugleich als Schutz gegen wilde Tiere dient und in jedem Fall einen wesentlichen Bestandteil des Hofes bildet. Auch der Garten ist von Hecke

oder Zaun umgeben. Ausgrabungen bestätigen im wesentlichen dieses Bild. Während sie vor allem auch die keineswegs einheitliche Größe der Gebäude einsichtig machen, sind wir jedoch über die Größe des Ackerbodens, der zum einzelnen Hof gehörte, vorerst noch auf Vermutungen angewiesen. Die Volksrechte sagen darüber nichts. Sachkenner wie Wilhelm Abel betonen, daß man sie sich nicht zu groß vorzustellen habe. Und dafür spricht auch, was wir aus den folgenden Jahrhunderten über die Größe der einzelnen Bauernhöfe erfahren, wenn der Rückschluß auch immer ungewiß und hypothetisch bleibt. Immerhin darf man in der Entwicklung der Hufe einen gewissen Anhaltspunkt sehen.
Der Begriff der Hufe, lat. mansus, später in Deutschland vor allem hoba, taucht im 7. Jahrhundert wohl zuerst im Pariser Becken auf und verbreitet sich schnell. Er bezeichnet zunächst nur die Bauernstelle, und zwar in der Regel im Zusammenhang mit einer Grundherrschaft. Danach scheint es, daß die Hufe überhaupt grundherrschaftlichen Ursprungs ist. Ob man daraus freilich auch schon schließen kann, daß sie zunächst auch nur als Ordnungselement der Grundherrschaft gedient habe und auf sie beschränkt geblieben sei, kann hier dahingestellt bleiben. Denn ganz abgesehen davon, daß es auch an der Überlieferung liegen kann, wenn wir anfangs noch nichts von freibäuerlichen Hufen hören, soll uns hier in erster Linie ihre fortwirkende Geschichte interessieren. Und da ist bedeutsam, daß die Hufe bereits in der Karolingerzeit die Bedeutung eines Größenmaßes von etwa 20 bis 40 Morgen gewinnt und daß sie jetzt ebenso innerhalb wie außerhalb der Grundherrschaft vorkommt. Ein Kapitular Karls des Großen vom Jahre 807, das die Heerfahrtspflicht neu regelt, rechnet bei den Freien mit einem Besitz von einer bis zu fünf Hufen. So wird man wohl annehmen dürfen, daß der alte freibäuerliche Besitz sich auch früher ungefähr in diesen Größenverhältnissen bewegt hat. Aus dem erwähnten Kapitular wird ferner deutlich, daß mit drei Hufen die Gruppe der wohlhabenderen Bauern beginnt. Sie sind weiterhin zur Heerfahrt verpflichtet, während diejenigen, die nur eine oder zwei Hufen besitzen, sich in der Weise zusammentun, daß sie jeweils auf der Grundlage von drei Hufen einen Mann ausrüsten. Damit beginnen sie, sich allmählich der Wehrverfassung zu entziehen, und das bedeutet, daß sich hier eine neue Entwicklung andeutet, die uns an anderer Stelle noch beschäftigen wird. In unserem Zusammenhang ist vorerst nur von Interesse, daß freie Bauern, die bisher stets Krieger gewesen waren, sich seit dem Ende der Karolingerzeit zumindest zum Teil nicht mehr allein schützen können. Dies aber

ist in den Augen der Zeit das Kennzeichen der pauperes, der Armen. Man sieht also: alte Freie sinken zu pauperes ab, während andere sich allerdings zu behaupten vermögen.
Die Schicht der Freien ist im übrigen nie einheitlich gewesen. Wie wir bereits hörten, wies sie schon seit der Frühzeit ziemliche Besitzunterschiede auf, und im Laufe der Geschichte hat sich diese Differenzierung noch verstärkt. Dabei hat sie sich nicht nur wirtschaftlich, sondern auch sozial ausgefächert, indem sich in ihr mehrere Gruppen bildeten. Wenn wir bisher von Freien gesprochen haben, war immer nur eine dieser Gruppen gemeint, freilich die älteste und wichtigste, nämlich die Gruppe der sogenannten Alt- oder Vollfreien, die im wesentlichen die Nachkommen der wandernden, erobernden und landnehmenden Bauernkrieger umfaßt. Es sind die Freien der Volksrechte.
Neben ihnen treten uns in fränkischer Zeit Freie ganz anderer Art entgegen, die das Königtum voraussetzen, weshalb wir sie seit Theodor Mayer als Königsfreie bezeichnen. In den Quellen werden sie auch leudes genannt. Ihre gut bezeugte „Freiheit" bestand darin, daß sie keinen Leibherrn hatten, im Unterschied zu den Altfreien aber nicht nur zum Kriegsdienst, sondern auch zu öffentlichen Fronden und Steuern herangezogen wurden. Darin drückt sich eine Bindung an den König aus, die eben darauf zurückgeht, daß er ihnen ihre Freiheit gewährte und sie durch seinen Schutz garantierte. Dabei stand es ihm jedoch frei, sie auch zu verschenken, was denn auch nicht selten geschah. In diesem Falle gingen ihre Verpflichtungen auf ihren neuen Herrn, etwa den Abt des Klosters, dem sie geschenkt wurden, über. Und obwohl ihre Rechtsstellung dadurch nicht verändert werden sollte, hatte der Besitzwechsel — da der neue Herr nun nicht mehr König war — doch schon nach relativ kurzer Zeit zur Folge, daß ihnen ihre Freiheit verlorenging. Sie sanken in den Status der Minderfreien (meist Gotteshausleute) ab.
Wieder anders liegen die Dinge bei den sogenannten Rodungsfreien, die mit den Königsfreien jedoch auch in einem inneren Zusammenhang stehen. Sie tauchen unter den Karolingern auf, und zwar um die gleiche Zeit, da Flurformen und Ortsnamen den Beginn des inneren Landesausbaus durch Rodung erkennen lassen. Nachdem mit der Völkerwanderung in ganz Europa ein starker Bevölkerungsrückgang eingetreten war, hatte sich besonders der Westen seit dem 7. Jahrhundert allmählich wieder erholt, und im 8. Jahrhundert (später vor allem wieder im 11. und 12. Jahrhundert) zeichnet sich ein deutliches Wachstum der Bevölkerung ab. Dies veranlaßt den König, so wie er Leute auf Königsland angesetzt

hat, sie nun auch mit der Rodung von Neuland zu beauftragen, und die großen Grundherren folgen seinem Beispiel nach. Für die Rodungsbauern aber wird die Rodung die „Quelle ihrer Freiheit" (Th. Mayer). Sie schaffen dem König neues Land und sich selbst unter seinem Schutz Haus, Hof und Feldflur. Auf diese Weise sind bereits in der Karolingerzeit auch zahlreiche Unfreie in den Stand der Freien aufgestiegen, wie andererseits franci oder liberi, das heißt: Königsfreie durch Schenkung mit dem Boden, auf dem sie saßen, zumeist an kirchliche Empfänger gleichzeitig abgesunken sind. So gehen auch in der bäuerlichen Schicht Aufstieg und Abstieg schon immer nebeneinander her, einer Schicht, die ja, wie wir sahen, Angehörige von recht unterschiedlichem Besitz umfaßte: sie konnten auf eigenem Grund, auf Königsland, auf der Hufe eines fremden Grundherrn oder auch auf dem einen wie dem anderen gleichzeitig sitzen. Ihre Arbeit verrichteten sie mit der ganzen Familie und, soweit sie sich besser standen, auch mit Hilfe von Hörigen und Sklaven, die in ihrer Überzahl freilich im Bereich der Grundherrschaft begegnen.

4. Hörige und Sklaven

Hörige und Sklaven (mancipia und servi) bilden einen wesentlichen Teil der frühmittelalterlichen Gesellschaft und ihrer Wirtschaft. Man hat dies lange Zeit übersehen und gewöhnlich nur von Hörigen und Knechten gesprochen. Die Sklaven, so meinte man, seien mit der Antike untergegangen. Doch haben neuere Forschungen dieses Mißverständnis gründlich ausgeräumt. So ist in der Lex Salica wie in den übrigen Volksrechten eindeutig von Sklaven die Rede, und die erzählenden Quellen fügen ihren Bestimmungen bestätigende und illustrierende Schilderungen hinzu. Dabei zeigen sie, daß die Sklaverei bei den Franken gegenüber der römischen allerdings erheblich abgemildert war, und in der Folgezeit zielt die Entwicklung auf ihre weitere Abschwächung hin. Es ist ein entscheidender Fortschritt, daß dann noch in der Karolingerzeit die Sklaverei tatsächlich überwunden und in die losere Form der Leibeigenschaft umgewandelt wird. Wir werden sehen, daß in der deutschen wie auch in der französischen Geschichte, die beide die Sklaverei nicht mehr kennen, nun auch die Unfreiheit, die noch an sie erinnert, Schritt um Schritt abgebaut wird. Zunächst aber besteht kein Zweifel, daß Sklaven wie Hörige im Wirtschaftsleben des Frankenreiches einen breiten Raum einnahmen. Sie galten rechtlich als Sache, über die der Herr nach Belieben verfügen konnte. Im allgemeinen gehörten sie zu einem bestimmten Besitz, mit dem sie gegebenenfalls auch veräußert wurden, wobei auf die Zusammengehörigkeit von Mann und Frau keine Rücksicht genommen zu werden brauchte. Es ist bezeichnend, daß in der Lex Salica Sklaven und Kriegsgefangene gleichgesetzt wurden. Noch ist auch ein ausgedehnter Sklavenhandel bezeugt, der hauptsächlich in der Hand jüdischer Fernhändler lag. Die Sklaven vermehrten sich also durch Krieg, Kauf und natürlich durch Geburt, denn die Kinder von Sklaven wurden stets wieder Sklaven. Sie waren in ihrer Hauptmasse in den großen Grundherrschaften tätig, und zwar in doppelter Form: zunächst stellten sie die große Schar der Landarbeiter, die in erster Linie die Saisonarbeiten auf dem Felde zu verrichten hatten; andere hatten, als servi casati auf einem kleinen, zur Grundherrschaft gehörigen Hof sitzend, diesen für den Herrn zu verwalten, mußten aber daneben zu bestimmten Zeiten auch für den Herrenhof arbeiten. Sie näherten sich in ihrer Stellung bereits den Colonen und Minderfreien an. Noch besser standen sich in der Regel als dritte Gruppe diejenigen, die für die Hausarbeit ausersehen waren; denn sie genossen gewöhnlich das Vertrauen ihres Herrn, der ihnen zur Besserung ihrer Stellung und zum allmählichen Aufstieg verhalf. Ihnen wird man wohl die Sklaven in den kleineren Betrieben der Freien gleichstellen dürfen, die im Lauf der Zeit anscheinend im Hausgesinde aufgegangen sind.

Man darf sich das Verhältnis aller dieser Schichten untereinander überhaupt nicht allzu starr vorstellen. Wie wir schon innerhalb des Standes der Freien mannigfaltige Bewegungen nach oben wie nach unten feststellen konnten, so fanden solche Verschiebungen auch zwischen den verschiedenen Ständen statt. Am auffallendsten dabei ist, daß Unfreien, sogenannten pueri regis, bereits unter den Merowingern in beträchtlicher Zahl sogar der Aufstieg in den Adel gelang. Der Vorgang hat sich danach in ähnlicher Form auch unter den Karolingern und 200 Jahre später in der deutschen Geschichte ebenso unter den Saliern wiederholt; er ist also alles andere als ungewöhnlich. Nicht weniger wesentlich ist, daß die Unfreien im Rahmen der Grundherrschaft auch im ganzen aufsteigen; sie haben ihre Stellung im Laufe der Zeit immerhin so weit verbessern können, daß sie im 11. Jahrhundert sogar neben Freien an rechtlichen Handlungen teilnahmen. Andererseits sind die Freien in den folgenden Jahrhunderten in wachsender Zahl mehr oder weniger stark in Abhängigkeit geraten. So fand bei allen Unterschieden, die auch weiterhin zu beobachten sind, doch eine zunehmende Annäherung zwischen den unteren und mittleren, d.h. den bäuerlichen Schichten statt.

Diese Annäherung ist in erster Linie eine Auswirkung der Grundherrschaft, die ja zugleich als Gerichts- und Schutzherrschaft fungierte und als solche über den personenrechtlichen Verband hinaus gerichtliche Befugnisse im gesamten Bereich der Grundherrschaft erlangte. So liegen in ihr bereits die Keime der späteren Ortsherrschaft. Man kann diese Auswirkung der Grundherrschaft also wohl zweischneidig nennen; denn die Besserstellung der Unfreien, die sie bewirkte, war auf der anderen Seite mit einem Rückgang und Einschränkungen des freien Bauerntums erkauft. Sie selbst aber war der eigentliche Gewinner; sie wuchs aus der fränkischen Zeit erstarkt in die deutsche Geschichte hinein.

Man sollte, wenn man dies feststellt, nicht übersehen, daß sie dabei noch eine wichtige historische Funktion erfüllt hat, durch die sie zugleich dem allgemeinen Interesse diente. Diese Funktion bezieht sich auf den Landesausbau, der durch die in der Karolingerzeit einsetzende Bevölkerungszunahme verursacht war: er ist im wesentlichen das Werk der Grundherrschaft. Die königliche wie die adlige und kirchliche Grundherrschaft verfügten allein über ein Potential an Arbeitskraft, das so beträchtlich war, daß sie noch Kräfte freistellen konnten, um den vorhandenen Siedlungsraum durch Rodung zu erweitern. Sie gingen jedenfalls voraus und wiesen den Rodungsbauern den Weg.

Der damit eingeleitete Landesausbau, den die anhaltende Bevölkerungszunahme vorantrieb, ist vor allem auch deshalb wichtig, weil er das Siedlungsbild im fränkischen Reichsgebiet und besonders auch auf dem nachmals deutschen Boden bleibend verändert hat.

Bis dahin hatte der Einzelhof dieses Bild bestimmt. Neben ihm hatte es hier und da auch kleine Gehöftgruppen gegeben; sie gingen jedoch über wenige Höfe kaum hinaus. Die alte Annahme, daß das germanische Haufendorf bereits ein Produkt der Landnahmezeit sei, hat sich jedenfalls nicht halten lassen. Soweit eindringendere Untersuchungen vorliegen, bekräftigen sie vielmehr die Vorstellung, daß die Dörfer, in den Quellen vici wie auch villae genannt, im großen und ganzen erst im Zuge des Landesausbaus entstanden sind. Die Bezeichnung villa darf wohl als Hinweis darauf gelten, daß ihnen ein Einzelhof zugrunde lag, um den sie erwachsen sind. Dies um so mehr, als in Sachsen wie in Alemannien eine große Zahl von Dörfern nachweislich auf diese Weise entstanden ist. Und in Bayern dürfte es wohl kaum anders gewesen sein. Schließlich zeigt auch die Ortsnamenforschung, daß in der Karolingerzeit zahlreiche Dörfer neu hervortreten, die von jetzt ab neben den Einzelhöfen für die Entfaltung des mittelalterlichen Lebens eine immer größere Rolle spielen.

Diese Entfaltung vollzieht sich freilich auch hier im Schatten der Grundherrschaft, die in diesen frühen Jahrhunderten die wirtschaftliche Entwicklung bestimmt und, insofern sie höhere Bedürfnisse weckt, mit dem Hof und den Kirchen auch kulturell Impulse gibt und Förderung bietet.

IV.

Das antike und das christliche Erbe

Es gehört zu den fundamentalen Tatsachen der fränkischen und damit der europäischen Geschichte, daß das fränkische Reich in seine geschichtliche Rolle hineingewachsen ist in der Auseinandersetzung mit älteren Kräften, mit denen es sich durch die Besonderheit seiner Gründung von Anfang an in seinem Innern konfrontiert sah: mit dem Erbe der Antike, das es durch die unterworfenen und in den Reichsbau aufgenommenen Romanen, und mit dem christlichen Erbe, das es mit seiner Christianisierung durch die Kirche kennenlernte. Dieses doppelte Erbe, das bereits seit Jahrhunderten eng in sich verflochten war, besaß eine einzigartige Mächtigkeit: es war so vielschichtig und so umfassend, daß es jahrhundertelanger Bemühungen bedurfte, bis die Franken und mit ihnen die übrigen Völker des Nordens es in einem Prozeß, in dem Anziehung und Abstoßung miteinander wechselten, immer tiefer in sich aufnahmen, bis es ein Wesensbestandteil ihrer eigenen Geschichte wurde.
Es wird zweckmäßig sein, daß wir zunächst kurz dieses doppelte Erbe zu überblicken suchen, ehe wir uns dem Prozeß seiner Aneignung in ihren ersten und entscheidenden Stadien zuwenden; denn diese schließen bereits bis in unsere Zeiten nachwirkende Konsequenzen ein.
Das antike Erbe steigt von der materiellen Hinterlassenschaft der alten Welt bis zu ihren Bildungsgütern auf, und die jungen Völker haben auch die einen wie die anderen zu rezipieren gesucht, allerdings nicht global und gleichzeitig, sondern ganz partiell, je nachdem ihnen eine Technik, eine Kenntnis oder eine Kunst bewunderungs- und nachahmenswert erschien. Es waren zunächst Brauchbarkeit und Nutzen, die ihnen eine Sache begehrenswert machten; allmählich traten die Einzeldinge dann in ihren größeren Zusammenhang.

1. *Schrift und Bildung, Bibel und Theologie*

Wir gehen für unseren Überblick gleichsam vom geistigen Kern dieses Erbes aus: der antiken Bildung. Als Summe ihrer Philosophie, ihrer Dichtung und Geschichtsschreibung, ihres vielfältigen Wissens vom Menschen, der Natur und der Kunst erwies sie sich als ein schier unermeßlicher Schatz, der in sich voller Spannungen war. Dieser Bildungsschatz hatte für den, der sich ihm von außen näherte, die erschwerende Eigenschaft, daß er nur zugänglich war durch die Schrift und durch die griechische oder, für das Mittelalter zunächst allein wesentlich: die lateinische Sprache. So sind die den Germanen bis dahin unbekannte Schrift und die lateinische Sprache die Grundkenntnisse, die nötig waren, um überhaupt Zugang zu dieser Bildungswelt zu erlangen. Das heißt: die Germanen, Kelten, Slawen wachsen nicht — wie die Römer — in die antike Bildungswelt hinein, sondern sie mußten sie erst mühselig lernen. Dieser Umstand hatte weitreichende Konsequenzen. Man kann das Mittelalter als ganzes in gewissem Sinne als eine lange Lernzeit verstehen. Die Bildung, die es sich über eine fremde Sprache aneignete, war selbst auf einem fremden Boden erwachsen und konnte deshalb nur sehr allmählich erschlossen werden. Dabei blieb immer bedeutsam, daß das Latein, weil es keine Muttersprache war, zuerst gelernt werden mußte. In ihm formte sich im sogenannten Mittellatein eine eigene Bildungs- und Gebrauchssprache aus, wofür vor allem wichtig wird, daß diese Bildungssprache zugleich die Sprache der Kirche war. Damit hängt nun wieder zusammen die außerordentliche Bedeutung der Schule für das mittelalterliche Geistesleben. Auch auf fortgeschrittener Stufe tragen führende Köpfe des Mittelalters wie etwa Alcuin oder Hrabanus Maurus das Gepräge von Schulmeistern an sich. Ein Großteil ihres Schaffens bleibt durch Jahrhunderte schulmäßige Zubereitung des reichen überkommenen Wissensstoffes, dessen man kaum Herr werden kann. Er wird deshalb immer neu zusammengefaßt, geordnet, unter neue Gesichtspunkte gebracht und vor allem: unermüdlich abgeschrieben. Das Schulmäßige drückt selbst noch den eigenständigen Leistungen seinen Stempel auf, und es ist höchst bezeichnend, daß eine der bedeutendsten Leistungen des Mittelalters, deren ungeheure Gedankenarbeit von Generation zu Generation erst die neuere Forschung wirklich schätzen lernte, eben nach dieser Schulmäßigkeit „Scholastik" genannt wird. Wir wissen heute, daß sie als eine jahrhundertelange Einübung in das Denken in Europa den Boden bereitet hat, auf dem die moderne Wissenschaft erst erwachsen konnte.

Für die Frühzeit, auf die wir uns hier beschränken, ergibt sich daraus schon, daß der Lehr- und Lernbetrieb nur mit Erfolg betrieben werden konnte, wenn man sich mit einer schmalen Auswahl, unseren „Grundrissen" vergleichbar, begnügte. Hier kam nun die Spätantike den Bedürfnissen und den Möglichkeiten der jungen Völker entgegen, indem sie selbst die Tendenz zur schulmäßigen Stoffbearbeitung entwickelte. So haben sich nach einer bis in die griechische Antike zurückreichenden Vorgeschichte im 4. Jahrhundert die sogenannten Sieben freien Künste, die septem artes liberales, herausgebildet. Es sind die „Künste", die dem Begriff nach dem freien Mann zukamen. Dabei hat ars jedoch, genaugenommen, nicht die Bedeutung von Kunst (die eigentlichen Künste Malerei, Bildhauerei und Architektur waren dem Handwerk zugeordnet), sondern die Bedeutung von Lehre. In diesen sogenannten freien Künsten, deren Sinn ursprünglich war, als eine Art Propädeutik zur Philosophie hinzuführen, ist nun unter Wegfall der Philosophie der Bildungsstoff schulmäßig geordnet und in sieben Fächern untergebracht worden. Und zwar wird ihr Reigen eröffnet durch die Grammatik als dem ersten Lehrfach. An sie schließt sich die Dialektik als logische Disziplin und an diese wiederum die Rhetorik an. Diese drei Lehrfächer bilden eine engere Einheit, für die seit dem 9. Jahrhundert die Bezeichnung Trivium, „Dreiweg", aufkommt. Die anderen vier, von Boethius schon als Quadrivium, „Vierweg", bezeichnet, setzen sich zusammen aus Arithmetik, Geometrie, Musik (ebenfalls als mathematisches Fach verstanden) und Astronomie.

Für diese Fächer standen besondere Lehrbücher zur Verfügung, am wichtigsten zwei für die Grammatik, nämlich die ars minor des Aelius Donatus (4. Jahrhundert), die im Mittelalter die allergrößte Verbreitung fand und in fast allen Bibliothekskatalogen auftaucht, oft in mehreren Exemplaren, und daneben, aber ausführlicher, die Institutiones Grammaticae des Priscianus.

In den Grammatiken des Donat und Priscian waren die einzelnen Regeln mit Zitaten aus antiken Autoren belegt; ähnlich arbeiteten auch andere Lehrbücher mit Zitaten. In den Schulen war es üblich, sie auswendig zu lernen. Es gab sogar reine Zitatensammlungen, sogenannte Florilegien, die viel benutzt wurden. Auf diese Weise eignete sich jeder Schüler als Regelbelege oder auch als Sprichworte Zitate aus Vergil, Cicero und anderen antiken Autoren an, deren Werke er gar nicht zu kennen brauchte. Wenn er selbst schrieb, flossen ihm diese Zitate wie selbstverständlich wieder in die Feder. Wenn sie also auch wenig über die eigene Lektüre des Verfassers aussagen, so darf man diese Schularbeit dennoch nicht unterschätzen. Sie ist es jedenfalls gewesen, aus der das Mittelalter in

erster Linie und zum größten Teil sein Wissen und seine Kenntnis von antiker Bildung gewann.
Die Tatsache, daß diese Bildung an die Schrift und an das fremde Latein gebunden war, das erst mit Mühe erlernt werden mußte, ist noch in einer anderen Hinsicht folgenreich gewesen. Sie führte dazu, daß nicht die Gesamtheit, sondern nur eine bestimmte Personengruppe in den Besitz dieser Bildung kam: die sogenannten litterati, denen eine viel größere Zahl von illitterati gegenüberstand. Wie schon das Wort besagt, sind litterati diejenigen, die mit litterae, mit Buchstaben und Schrift umgehen können. Dies sind im Mittelalter die Kleriker und allenfalls in späteren Zeiten noch einige gebildete Damen gewesen. Das heißt aber, daß die Bildung als eine gelehrte Bildung im wesentlichen eine Angelegenheit der Geistlichen wurde, während Adel und Volk für lange Zeit keinen oder doch nur einen sehr geringen Anteil an ihr hatten. Die alten volkhaften Überlieferungen, die sie bewahrten und insbesondere in Lied und Spruch weiterpflegten, blieben bis ins hohe Mittelalter hinein unschriftlich und ohne Beziehung zu dieser fremden, künstlichen Bildungswelt. So war mit der Übernahme der antiken Bildung der Zwiespalt zwischen Gebildeten und Ungebildeten im Mittelalter grundgelegt. Man sieht freilich auch, daß es weder zufällig noch ohne Auswirkung geblieben ist, daß ausgerechnet der Klerus zum Träger und Vermittler der antiken Bildung an die jungen Völker im Norden geworden ist. Der Grund dafür liegt offensichtlich darin, daß das Christentum, schon lange bevor die Germanen mit ihm in Berührung kamen, wesentliche antike Elemente in sich aufgenommen hatte. Eben deshalb wirkte der antike Geist auch auf das sich bildende Europa so stark ein, weil er zunächst in enger Verquickung mit der christlichen Überlieferung in Erscheinung trat.
Wenden wir uns damit zunächst dem christlichen Erbe, und zwar wiederum vorerst in der Beschränkung auf seinen geistigen Kern, zu, so zeigt sich uns sofort, nur gleichsam von der anderen Seite, die gerade erwähnte enge Verflechtung mit antikem Formengut.
Schon die Grundbegriffe des kirchlichen Lebens, des Glaubens, der Liturgie und Theologie sind in dieser Hinsicht aufschlußreich. Die ältesten von ihnen haben sich bezeichnenderweise in griechischen Formen erhalten. So zum Beispiel: Ekklesia, Eucharistie, Evangelium, Bibel, Perikope, Parabel, Kanon oder auch Diakon, Presbyter, Episcopus, Patriarch, ebenso Theologie, Liturgie und viele andere; sie bleiben Zeugnisse dafür, daß die Kirche in den ersten drei Jahrhunderten, selbst in Rom, eine griechische Kirche war. Ihnen haben sich dann seit ihrer Latinisierung, die weniger von Rom als von

Afrika aus vorangetrieben worden ist, lateinische Begriffe wie Trinität, Sakrament, Testament, Epistel, Kommunion, Konzil und andere beigesellt. Sie alle, in denen sich ein Stück des Wesens der Kirche und der von ihr verwalteten Geheimnisse ausspricht, bleiben ihr fortan unverzichtbar.

Das gleiche gilt für die Formen des Gottesdienstes, die spätestens seit dem 4. Jahrhundert – abgesehen von der Osthälfte des Römerreiches – lateinische Formen sind, als solche wesentliche Bestandteile des christlichen Erbes.

Zu ihm gehört vor allem auch die Bibel, die ebenfalls – was keineswegs selbstverständlich ist – in lateinischer Fassung überliefert wird. Man wußte wohl, daß sie ursprünglich hebräisch abgefaßt war. Aber da sie in dieser Gestalt auf europäischem Boden nicht verstanden wurde, wurde sie zuerst in der Septuaginta genannten griechischen Übersetzung als heiliges Buch verbreitet. Mit der Latinisierung der Kirche war sie dann in der sogenannten Itala ins Lateinische übertragen worden. Es gab jedoch damals noch genug Gebildete in der Kirche, die noch des Griechischen mächtig waren und die erkannten, daß die Itala der Septuaginta nur sehr unvollkommen entsprach. Aus diesem Grunde gab Papst Damasus im 4. Jahrhundert dem sprachkundigen Hieronymus den Auftrag zu einer Neuübersetzung, die schnell allgemeine Anerkennung fand und wegen ihrer Verbreitung den Namen Vulgata erhielt. Es ist dies die Übersetzung, die durch das ganze Mittelalter hindurch kanonische Geltung besaß. Aus ihr haben alle mittelalterlichen Theologen geschöpft.

Die Theologie selbst, das heißt: der in eine Lehre umgegossene Glaube, macht schließlich einen weiteren, wichtigen Teil des christlichen Erbes aus. Sie war vor allem das Werk der sogenannten Kirchenväter, deren große Leistung darin bestand, daß sie in ihr den Glauben mit der antiken Weisheit versöhnten. Wenn auch die Gleichung nie ganz aufging und das Bewußtsein wach blieb, daß Glaube und weltliche Weisheit letztlich nicht identisch seien, haben die Kirchenväter in ihren Werken doch der Überzeugung zum Sieg verholfen, daß Wissen und Glauben einander zugeordnet seien, und zwar so, daß die (in den sieben freien Künsten zusammengefaßte) weltliche Bildung eine Vorstufe darstelle zur höheren, göttlichen Wahrheit in den sacrae litterae, zu der sie hinführe. Sie haben damit Brücken in die Zukunft gebaut und in ihren Werken Deutungen bereitgestellt, mit deren Hilfe sich die uns hier interessierenden Franken und in ihrer Nachfolge die künftigen europäischen Völker ihre eigene Welt erschlossen haben: auf sie geht letztlich die mittelalterliche Standesethik zurück; auf sie, wie wir noch sehen werden, eine neue Auffassung von den Aufgaben und Pflichten des Königtums, die Vorstellung von Reich und Kirche und ihrem Verhältnis zueinander und vor allem die letzte Begründung für den Sinn ihrer eigenen Geschichte im Geheimnis des Heilsplanes Gottes.

Für die Rezeption des christlichen Erbes und in ihm besonders des vielfältigen Werkes der Kirchenväter sind zwei Bedingungen von entscheidender Wichtigkeit gewesen. Die eine Bedingung liegt im Wechsel der geistigen Situation, der zu einem guten Teil als eine Folge der schon früh als exemplarisch anerkannten Leistung der Kirchenväter eingetreten ist. Sehr früh schon stellte sich nämlich die Überzeugung ein, daß ihre Aussage von höherer Einsicht eingegeben und daher verbindlich sei. Das heißt: ihr Wort wurde der alten Kirche und mit ihr dem ganzen Mittelalter zur Autorität. Dies war in einer so ausgeprägten Weise der Fall, daß das Bestreben, sich an diesen Autoritäten zu orientieren, die folgenden Generationen so sehr beherrschte, daß darüber die selbständige Auseinandersetzung mit dem Überlieferungsgut, seine rationale Durchdringung, weitgehend in den Hintergrund trat. So erklärt es sich, daß das mittelalterliche Geistesleben einerseits durch den Zwang zum Lernen, zur unaufhörlichen Rezeption und andererseits durch einen ausgeprägten Traditionalismus gekennzeichnet ist. Damit kehrte sich aber die Situation, in der das Werk der Kirchenväter zustande gekommen war, nach ihnen geradezu in ihr Gegenteil um. Denn diese – man denke nur an Augustin – waren zunächst fast ausnahmslos Heiden, Nichtchristen gewesen, und erst über lange Zweifel haben sie sich durch ihre geistige Anstrengung zum Glauben durchgerungen. Die vorausgehende geistige Auseinandersetzung, rationale Gründe führten sie zum Glauben und zur Theologie. Diese rationale Vorbereitung entfiel hinfort für den mittelalterlichen Theologen: sie wurde durch die Autorität der Schrift und der Kirchenväter ersetzt. Dem Mittelalter war der Glaube als Gewißheit vorgegeben, und das Werk der ratio schloß sich folglich erst an den Glauben an. Sie hatte nur zu explizieren und nachträglich zu klären, was der Glaube in sich barg. So haben sich bereits in der alten Kirche die Pole vertauscht: Die Vernunft, ursprünglich die Wegbereiterin des Glaubens, trat hinter ihn zurück. Dementsprechend trat das Mittelalter von vornherein in die Gewißheit des Glaubens ein, und erst im Schoß des Glaubens ist es dann zu seinem eigenen Denken erwacht.

Die zweite Bedingung haben wir bereits kurz berührt; sie hängt mit der ersten, dem Wechsel der geistigen Situation, eng zusammen und besteht – ähnlich wie bei der Rezeption des antiken Erbes –

in der Reduktion und Vereinfachung des christlich-theologischen Gedankengutes. Obwohl zunächst nur Ausdruck und Ergebnis der nachlassenden Kraft der Spätantike, ist diese Reduktion zur Voraussetzung dafür geworden, daß die jungen Völker des Nordens in der Lage waren, sich dieses andersartige und mächtige Erbe allmählich zu erschließen. Dabei haben auf fränkischem Boden die Gallo-Romanen, die zumindest in ihrer Oberschicht noch in dieser Bildung wurzelten, als Vermittler gewirkt. Es gab bereits seit Jahrhunderten eine ganze Anzahl von Kathedral- und Klosterschulen, die nun fortbestanden, während die weltlichen Rhetorenschulen allerdings den großen Umbruch nicht oder nicht lange überstanden. So kommt es, daß die Germanen in erster Linie bei den kirchlichen Institutionen in die Schule gegangen sind.

Das Eigenartige ist nun, daß trotz dieser relativ günstigen Voraussetzungen das Merowingerreich, wie wir bereits sahen, religiös wie geistig merkwürdig unfruchtbar geblieben ist. Offenbar war die Aufgabe ihrer Assimilierung und Durchdrindung zu groß, als daß sie schon im ersten Anlauf zu bewältigen gewesen wäre. „Da die Pflege der schönen Wissenschaften in den Städten Galliens in Verfall geraten, ja sogar im Untergang begriffen ist", beginnt Gregor von Tours im 6. Jahrhundert seine „Zehn Bücher Historien", „hat sich kein in der Redekunst erfahrener Grammatiker gefunden, um in Prosa oder Versen zu schildern, was sich unter uns zugetragen hat. Und doch hat sich vieles ereignet, Gutes wie Böses; es raste die Wildheit der Heiden, und die Wut der Könige wurde groß; von den Irrgläubigen wurden die Kirchen angegriffen und geschützt von den Rechtgläubigen, in vielen erglühte und in nicht wenigen erkaltete der Glaube an Christus ... So mancher hat oftmals jenen Mangel beklagt und gesprochen: Wehe über unsere Tage, daß die Pflege der Wissenschaft bei uns untergegangen ist." Was Gregor dann in den folgenden Zehn Büchern „in kunstloser Rede" (incultu effatu) aufgezeichnet hat, ist nicht nur ein Beweis für den beklagten Niedergang der Bildung – es zeigt auch, wie bereits früher erwähnt, wie äußerlich der neue Glaube zunächst aufgefaßt wurde. Die merowingische Kirche war offenbar außerstande zu einer tiefergreifenden Mission, und es bedurfte erst noch neuer Anstöße, die nach der Lage der Dinge von außen kommen mußten, damit die Franken sich das christliche wie das antike Erbe auch innerlich zu eigen machen konnten.

Dieses Erbe beschränkte sich indessen nicht auf Schrift und Bildung, Bibel und Theologie. Im Bereich des Alltags hatte man sich im Zusammenleben mit den Romanen denn auch schon mancherlei angeeignet, was sich als praktisch und nützlich erwies: so zum Beispiel den Obst- und Gemüsebau, und vor allem den Anbau des edelsten aller Getränke, des Weins, und in Verbindung damit übernahm man auch das Brot. Da es gleichsam das liturgische Komplement zum Wein bildete, haben vor allem die Mönche nach der ersten Vermittlung durch die Romanen Brot und Wein schnell über die Romania hinaus verbreitet und damit ihren Siegeszug durch das Abendland eingeleitet.

Bedeutsame Übernahmen sind ferner auf handwerklichem Gebiet nachweisbar, so zum Beispiel in der Fertigung eiserner Geräte für die Landwirtschaft, der Ziegelfabrikation und in der Glaserzeugung. Auf höherer Ebene liegen Praktiken der Verwaltung, Münze und Urkundenwesen oder auch spätantike Ämter wie die Vogtei oder dux und comes, die freilich mit der Übernahme einen neuen Sinn erhielten.

Dabei zeigt sich, daß der Rückgang der gesamten Kultur sich hier auf ähnliche Weise wie im kirchlichen Leben bemerkbar macht. So kam manches, was übernommen war, wieder außer Gebrauch oder verkümmerte wieder: der Schilderung Gregors von Tours kommt allgemeine Bedeutung zu. Es waren im Grunde allein die einfachen Anleihen aus dem täglichen Leben, die sich der allgemeinen Verwilderung und Stagnation entzogen; in ihnen allein herrscht ungestörte Kontinuität.

Man sieht: es war nur eine erste und nur halb wirksame Verbindung, und nur ein mehr oder weniger äußerer Rahmen, der im Merowingerreich für die künftige europäische Ordnung gewonnen war. Und innerhalb dieses Rahmens stellten sich noch dazu allenthalben Zeichen der Stagnation und des Niederganges ein. Es schien unwahrscheinlich, daß die Franken sie aus eigener Kraft überwinden könnten. Das Merowingerreich hat jedenfalls noch nicht allein die Aufgabe meistern können, die Kräfte, deren Zusammenwirken die künftige Geschichte Europas und seiner Nationen bestimmen sollte, wirklich zu verbinden und zu aktivieren.

2. *Irische und angelsächsische Mission*

Es wird nun für die weitere Entwicklung wesentlich, daß ähnlich wie im Merowingerreich sich noch in anderen, ganz verschiedenen Gegenden — bei den Iren, Angelsachsen und Westgoten — Kraftzentren gebildet hatten, in denen ebenfalls und auf verschiedene Weise christliches und antikes Erbe aufgenommen und wirksam geworden war. Und es ist eigentümlich, daß diese verschiedenen Zentren, die zunächst inselartig nebeneinander existierten und denen für sich jeweils nur eine begrenzte Bedeutung zukam, schließlich miteinander in Berührung traten und eben dadurch weiter in die Zukunft wirkten.

Die Berührung erfolgte auf dem Boden des fränkischen Reiches, das seit Chlodowech den machtmäßigen Schwerpunkt des Westens bildete. Sie war das Werk der Iren und der Angelsachsen, und sie wurde historisch fruchtbar, weil die Karolinger, nachdem sie an die Stelle der Merowinger getreten waren, deren Mission sich und ihrem Reich zunutze machten.

Wir haben hier nicht die Geschichte der irischen und der angelsächsischen Mission im einzelnen zu verfolgen, sondern können uns damit begnügen, neben den wichtigsten Rahmendaten die Ergebnisse der beiden großen Missionsbewegungen und ihre Einwirkung auf das fränkische Reich ins Auge zu fassen.

Daß Iren die Mission auf das fränkische Festland trugen, geht nicht auf eine gezielte Missionsabsicht zurück, sondern hängt mit der Besonderheit der irischen Kirche zusammen, die eine ausgesprochene Mönchskirche war. Klöster bildeten ihre Mittelpunkte. Sie nahmen – da es auf der Insel keine Städte gab – die Stelle ein, die auf dem Festland den Bischofssitzen zukam. Dementsprechend hat auch der Abt nicht nur sein Kloster geleitet, sondern durch den ihm unterstellten Bischof auch noch die Diözese. Die Konzentration auf die Klöster wurde dadurch noch verstärkt, daß diese wiederum mit der Stammesordnung verklammert waren. Die Folge war, daß die Klöster mit der Stammestradition die Pflege der einheimischen Überlieferungen übernahmen. Daneben bewahrten sie noch ganz andersartige, fremde und archaische Züge, die zum Teil in den Orient verweisen. Dazu gehört vor allem das uralte Ideal der Peregrinatio, das sich allein in Irland erhalten hat. Sein Kern war das biblische Wort, daß der Anhänger Christi ein Fremdling auf Erden sein solle. Es charakterisiert die irischen Mönche, daß sie mit dieser Forderung der Heimatlosigkeit des Christen auf Erden ernst gemacht haben. Es war ein asketisches Ideal: höchste Stufe der Askese, die Heimat, die sie über alles liebten, um der ewigen Heimat willen preiszugeben. Dieses Ideal, nicht ein ausdrücklicher Missionswille, führte die irischen Mönche in die Ferne; auf der Wanderschaft gründeten sie neue Zellen, und von ihnen strahlten missionarische Impulse aus. Über England kamen sie auf das fränkische Festland. Ihr Wegbereiter war Columban d. J., ein Mönch aus Bangor. Im Jahre 590 landete er mit 12 Begleitern (in dieser Zwölfzahl die Zahl der Apostel symbolisierend) an der Küste der Bretagne und zog nun predigend durch das Frankenreich nach Süden. Seine Strenge und Festigkeit machten starken Eindruck und bewogen

den Adel, zahlreiche Klöster zu gründen. So war ein gewaltiger Aufschwung des Klosterwesens die erste Wirkung, die Columban und die irischen Mönche im Frankenreich auslösten. Columban selbst hat auf fränkischem Boden nur drei, allerdings drei bedeutende Klöster gegründet: Anegray, Luxeuil und Fontaine, alle drei in Burgund gelegen, wo er in König Guntram einen eifrigen Förderer fand. Luxeuil wurde das Hauptkloster, das an Ausstrahlungskraft bald alle anderen fränkischen Klöster weit übertraf. Es wurde Vorbild zahlreicher weiterer Gründungen, die auch noch weiterwirkten, als Columban sich nach dem Tode König Guntrams mit dem fränkischen Königshof überwarf und das Frankenreich verlassen mußte. Er hat dann vorübergehend am Bodensee gepredigt, um schließlich nach Italien weiterzuziehen, wo er in Bobbio, seiner letzten Gründung, im Jahre 615 gestorben ist.
Doch haben nicht alle seine Schüler ihren Meister nach Italien begleitet. So blieb z.B. Gallus am Bodensee zurück, gründete hier im Jahre 612 die später nach ihm benannte Zelle im Thurgau, aus der hundert Jahre später das berühmte Kloster St. Gallen erwachsen sollte – allerdings trotz seiner irischen Vorgeschichte dann bezeichnenderweise als Benediktinerkloster.
Zahlreiche irische Mönche sind in der Folgezeit auch weiterhin von der Grünen Insel auf das Festland gezogen, deren Gedächtnis noch vielfach an bedeutenden kirchlichen Zentren, die sie gründeten oder an denen sie wirkten, haften geblieben ist: so Kilian in Würzburg, Emmeram in Regensburg, Virgil in Salzburg, Fridolin in Säckingen oder im Breisgau der hl. Trudpert, bei dem es allerdings schwer ist, Sage und Geschichte voneinander zu scheiden. Sie alle kamen als peregrini und sind peregrini geblieben: Wanderer in der Fremde. Sie haben religiös und kulturell – hier vor allem in der Pflege der alten Literatur – wichtige Anstöße gegeben, Impulse ausgelöst, aber – getreu ihrem Ideal – sich nur selten um das Gedeihen ihres Werkes gekümmert, nur selten wirklich festen Fuß gefaßt. Und so blieb ihre Nachwirkung im allgemeinen zeitlich und räumlich begrenzt oder wurde von den Erfolgen der Angelsachsen, die ihnen nachfolgten, überdeckt.
Die angelsächsischen Mönche brachten ganz andere Voraussetzungen mit als ihre irischen Vorgänger, und dementsprechend weist die Mission, die sie betrieben, einen völlig anderen Charakter auf. Sie hatten ihr Christentum direkt von Rom bezogen und waren seitdem auch immer mit Rom in Verbindung geblieben. So war die angelsächsische Kirche ganz nach dem römischen Vorbild organisiert. Das heißt: sie war im Unterschied zur irischen Kirche eine Bischofskirche, und ihre Klöster folgten der von Rom begünstigten

Regel Benedikts. Sie zeichneten sich schon bald durch eine außerordentliche Gelehrsamkeit aus. Einer der Ihren, der Mönch Beda mit dem Beinamen Venerabilis, war der größte Gelehrte des ausgehenden 7. und beginnenden 8. Jahrhunderts. Durch Männer wie Beda wurde die neue angelsächsische Kultur, die neben dem lateinischen auch ein eigenes Schrifttum umfaßte, zum stärksten Ausstrahlungsfeld der Bildung in der germanischen Welt. Da sie auf bewußter Rezeption der antiken Überlieferung beruhte, kam es ihr ganz anders als den Romanen auf die Richtigkeit des Wortes und der Überlieferung an – ein Zug, der durch sie auch für das Festland bedeutsam werden sollte. Die Bildung, die Liturgie, das kirchliche Leben überhaupt wurde auf die römische Norm hin orientiert. Rom, die Apostelstadt, hat das angelsächsische Denken mächtig angezogen. Man sieht dies daran, daß es geradezu Brauch wurde, in Rom Auskunft einzuholen, wenn in diesen Bereichen etwas zweifelhaft erschien. Die Briefe des hl. Bonifatius bezeugen, wie sehr auch ihm diese Sitte in Fleisch und Blut übergegangen war.

Zur Überlegenheit der angelsächsischen Klosterbildung und zur Orientierung an Rom kam schließlich als eine wesentliche Bedingung des großen Missionserfolges noch das ungewöhnliche Organisationstalent der Angelsachsen hinzu, das bei der praktischen Durchführung auf Schritt und Tritt erkennbar wird. In einem entscheidenden Punkt bleiben sie jedoch auch den Iren verpflichtet: erst die Berührung mit den irischen Mönchen gab ihnen den Missionsimpuls.

Nach einem kurzen Vorspiel durch Bischof Wilfried von York, der auf einer Romfahrt im Winter 678/79 bei den Friesen missionierte, setzte die angelsächsische Mission als eine planmäßige Unternehmung, genau hundert Jahre nach dem Beginn der irischen Mission unter Columban, im Jahre 690 ein. Ihr eigentlicher Inaugurator wurde ein Schüler Bischof Wilfrieds, Willibrord, der eben im Jahre 690, wiederum mit den symbolischen zwölf Gefährten, mit einem festen Missionsziel nach Friesland aufbrach. Hier war die Situation dadurch gekennzeichnet, daß der Karolinger Pippin der Mittlere gerade Friesland erobert hatte. Mit ihm nahm Willibrord sofort Verbindung auf, um sich dadurch für seine Missionsarbeit Rückhalt zu verschaffen. Er und die ihm folgenden angelsächsischen Missionare haben sich also im Unterschied zu den irischen Mönchen von vornherein und bewußt mit der politischen Macht des Missionsgebietes verbündet. Die Folge war, daß die angelsächsische Mission mit der fränkischen Eroberung Hand in Hand gehen konnte.

Erster Stützpunkt der Mission Willibrords wurde das Kloster Echternach, dessen Gründung durch eine Schenkung des karolingischen Hausmeiers ermöglicht wurde. Man sieht: Planmäßigkeit und Verbindung mit der fränkischen Zentralgewalt sind deutliche Kennzeichen seines Vorgehens. Sie werden für alle angelsächsischen Missionare charakteristisch bleiben.

Ein weiteres, nicht minder charakteristisches Moment kommt ebenfalls schon am Anfang hinzu: Willibrord hat gleichzeitig auf einer ersten Romfahrt die Zustimmung des Papstes für seine Missionsarbeit eingeholt. Die traditionelle angelsächsische Verbundenheit mit Rom übertrug sich damit auf das neue Wirkungsfeld. Einige Jahre später, im Jahre 695, kam durch Willibrord auch die erste Berührung des karolingischen Hausmeiers mit dem Papst zustande – eine Verbindung, die schwerwiegende Folgen nach sich zog. Hier wurde zunächst durch ihr Zusammenwirken das Missionsfeld als ein besonderes Missionsbistum organisiert.

Alle die Züge, die für das Wirken Willibrords charakteristisch erscheinen, kehren bei seinem Nachfolger und Vollender, Winfried-Bonifatius, in verstärktem Maße wieder. Auch Winfried, der nach einem ersten gescheiterten Missionsversuch in Friesland im Jahre 718 endgültig in die Spuren Willibrords trat, hat seine Tätigkeit auf dem gleichen Kräftedreieck, bestehend aus seiner angelsächsischen Heimat, mit der er in ständiger Verbindung blieb, dem Papst und dem Hausmeier, die ihm Rückhalt boten, aufgebaut. In seinem um Thüringen und Sachsen erweiterten Wirkungsbereich ging er wiederum nach dem bereits bewährten Missions-Schema vor, indem er zunächst in Amöneburg und Fritzlar in Hessen, dann in Ohrdruf in Thüringen Klöster als Missionsstationen gründete. Bald konnte er in seinen Briefen von Massentaufen schreiben, und in Rom, wohin er regelmäßig über seine Tätigkeit berichtete, erkannte man bald, welche ungewöhnliche Kraft diesen Mann beseelte, und half nach Kräften nach. Bereits im Jahre 722 in Rom selbst zum Missionsbischof geweiht (wobei er nach dem Tagesheiligen den Namen Bonifatius erhielt), wurde er zehn Jahre später, 732, zum Erzbischof und im Jahre 738, auf seiner dritten Romreise, zum päpstlichen Legaten und Vikar für Germanien ernannt.

Auch die Verbindung mit dem Hausmeier bewährte sich. Bonifatius wußte sie schon bei der Durchführung der Mission zu nutzen. Und nach dem Zwischenspiel der Organisation der bayerischen Kirche konnte er mit Unterstützung Karl Martells im Jahre 741 in Mitteldeutschland die Episkopalverfassung durchführen, indem er in Büraburg in Hessen, in Würzburg und Erfurt und wenig später noch in Eichstätt Bistümer gründete, die er ausnahmslos mit Angelsachsen besetzte.

Seine Wirksamkeit erreichte ihren Höhepunkt, als die Söhne Karl Martells, zuerst Karlmann, dann auch dessen jüngerer Bruder Pippin, Bonifatius mit der Reform der fränkischen Kirche beauftragten. Damit wurden nun die angelsächsischen Kräfte voll für die fränkische Kirche aktiviert, nachdem gerade durch ihr Erscheinen deutlich geworden war, wie wenig die fränkische Kirche ihrer großen religiösen Erziehungsaufgabe entsprach. In drei aufeinanderfolgenden Synoden bemühte man sich, die schlimmsten Mißstände zu beseitigen, wobei es sich von selbst verstand, daß weltliche und geistliche Gewalt zusammenarbeiten. Dies gehörte gleichsam zum Programm. So wurde vor allem die verfallene Metropolitanverfassung wiederhergestellt, die Kirchenzucht neu eingeschärft und den Klöstern die Einführung der Benediktinerregel vorgeschrieben.

Es hat dann freilich die letzten Jahre des Bonifatius verdüstert, daß er bei seinen Reformbemühungen zunehmend auf innerfränkische Widerstände stieß. Angesichts dieser Widerstände hat er zuletzt resigniert und sich erneut der Friesenmission zugewandt. Hier starb er im Jahre 754 den Märtyrertod. Aber über seinem Grabe, das er in seiner Lieblingsgründung Fulda fand, ist die Saat seines Wirkens voll aufgegangen; denn schon vorher waren aus dem Schoß der fränkischen Kirche selbst Reformer hervorgegangen, die, am Beispiel der Angelsachsen geschult, daran gingen, den angelsächsischen Initiatoren das Reformwerk aus der Hand zu nehmen. Die Tatsache, daß jetzt Franken in der Lage waren, die Reformen selbständig weiterzuführen, zeigt wohl am deutlichsten an, daß Bonifatius und seine Helfer letztlich ihr Ziel erreicht hatten: die fränkische Kirche hatte sich in der Tat erneuert; sie hatte ihre eigenen Kräfte mobilisiert und sich mit Hilfe der Reform selbst gefunden. Jetzt hielt sie den Vergleich mit allen anderen Landeskirchen aus und fühlte sich stark genug, ihre geistlichen Aufgaben zu erfüllen. Die Impulse der Reformer wirkten zudem spürbar fort, und es sollte nicht lange dauern, daß sie auch im Bereich des allgemeinen geistigen Lebens überraschend reiche Früchte trugen und einen geistigen Aufschwung nach sich zogen.

3. *Die karolingische Bildungserneuerung*

Wir fassen diesen geistigen Aufschwung unter dem Begriff der sogenannten karolingischen Renaissance oder — vielleicht zutreffender — der karolingischen Bildungserneuerung zusammen. Obwohl er dem Wirken der Reformer zeitlich nachfolgt und mit seinen großen Hervorbringungen erst in die Herrschaftszeit Karls des Großen gehört, gehen wir hier bereits vorgreifend darauf ein, da der Zusammenhang mit der Reform der fränkischen Kirche für seine Auslösung wie für sein Verständnis wesentlich ist.

Wir haben bereits wiederholt von der engen Verflechtung gesprochen, die seit der Spätantike zwischen dem christlichen Glauben und der antiken Bildung bestand. Die Franken hatten beide zusammen aufgenommen, und als es unter den Merowingern mit dem kirchlichen Leben abwärts gegangen war, war damit auch die Bildung mehr und mehr verfallen. Das Erscheinen der Iren und Angelsachsen hatte darauf offenkundig gemacht, wie tief sowohl die Kirche wie auch die Bildung im Frankenreich abgesunken waren. So war es nur konsequent, daß der alte Zusammenhang nun auch bei der Überwindung dieses Tiefstandes wirksam blieb und die Reform der Kirche, die Bonifatius im Auftrag der Karolinger durchführte, schließlich in eine entsprechende Reform der Bildung einmündete.

Sie bewußt inauguriert und dann mit allen Kräften gefördert zu haben, ist das Verdienst Karls des Großen. Wir können noch erkennen, daß seine ersten Bildungsbestrebungen tatsächlich im Rahmen seiner Kirchenpolitik erfolgt sind. Ihr Ausgangspunkt ist die Forderung nach einem Mindestmaß an Bildung für die Geistlichen, die bereits in den frühen Kapitularien erhoben wird. Es ist eine eindeutige Reformforderung, wie sie ähnlich schon von Bonifatius gestellt worden war. Indem Karl der Große sie aufnahm, verband er aber damit sein persönliches Streben nach höherer Bildung. Darin ging er über Bonifatius hinaus. Und da er in allem, was er tat, als Herrscher handelte, nahm er sich der Bildung an, um sie zugleich für sein Reich nutzbar zu machen.

Um dieses Ziel zu erreichen, war es nötig, daß er Männer gewann, die im Besitz dieser Bildung waren und die ihm halfen, sie zu pflegen und zu verbreiten. So hat er denn auch schon verhältnismäßig früh – spätestens seit dem Jahre 777 – eine Reihe von Gelehrten an sich gezogen, und zwar, soweit wir sehen, zuerst Angelsachsen und Iren, zu denen bald Langobarden hinzukamen, z. B. den Grammatiker Petrus von Pisa und Paulinus, den späteren Patriarchen von Aquileja, oder Westgoten wie Theodulf von Orléans. Am wichtigsten aber war, daß er im Frühjahr 782 den Angelsachsen Alcuin gewann, den berühmtesten Gelehrten seiner Zeit, der sich zugleich als ein überragender Lehrer erwies und der schon bald als Haupt der ganzen gelehrten Gesellschaft am Karlshofe erscheint. Seit er am Hofe weilt und wirkt, stellt der Hof das Bildungszentrum des Reiches dar. Die hier versammelten Gelehrten repräsentieren wie nirgends sonst das Wissen ihrer Zeit, und sie sollen ihm im fränkischen Reich eine Heimstatt schaffen. Darum ist die erste Funktion, gleichsam die Grundaufgabe, die Karl der Große ihnen zuwies, am Hof selbst als Lehrer zu fungieren. Durch sie wurde die Hofschule, die bereits unter Pippin bezeugt ist, zur Hochschule des Reiches, an der die begabtesten Schüler aus dem gesamten Reichsgebiet ihre Bildung vervollkommnen konnten und sollten. Über sie kam zum Beispiel Einhard an den Hof, um freilich schon nach kurzer Zeit selbst unter die Hofgelehrten aufzusteigen. Es ist im übrigen bezeichnend, daß die Hofschule als Institution schwer faßbar ist. Dies liegt daran, daß das personale Prinzip, welches das Gesicht des staatlichen Lebens der Zeit bestimmte, auch hier zugrunde lag, so daß die persönliche Bindung der Schüler an ihre Lehrer das Wesen der Hofschule ausmachte. So war auch der Unterricht nicht an feste Stunden gebunden, sondern erwuchs auf dieser persönlichen Grundlage aus dem engen Zusammenleben von Lehrer und Schüler. Eben darum waren auch der Einfluß und die Wirkung des Lehrers so außerordentlich.

Zu dieser Grundfunktion kamen andere hinzu. So standen die Gelehrten, wie jeder, der am Hofe weilte, dem König als Berater (consiliarii) zur Verfügung, sie eben für den Bereich, der ihnen zugewiesen war: dem der Bildung und ihrer Ausbreitung.

Sie sollten aber mit dem Rat auch die Tat verbinden. So gab Karl der Große zum Beispiel Alcuin den Auftrag, das Alte und das Neue Testament zu emendieren; Paulus Diaconus sollte eine neue Homiliensammlung zusammenstellen und anderes mehr. Das Wesentliche dieser Werke war, daß sie, von Karl selbst als verbindlich erklärt, im ganzen Reich als Muster galten. Es ist charakteristisch, daß sie sich in der Hauptsache in mehrere große Gruppen einteilen lassen, nämlich in Lehrbücher zu den einzelnen artes, in liturgische und theologische Werke, ferner in Werke der Geschichtsschreibung und schließlich in Gedichte, die im geselligen Leben des Hofes eine bedeutsame Rolle spielen. Sie spiegeln offensichtlich die Hauptbedürfnisse der Zeit, wobei die Doppelgesichtigkeit der christlich-antiken Bildung und in Spitzenwerken wie der Vita Karoli Magni Einhards oder einigen Gedichten Theodulfs sogar ein engeres und freieres Verhältnis zur Antike deutlich in Erscheinung tritt.

Wie alle diese Werke erweisen, hat die erstrebte Bildungserneuerung ihr Ziel im großen und ganzen erreicht: das Frankenreich hat durch sie auch geistig die Führung Europas übernommen. Man kann ihre Ergebnisse im wesentlichen als eine dreifache Leistung charakterisieren, nämlich als eine Reform der lateinischen Sprache, die sich auf dem Boden der Romania im Stadium der Umwandlung befand und sich dadurch von der erlernten Kirchensprache immer weiter zu entfernen begann, ferner als eine Reform der Schrift, die unter den Merowingern offensichtlich verwildert war, und schließlich drittens als eine Reform der Bildung überhaupt, das heißt im Sinne der Zeit: der sacrae und der saeculares litterae. Dabei ging es im Grunde stets darum, den Niedergang, die Verwilderung und Unsicherheit zu überwinden, indem man mit Hilfe aller erreichbaren Vorbilder Grundformen, Normen gewann, die ein korrektes Latein, eine klare, einheitliche Schrift, eine durch Autoritäten gesicherte Bildung ermöglichten. Und es gelang in jedem Falle eine Erneuerung. Dabei wollte man jedoch so wenig etwas Neues, wie man das Alte um des Alten willen erstrebte; erst recht war nicht an eine Wiederherstellung der Antike gedacht. Das eigentliche Ziel war vielmehr das Richtige, Rechte in der Bildung: Norm und Autorität.

Wir werden sehen, daß dieses Streben nach klaren Normen für Karls Herrschaft überhaupt charakteristisch ist. Es ist geradezu das Signum Karls, daß er in allem um brauchbare Normen bemüht war und daß er dabei immer die Einheit im Auge hatte. So versteht es sich auch, daß sein Bestreben dahin ging, die am Hofe erneuerte Bildung auch dem Reich zugute kommen zu lassen. Dies geschah einerseits durch die Schüler der Hofschule, die nach Abschluß ihrer Ausbildung je nach ihrer Eignung im Reich Verwendung fanden, um dort weiterzugeben, was sie am Hof erlernt hatten. Andererseits ordnete Karl an, daß die Werke der Hofgelehrten als Muster sprachlicher und sachlicher Richtigkeit im ganzen Reich verbreitet, das heißt: daß sie immer wieder abgeschrieben wurden. Diese Tätigkeit wurde durch königlichen Befehl den Klöstern auferlegt. So wurde – erst jetzt – der schreibende Mönch nach dem angelsächsischen Vorbild zur Zentralfigur des fränkischen und des mittelalterlichen Mönchtums. Seinem Schreiberfleiß war das Wachstum der Klosterbibliotheken zu danken, das wir noch an den erhaltenen mittelalterlichen Bibliothekskatalogen ablesen können. Mit dem Ausbau der Bibliotheken ging – wiederum nach genauen königlichen Anordnungen – die Hebung der Klosterschulen Hand in Hand.

So bildeten der Königshof und die Reichsklöster die wichtigsten Träger der Bildung im Frankenreich. Ihnen schlossen sich die großen Bischofs- und Stiftskirchen an. Es waren freilich nur Bildungsinseln, die hier entstanden waren. Die breite Gesellschaft hatte an der Hochform der Bildung, die in ihnen gepflegt wurde und die eine lateinische Bildung war und blieb, keinen Anteil. Andererseits waren diese „Inseln des geistigen Lebens" (Auerbach) immerhin über das ganze Reich verbreitet, und alle künftigen bedeutenderen Leistungen gingen aus ihnen hervor.

Nach Karls Ansatz hätte sich die lateinische Bildung in die Volkssprache hinein fortsetzen und erweitern sollen. Das gelang nicht, weil der Ansatz unter seinem Nachfolger preisgegeben wurde, noch ehe er Früchte tragen konnte. So hat die Volkssprache sich erst auf dem Umweg über die Glossen und über die Missionsliteratur gewissermaßen neben der offiziellen lateinischen Bildung allmählich ihren eigenen Raum geschaffen. Es sollte noch mehrere Jahrhunderte dauern, bis sie sich in Deutschland unter den Staufern den vollen Rang einer Literatursprache erwarb.

Wenn so die karolingische Bildungserneuerung auf diesem Felde noch erfolglos blieb, so bleibt jedoch festzuhalten, daß sie im übrigen durchaus folgenreich war. Ihre große Bedeutung lag, wie wir sahen, darin, daß sie dank der Konzentration der antiken und der christlichen Bildung aus den verschiedenen Landschaften des Südens wie des Nordens im Karlsreich die Grundlage für eine einheitliche Bildung schuf, die sie ganz Europa mitteilte — wenn auch nur in seiner gebildeten Schicht, der Schicht der litterati. Europa war unter Karl nicht nur eine politische, sondern auch eine kulturelle Einheit geworden. Diese Einheit wirkt in der späteren deutschen Geschichte fort.

V.

Ausbau und Organisation der Herrschaft

Es ist eine historisch außerordentlich bedeutsame Koinzidenz, daß die Wirksamkeit der angelsächsischen Missionare im Frankenreich mit dem Aufstieg der Karolinger zusammentraf. Beide haben erst durch ihr Zusammenwirken die Erneuerung nicht nur der fränkischen Kirche, sondern auch des fränkischen Reiches herbeigeführt. Diese Erneuerung wird äußerlich durch den Herrschaftswechsel von den Merowingern zu den Karolingern markiert, der zugleich den Durchbruch einer neuen Zeit bedeutet. Dies ist besonders deutlich daran zu erkennen, daß mit dem Dynastiewechsel eine tiefgreifende Veränderung in der Natur des Königtums verbunden war, seine Umwandlung zum Gottesgnadentum.

1. Das Gottesgnadentum

Wie wir gesehen haben, war das merowingische Königtum dadurch gekennzeichnet, daß es an das königliche Geblüt gebunden und als eine magische Kraft wirksam war. Sie teilte sich mit dem Blut allen Angehörigen der stirps regia mit und zog daher die Teilung des Reiches nach sich. Obwohl man damit die schlechtesten Erfahrungen machte, da jede Teilung sich als eine Quelle neuer Zwistigkeiten in der Königsfamilie und im Reich erwies, blieb der Glaube an das Königsheil der Merowinger erstaunlich lange intakt. So scheiterte im Jahre 665 der Versuch des austrasischen Hausmeiers Grimoald, eines Karolingers, den jungen König Dagobert II. zu scheren und durch seinen Sohn Hildebert zu ersetzen, weil weder Adel noch Volk für den Wechsel zu gewinnen waren. Sie hielten grundsätzlich daran fest, daß der König als solcher geboren sein mußte; wenn dann auch von seiner Wahl berichtet wird, so bedeutete sie nur die Anerkennung seines objektiven Herrschaftsanspruchs, der auf jeden Fall sakral begründet war.

Da es indessen offenkundig war, daß es mit den Merowingern mehr und mehr abwärts ging, mußte ihr Heil in gleichem Maße unglaubhafter werden, wie das Glück von ihnen wich. Gleichzeitig stiegen die Karolinger auf und warteten nur darauf, sie zu entthronen, um selbst an ihre Stelle zu treten. Die Frage war nur, ob und wie es ihnen gelingen würde, mit der Absetzung der Merowinger einen eigenen Herrschaftsanspruch zu begründen.

Sie waren als Herzöge von Austrasien und als Hausmeier für den austrasischen Reichsteil an die Spitze des fränkischen Adels aufgestiegen und hatten im Jahre 687 ihr Hausmeieramt auf das ganze Frankenreich auszuweiten vermocht. Seitdem waren sie praktisch die Regenten, die ungekrönten Könige der Franken, die Merowinger nur mehr königliche Werkzeuge in ihrer Hand, wenn sie für das Volk auch noch immer die Träger und Vermittler des königlichen Heiles blieben. Immerhin war unter den großen Karolingern des 8. Jahrhunderts, Karl Martell und Pippin dem Jüngeren, das Mißverhältnis zwischen Königsnamen und Königsmacht so deutlich sichtbar geworden, daß auswärtige Mächte wie der Papst und die Langobarden sich nicht mehr an die fränkischen Könige, sondern an die Hausmeier als die tatsächlichen Inhaber der Macht wandten. Es war also offenkundig: die Karolinger besaßen die faktische Macht; sie schalteten wie Könige – aber um selbst König zu sein, dazu fehlte ihnen das königliche Geblüt, das nur den Merowingern eigen war.

Die Situation war in jeder Hinsicht unbefriedigend. Trotzdem wäre es fraglich gewesen, ob schon die bloße Machtüberlegenheit genügt hätte, eine bessere und vor allem eine dauerhafte Lösung herbeizuführen. Pippin hat denn auch für besondere Sicherungen gesorgt, als er endlich im Jahre 751 den entscheidenden Schritt zur Absetzung der Merowinger wagte.

Die erste Sicherung lag darin, daß er sich für diesen Schritt auf einer Volksversammlung die Zustimmung des Volkes geben ließ. Es ist nicht ausdrücklich überliefert, aber doch wohl anzunehmen, daß er dem Volk gegenüber das Versagen der Merowinger als Beweis dafür ausgespielt hat, daß das Königsheil schon längst von ihnen gewichen sei. Das zweite war, daß er sich für sein weiteres Vorgehen der geistlich-moralischen Autorität des Papstes versicherte. Dies setzte nicht nur voraus, daß die Verchristlichung des Frankenreichs inzwischen durch die Wirksamkeit der Angelsachsen spürbare Fortschritte gemacht hatte; es war auch ein Schritt, der zugleich neue, weitere Zusammenhänge eröffnete. In den Annales regni Francorum liegt uns sozusagen der offizielle Bericht über das Vorgehen Pippins vor. Darin heißt es zum Jahre 749, daß Pippin eine Gesandtschaft zu Papst Zacharias gesandt habe, „um bei ihm anzufragen, was von den Königen im Frankenreich zu halten sei, die keine königliche Macht besäßen: ob dies gut sei oder nicht (si bene fuisset an non)". Darauf „beschied" (mandavit) der Papst Pippin, „daß es besser sei, jener heiße König, der die Macht habe, als jener, der ohne königliche Macht sei". Dann folgen die inhaltsschweren Worte: „damit der ordo nicht gestört werde, befahl er kraft päpstlicher Autorität, Pippin solle König werden." Offiziell um seine Stellungnahme befragt, berief der Papst sich also auf den alten Augustinischen Gedanken, daß es im Interesse der Weltordnung liege, die nicht gestört werden dürfe, daß nicht der Machtlose, also nicht der Merowinger, sondern der Mächtige, der Karolinger, König sei, und sanktionierte damit die Absetzung des Merowingers wie den Herrschaftsantritt des Karolingers Pippin.

Entsprechend dieser päpstlichen Weisung wurde Pippin darauf, wohl gegen Ende des Jahres 751, auf einer Reichsversammlung „nach der Sitte der Franken" (secundum morem Francorum) zum König gewählt und anschließend als erster fränkischer König von fränkischen Bischöfen, vielleicht unter Führung des Bonifatius, gesalbt.

Es fanden also zwei Handlungen statt: Wahl und Salbung. Davon war rechtlich entscheidend die Wahl, die Sache des fränkischen Volkes war. Die Weisung des Papstes, die ihr vorausging, lag auf einer anderen Ebene: sie war nicht rechtlicher, sondern moralischer

Natur; sie hat den Wechsel begünstigt und ihn kraft päpstlicher Autorität moralisch gedeckt. Die eigentliche Entscheidung lag aber in der Wahl der Franken: Pippin war „secundum morem Francorum" gewählt. Insofern beruhte sein Königtum wie das der Merowinger auf germanischen Grundlagen – jedoch nicht allein! Und eben darin unterschied es sich aufs stärkste vom merowingischen Königtum. Man muß im Auge behalten, daß Pippin jetzt zwar zum König gewählt war, daß er damit aber noch nicht, wie die Merowinger vor ihm, einer „stirps regia" angehörte. Dies mußte vielen Franken, die in geblütsrechtlichen Vorstellungen dachten, als ein entscheidender Mangel erscheinen. Und Pippin war sich offenbar auch selbst dieses Mangels bewußt. Eben deshalb hatte er ja den Umweg über die päpstliche Autorisation gewählt und sich im Anschluß an seine Königserhebung noch zusätzlich der kirchlichen Segnung versichert. Sie wurde ihm in der besonderen Form der Salbung zuteil, die bei seinem Herrschaftsantritt zum erstenmal in der fränkischen Geschichte vollzogen wurde.

Schon die Tatsache, daß es sich bei der Salbung Pippins um eine Neuerung handelt, muß sie uns bedeutsam erscheinen lassen. Es liegt auf der Hand, daß ihre Einführung mit dem fehlenden königlichen Geblüt Pippins zusammenhing. Es war ihr Sinn, diesen Mangel auszugleichen, indem sie dem neuen König eine neue sakrale, jetzt aber kirchlich-sakrale Legitimation verlieh – und zwar eine Legitimation, die nicht mehr das Blut, sondern Gott erteilte. Denn nach der alttestamentarischen Vorstellung, die der Salbung zugrunde lag, war es Gott, der die Könige berief und der ihnen durch die Salbung die Kraft verlieh, ihre herrscherlichen Aufgaben zu erfüllen. Sie bildet den Kern einer ganzen Königstheologie, die sich hier ankündigt und die uns z. B. besonders eindrucksvoll auf den Platten der deutschen Kaiserkrone begegnen wird. Indem diese Vorstellung hier auf das Königtum Pippins übertragen wurde, erhielt es einen neuen Sinn: es wurde umgedeutet in ein Amt, das Gott verlieh. Wir nennen dieses umgedeutete Königtum mit Fritz Kern das Gottesgnadentum.

Angesichts seiner außerordentlichen Bedeutung wird es zweckmäßig sein, seine erste und entscheidende Ausformung noch etwas genauer ins Auge zu fassen. Es ist nicht unwichtig, daß Pippin zweimal gesalbt worden ist: ein erstes Mal im Anschluß an seine Wahl; diese erste Salbung wurde durch fränkische Bischöfe vollzogen; dann, wenige Jahre später, 754, ein zweites Mal, und dieses Mal durch Papst Stephan II., der in das Frankenreich gekommen war, um Pippin zum Eingreifen in Italien zu bewegen. Über diese zweite Salbung liegt eine eigene kleine, aber wertvolle zeitgenössische Quelle vor: die Nota oder Clausula de unctione Pippini regis. Sie berichtet, daß der Papst jetzt nicht nur die Salbung an Pippin wiederholte, sondern daß er auch seine beiden Söhne Karl (d. Gr.) und Karlmann mit ihm salbte. Von Pippins Gemahlin heißt es nur, daß der Papst sie „gesegnet" habe (benedixit); es ist deshalb ungewiß, ob sie – wie es später üblich wurde – ebenfalls schon gesalbt worden ist. Schließlich wurden auch noch die fränkischen Großen mit in die heilige Handlung einbezogen. Der Papst hat auch sie gesegnet und sie darüber hinaus unter Androhung der Exkommunikation verpflichtet (constrinxit), niemals einen König aus einem anderen Geschlecht zu wählen. Die zweite Salbung durch den Papst hatte also nicht nur den Zweck, das Königtum Pippins als das einer Einzelperson zu stärken, sondern es darüber hinaus zugleich für alle Zukunft seinem ganzen Geschlecht zu sichern. Dies heißt aber nichts anderes, als daß das Gottesgnadentum, nachdem es kaum ins Leben getreten ist, sich bereits mit dem alten Geblütsgedanken verband – und dies, obgleich Gottesgnadentum und Geblütsgedanke im Grunde entgegengesetzte Prinzipien darstellten; denn im ersten Fall war das Königtum als ein von Gott verliehenes Amt, im zweiten als eine im Blut begründete magische Kraft zu verstehen. Aber der theoretische Gegensatz schloß nicht aus, daß beide Prinzipien sich in der geschichtlichen Wirklichkeit miteinander verbanden. Diese Verbindung kennzeichnet das karolingische Königtum, das demnach ebenso christlich wie germanisch bestimmt war.

Die Salbung ist das deutlichste Zeichen seiner Verchristlichung geworden, durch die es sich vom merowingischen Königtum unterschied. Daß sie als sakrale Handlung wirklich prägende Kraft besaß, hat seinen Ausdruck in einem neuen Königstitel gefunden, der seit den Söhnen Pippins, Karlmann und Karl d. Gr., von allen mittelalterlichen Königen geführt wird; er lautet statt des einfachen rex oder rex Francorum: gratia Dei rex (Francorum) „Köng von Gottes Gnaden".

Die kurze Hinzufügung „gratia Dei" ist unter der Bezeichnung Devotionsformel bekannt. Sie ist aber keineswegs, wie das Wort zu sagen scheint, nur ein Ausdruck der persönlichen Bescheidenheit des Königs. Sie ist vielmehr als Devotionsformel zugleich Legitimationsformel, die besagt, daß der König seine Stellung als Herrscher nicht von seiner Abstammung, sondern von der göttlichen Gnade herleitet. Das Gottesgnadentum tritt also gewissermaßen an die Stelle des Geblütsgedankens, nimmt ihn aber, wie wir sahen, schon nach kurzer Zeit wieder in sich auf. Der Papst selbst hat den Geblütsanspruch der Karolinger anerkannt. So verwandelte sich

bereits unter Pippin das Geschlecht des neuen Königs, das Geschlecht der Karolinger, in das neue Königsgeschlecht.
Der christliche Amtsgedanke verdrängte also nicht den Geblütsgedanken. Vielmehr lebte die alte heidnisch-magische Auffassung von der Heiligkeit des königlichen Blutes in der verchristlichten Form des Königtums, im Gottesgnadentum fort. Das untrügliche Kriterium ihres Fortwirkens ist, daß nun auch die Karolinger, genau wie die Merowinger, am Prinzip der Herrschaftsteilung festhalten, das ja voraussetzt, daß allen Mitgliedern des Königshauses als Trägern des gleichen Blutes grundsätzlich die gleiche Herrscherqualität zuerkannt wurde.
Man sieht also: der Herrschaftswechsel des Jahres 751 war grundsätzlicher Natur. Er begründete mit der Ablösung der Merowinger durch die Karolinger eine neue Form des Königtums, der bis tief in die Neuzeit hinein die Zukunft gehören sollte: das sogenannte Gottesgnadentum. Dabei bleibt es charakteristisch für die Karolinger, daß sie auch den alten Geblütsgedanken wieder übernehmen und ihn mit ihrem neuen Königtum von Gottes Gnaden verbinden.
Die Tatsache, daß bei dem Wechsel auch der Papst eine Rolle mitgespielt hatte, blieb für das Königtum selbst zunächst völlig wirkungslos. Daß Jahrhunderte später, im sogenannten Investiturstreit, ein verwandeltes Papsttum aus der Erhebung Pippins noch nachträglich den Anspruch auf eine allgemeine Mitwirkung bei jeder Königserhebung abzuleiten suchte, kann hier auf sich beruhen. Für die Karolinger wie auch für ihre deutschen Nachfolger auf dem Königsthron stand es jedenfalls außer Frage, daß sie als Könige von Gottes Gnaden gerade dadurch ausgezeichnet waren, daß ihre Herrschaft so, wie sie sie unmittelbar von Gott erhalten hatten, Gott auch unmittelbar unterstand. Und dementsprechend lehrten die karolingischen Reichstheologen auch ihre Macht als einen Ausfluß von Gottes Allmacht sehen.

2. *Königshof und königliche Ämter*

In der Praxis der Herrschaftsausübung, in der Königs- und Adelsherrschaft stets zusammengehören, brachte das Gottesgnadentum dem König einen ideellen Vorsprung vor dem Adel ein.
Dabei entsprach es aber dem Wesen der Herrschaft, daß der Adel dem König zu- und untergeordnet, der König auf den Adel angewiesen war. Beide unterstanden dem gleichen Recht. Darum konnte mittelalterliche Herrschaft niemals absolutistisch sein. Die

Unterstellung unter das Recht als eine sakral begründete Ordnung und die Zuordnung von König und Adel schlossen den Absolutismus als Herrschaftsform aus. Es gehörte vielmehr zum Wesen der Reichsverfassung, daß beide zusammenwirkten. Als dritte Größe kam noch die Kirche, repräsentiert durch den Episkopat, hinzu.
Für ihr Zusammenwirken war es entscheidend, daß der König so viel Macht und Autorität besaß, daß Adel und Episkopat, das heißt: der weltliche und der geistliche Adel sich freiwillig seiner Führung unterstellten und daß sie im Königsdienst eine Rangerhöhung erblicken konnten. Wo dies einmal nicht zutraf und der König wie in der Spätzeit der Karolinger an Ansehen und Macht verlor, schlug das Verhältnis sofort um, und das Zusammenwirken verwandelte sich in Rivalität zwischen Adel und Königtum. In dieser Rivalität drückte sich das Eigenrecht des Adels an der Herrschaft aus. Sie änderte aber prinzipiell nichts an der Grundkonstellation der Reichsverfassung, die eben auf dem Zusammenspiel von König, Adel und Episkopat beruhte. An sich gab das Königtum seinem Inhaber mit dem Amt, seiner Weihe und der ihm innewohnenden Autorität so viel an inneren und äußeren Kräften mit, daß es den fähigen Herrschern stets gelungen ist, sich auch die notwendige Anerkennung zu verschaffen.
Je mächtiger ein König war, um so größer war die Anziehung, die er ausübte, um so bedeutender waren in der Regel auch die Helfer, die er fand. Auf solche Helfer war jeder König angewiesen: Herrschaft und Dienst bedingten einander.
Um seine großen Aufgaben zu erfüllen, die im Schutz von Frieden und Recht gipfelten, zog der König selbst rastlos und ruhelos durch das Reich, Recht sprechend, Schutz gewährend, ordnend und strafend, lohnend und schenkend; denn ein guter König mußte stets auch freigebig sein. Aber er konnte nicht überall zur gleichen Zeit sein. Deshalb brauchte er Männer, die in seinem Namen für Recht und Ordnung sorgten, wenn er selbst abwesend war; andere waren nötig, die seine Befehle weiterleiteten, wieder andere, die ihn begleiteten, berieten und für seine persönlichen Dienste zur Verfügung standen. Sie bildeten seine persönliche Umgebung, das heißt: den Königshof.
Der Hof war der Mittelpunkt der Herrschaft. Er heißt in den Quellen aula oder palatium und hatte, wie schon diese Bezeichnungen andeuten, eine persönliche und eine räumliche Seite. Im Wort palatium, das ursprünglich nur die Bezeichnung für den römischen Kaiserpalast auf dem Palatin war, von diesem dann aber allgemein auf jeden herrscherlichen Palast übertragen worden ist, ist unser Lehnwort „Pfalz“ abgeleitet. Es kann nach dem Sprachgebrauch der

Quellen ebenso auf eine einzelne und bestimmte Pfalz wie auf das Abstraktum Pfalz bezogen sein (im ersten Fall übersetzen wir in palatio = in der Pfalz N. N., im zweiten „am Hofe"). Darin drückt sich bereits ein wesentlicher Sachverhalt aus – nämlich der, daß der Hof im räumlichen Sinne aus einer Vielzahl von Pfalzen bestand, die sich über das ganze Reichsgebiet verteilten. Der König übte seine Herrschaft aus, indem er mit seinem Gefolge zwischen ihnen ständig hin und her zog. So war der Hof in dauernder Bewegung, deren Markierungspunkte die Pfalzen bildeten.

Bei den Ottonen und ihren Nachfolgern kamen dann, wie wir noch sehen werden, in stärkerem Maße auch Bischofssitze und Reichsklöster hinzu. Doch blieben die Pfalzen nach wie vor der Inbegriff des Hofes im räumlichen Sinne.

Nicht weniger wichtig als die räumliche ist die persönliche Bedeutung des Hofes. Sie umschließt eine Vielzahl von Personen, die, wie gesagt, die Umgebung des Königs bildeten. Diese Umgebung war nicht einheitlich. Sie bestand in der Hauptsache aus zwei verschiedenen Personengruppen. Die eine umfaßte einen wechselnden Personenkreis, zu dem alle gehörten, die gerade am Hofe weilten, in erster Linie natürlich Große: Herzöge, Grafen oder Bischöfe, die von Zeit zu Zeit zu erscheinen hatten, um dem König Bericht zu erstatten oder auch neue Befehle entgegenzunehmen. Solange sie am Hofe weilten, nahmen sie an den allgemeinen Beratungen und am Hofgericht teil oder wurden auch zu anderen Aufgaben herangezogen.

Neben dieser stets wechselnden Gruppe von Großen, die nur vorübergehend zum Hof gehörten, gab es eine zweite, engere: einen festen Personenkreis um den König, der sich im wesentlichen aus den Inhabern der sogenannten Hofämter und den königlichen Dienstleuten zusammensetzte. Sie sind diejenigen, die in den Quellen im allgemeinen aulici oder palatini heißen. Wie alles und jedes im Mittelalter fügten sie sich in eine besondere Ordnung ein. In ihrem Falle handelt es sich um eine Hofordnung, über die wir für die Karolingerzeit durch eine kleine, aber außerordentlich instruktive Schrift informiert sind: die Schrift „De ordine palatii". Sie ist in der uns überlieferten Form von Erzbischof Hincmar von Reims, einem ehemaligen Hofgeistlichen, verfaßt, geht aber in ihrem Grundstock bereits auf Adalhard von Corbie, einen Vetter Karls des Großen, zurück, der einer seiner einflußreichsten Berater war. Da der karolingische Hof die Grundlage und das Modell für alle europäischen Königshöfe im Mittelalter abgegeben hat, kommt der in dieser Schrift geschilderten Ordnung auch eine entsprechend allgemeine Bedeutung zu.

Hincmar selbst erschien die Hofordnung so wichtig, weil er in ihr die Ordnung des Reiches begründet sah; und dies, wie wir sehen werden, sicher zu recht. An den Bezeichnungen der älteren Ämter ist noch deutlich zu erkennen, daß sie auf die Bedürfnisse des Hauses zurückgehen, das ja überhaupt als der Ursprung aller Herrschaft zu gelten hat. Diese ältesten und wichtigsten der sogenannten germanischen Hausämter sind, abgesehen vom Hausmeier, den die Karolinger aus guten Gründen abgeschafft hatten, nachdem sie selbst auf dem Wege über dieses Amt das frühere Königsgeschlecht entthront hatten: der Kämmerer, der Truchseß, der Mundschenk und der Marschall. Davon hatte der Kämmerer ursprünglich allgemein für Unterhalt und Unterbringung von Hof und Gefolge zu sorgen, der Truchseß für die Beköstigung, der Mundschenk für die Getränke, der Marschall für Pferd und Stall. Das Wort marescalcus, marascalc, das in seiner Grundbedeutung Pferdeknecht heißt, hält noch fest, daß das Amt aus der knechtischen Sphäre stammt. Später wird für Marschall auch die Bezeichnung comes stabuli (Stallgraf) angewandt, worin sich die Höherentwicklung andeutet, die diese Ämter am Königshof durchlaufen haben. Die niederen Dienste für Unterkunft, Tisch und Stall, für welche man seit Karl dem Großen entsprechend dem größeren Gefolge des Königs eine Vielzahl von Dienern nötig hatte, wurden dem Gesinde überlassen, während sich die Inhaber der Hofämter, die jetzt angesehene Männer adliger Herkunft waren, auf Aufsicht und Leitung der ihnen untergeordneten Diener beschränkten. Und mit der Steigerung ging eine Ausweitung des Amtes Hand in Hand: In dem Maße nämlich, wie sich das alte Hausamt in ein höheres Hofamt verwandelte, wurden seine Funktionen auch über den Hof hinaus in das Reich hinein ausgedehnt. So wurde der Kämmerer, der an der Spitze rangierte, zu einer Art Vermögensverwalter des Königs, der Marschall wuchs stärker in militärische Bereiche hinein; bereits unter Karl dem Großen begegnet er mehrere Male als Heerführer; ähnliches gilt für den Truchseß und den Mundschenk, ohne daß es allerdings möglich wäre, genau anzugeben, in welcher Weise ihre Funktionen ausgedehnt worden sind. Dies ist deshalb nicht möglich, weil die Ämter in der Hand großer Adliger sich immer mehr in Ehrenstellungen verwandelten, die mit ihren ursprünglichen Aufgaben nur noch symbolisch zusammenhingen, während die eigentliche Tätigkeit, auf die sie verwiesen, von untergeordneten Königsdienern wahrgenommen wurde. Unter den Ottonen haben sich als eine weitere Steigerung dann über den Hofämtern noch die sogenannten Erzämter gebildet (wenn die Bezeichnung selbst auch jünger ist). Jetzt traten – zum erstenmal bei der Wahl Ottos des

Großen – die vier vornehmsten Vertreter des Reichsadels überhaupt, vier Herzöge, als Kämmerer, Truchseß, Mundschenk und Marschall hervor, und zwar wie hier, so auch weiterhin nur bei außergewöhnlichen Anlässen wie dem Krönungsmahl und anderen hohen Festfeiern. Sie waren ja keine Hofbeamten mehr, sondern übten als Reichsfürsten das Amt als Ehrenamt aus, um damit ihre Bindung an den Herrscher zu bekunden.

Andererseits bleibt es dabei, daß Angehörige des königlichen Gesindes die eigentlichen Hofämter versehen und dabei auch weiterhin zugleich in Reichsgeschäften verwandt werden: Zwischen Hofdienst und Reichsdienst besteht also kein grundsätzlicher Unterschied, sie sind vielmehr aufeinander bezogen.

In dieser Beziehung klingt noch nach, daß die Reichsverwaltung aus der Hofverwaltung heraus entwickelt worden ist, und zwar einfach durch die Ausweitung ihrer Funktionen. Das heißt: die mittelalterliche Reichsverwaltung ist ihrer Struktur nach nichts anderes als eine erweiterte Hofverwaltung.

Im Zuge dieser Erweiterung haben sich einige Ämter auch vom Hofe wegentwickelt, so vor allem das Amt des Pfalzgrafen, der, wie sein Name sagt, ursprünglich an die Königspfalz gebunden war, wo er den Vorsitz im Königsgericht führte. Otto der Große hat dem Amt dann eine neue Bestimmung gegeben, indem er Pfalzgrafen zum Zweck der Kontrolle an die Residenzen der Stammesherzöge entsandte. Hier verselbständigten sie sich allerdings bald, blieben also keine Hofbeamten und sind im übrigen nach relativ kurzer Zeit verschwunden – bis auf einen: den lothringischen, dem als dem Pfalzgrafen bei Rhein schließlich um Heidelberg eine eigene Territorienbildung gelingen sollte.

Neben diesen Hauptämtern spielen andere wie der spatarius, der Schwertträger, oder der ostiarius, eigentlich der Türhüter, dann allgemein der Zeremonienmeister, nur eine untergeordnete Rolle. Es versteht sich, daß auch sie spürbare Wandlungen durchgemacht haben, wobei von allgemeiner Bedeutung ist, daß sie im Grunde alle eine deutliche Schwäche des Amtsgedankens erkennen lassen. Wie vor allem das Beispiel des Pfalzgrafen zeigen kann, haben sie, sobald sie in der Hand eines großen Adligen sind, in der Regel die Tendenz, ihren Amtscharakter wieder abzustreifen. Es ist dies eine Erscheinung, die für die Weiterbildung der Reichsverfassung, wie wir noch sehen werden, außerordentlich wichtig wird. Da indessen gerade den Hofämtern zunächst Dauerbedürfnisse des Königtums zugrunde liegen, bilden sie sich gewöhnlich auf der Ebene der täglichen Bedarfsbefriedigung immer wieder neu.

Die Ämter, die wir bisher überblicken, sind die weltlichen Hofämter. Die Herrschaft und der Hof als ihr Mittelpunkt sind aber, wie das Königtum selbst, keineswegs nur rein weltliche Erscheinungen gewesen. Wir sahen ja bereits, daß ihre religiösen Wurzeln weit in die Vorzeit zurückreichen und daß das Christentum ihnen dann eine entsprechend christliche Prägung gab. Mit der Umbildung des Königtums zum Gottesgnadentum mußte sich sein Kontakt zur Kirche noch verstärken und auch am Hofe auswirken. Es lag schon in der Natur des Christentums, daß ein christlicher König sich auch mit Geistlichen umgab und an seinem Hof Kirchen errichten ließ, um in ihnen den Gottesdienst zu feiern. Für einen König von Gottes Gnaden mußte der Gottesdienst vollends ein unentbehrlicher Bestandteil seiner Herrschaft sein. So überrascht es nicht, daß die Hofgeistlichkeit seit dem Herrschaftsantritt der Karolinger eine neue und wachsende Bedeutung gewann. Dabei wird eine wechselseitige Beziehung erkennbar: In dem Maße, wie der König selbst in die geistliche Sphäre eintrat, hat er seinerseits seine Hofgeistlichen auch verstärkt zu weltlichen Aufgaben herangezogen. Dies geschah mit Hilfe einer Institution, die sich die Karolinger erst für ihre Zwecke geschaffen haben: der sogenannten Hofkapelle, die uns seit Pippin als Zusammenschluß der Hofgeistlichkeit unter der Leitung eines obersten Kapellans, später Erzkapellan genannt, begegnet.

Die Hofkapelle ist eine höfisch-kirchliche Institution, deren Name auf eine von den Königen besonders verehrte Reliquie, nämlich den Mantel des hl. Martin, capella Sancti Martini genannt, zurückging. Von ihr war der Name auf ihre geistlichen Bewacher übergegangen, die dementsprechend Kapelläne genannt wurden. Und da die Reliquie jeweils in der Pfalzkirche aufbewahrt wurde, in der sich der König gerade aufhielt, wurden auch die Pfalzkirchen Pfalzkapellen genannt. Schließlich hat dann das eine Wort capella die drei Elemente als Sammelbegriff zu einer Einheit zusammengefaßt und damit das Wesen der Institution zutreffend durch den Funktionszusammenhang von Hofgeistlichkeit, königlichem Reliquienschatz und Pfalzkapellen definiert. Ihre Einheit kommt sichtbar zum Ausdruck im herrscherlichen Gottesdienst, in dem noch dazu die Zuordnung des Ganzen zum Königtum sinnfällig greifbar wird. Der herrscherliche Gottesdienst bildet denn auch die Grundfunktion der Hofkapelle und ist dies immer geblieben. Sie hat jedoch bald weitere Funktionen an sich gezogen. Bereits Pippin hat einzelne Kapelläne auch mit diplomatischen und mit Verwaltungsaufgaben betraut, und Karl der Große hat diese Praxis gewissermaßen zum System gemacht. Seit Karl ist die Grundform der Hofkapelle festgelegt. Die

entscheidende Erweiterung besteht darin, daß die schriftliche Verwaltungstätigkeit ausschließlich in die Hände der Kapelläne überging. Während die Urkunden der Merowinger von den sogenannten Referendaren, die in der Regel Laien waren, geschrieben worden sind, waren die Urkunden der Karolinger wie ihrer Nachfolger nur noch von Geistlichen in der Kapelle abgefaßt. Der Wechsel hängt zweifellos damit zusammen, daß die antike Bildung, die Kenntnis von lateinischer Schrift und Sprache, bereits im Merowingerreich immer stärker auf die Geistlichen eingeschrumpft war. Im germanischen Osten wird es im 8. Jahrhundert kaum einen Laien gegeben haben, der die lateinische Sprache beherrschte und schreiben konnte. So lag es nahe, daß man sich jetzt für diese Aufgaben an die Hofgeistlichen hielt, die ja durch ihre gottesdienstlichen Pflichten auf Schrift und Schriftlichkeit angewiesen waren. Dementsprechend wurden nun einige von ihnen als Notare verwandt, und im Interesse einer geregelten Beurkundungstätigkeit wurden sie in dieser Eigenschaft noch einem besonderen Ressortleiter unterstellt, der den Titel Kanzler führte. Er unterstand, wie jeder andere Hofgeistliche, dem obersten oder Erzkapellan, der in der Regel ein hoher kirchlicher Würdenträger war, stieg aber dank seines besonderen Pflichtenkreises bald ähnlich wie dieser auf. Auf lange Sicht gesehen, hat der Kanzler sogar alle anderen Hofämter an Einfluß und Bedeutung in den Schatten gestellt. Sein Amt ist das Amt der Zukunft. Da neben dem Urkundenwesen auch die gesamte politische Korrespondenz durch seine Hände ging und da er damit auch für die diplomatischen Verbindungen zuständig war, wurde er bald neben dem Erzkapellan der mächtigste politische Berater des Königs, der stets in seiner Umgebung weilte und an allen wichtigen Beratungen teilnahm. Schließlich ist er im 11. Jahrhundert überhaupt an die Stelle des Erzkapellans getreten. Noch später ist dann aus dem Kanzler der Reichskanzler geworden, der, allerdings in säkularisierter Form, selbst das Heilige Römische Reich überdauert hat.
Der Aufstieg des Amtes setzt schon bald, nachdem es geschaffen war, ein; er ging mit der Vergrößerung der Hofkapelle Hand in Hand, die vor allem unter Karl dem Großen zu beobachten ist und die offensichlich der Tendenz Karls entspricht, in stärkerem Maße als zuvor schriftlich zu regieren. Sie hatte zur Folge, daß die geistlichen Diener des Königs neben den weltlichen zunehmend an Gewicht gewannen; ihr Nebeneinander entsprach genau der Struktur des Reiches, das der Königshof repräsentierte. Wie aus der bereits erwähnten Schrift „De ordine palatii" Adalhards und Hincmars hervorgeht, hatte man sich sogar ein ganzes Beziehungssystem zwischen weltlichen und geistlichen Amtsträgern zurechtgelegt, und

soweit wir aus den übrigen Quellen ersehen können, waren beide Gruppen auch annähernd gleich stark am Hof vertreten. Vor allem Karl der Große hat sichtlich Wert darauf gelegt, besondere Missionen möglichst regelmäßig von einem weltlichen und einem geistlichen Amtsträger durchführen zu lassen. Er hat den gleichen Grundsatz auch auf das Reich ausgedehnt und zum Beispiel immer wieder gefordert, daß Bischöfe und Grafen gemeinsam für die Durchführung der königlichen Befehle sorgen sollten. Die karolingische Politik war grundsätzlich auf die geistlich-weltliche Partnerschaft abgestellt. Bei den Ottonen hat sich das Verhältnis dann insofern verschoben, als durch die Bildung neuer Herzogtümer das alte Gleichgewicht gestört war, weshalb die Könige, um den Herzögen Schach zu bieten, sich enger mit den Bischöfen verbündeten. Von solchen Verschiebungen abgesehen, die mit dem jeweiligen politischen Kräfteverhältnis zusammenhingen, bleibt aber die Zuordnung geistlicher und weltlicher Helfer des Königs am Hof wie im Reich als ein Konstituens des mittelalterlichen Verfassungslebens immer bestehen. Und es bleibt wesentlich, daß Hof und Herrschaft in einer genauen Entsprechung zueinander standen. Am Hof war sozusagen die Herrschaft des Königs konzentriert. An ihm liefen alle Fäden aus dem Reich zusammen. So wie er selbst in einer ständigen Bewegung durch das Reich begriffen war, so erschienen andererseits auch die Großen aus den einzelnen Landschaften an ihm, holten und gaben Rat oder empfingen Befehle, Weisungen, Aufträge. Am Hof wurde vorberaten, was dann auf den großen Reichstagen beschlossen wurde. Hoftag und Reichstag ergänzten sich. Im Grunde ist der Reichstag nur ein erweiterter Hoftag gewesen, jedoch insofern wichtig, als er den verschiedenen Stämmen, dem Volk Gelegenheit bot, bei den wichtigeren Entscheidungen mitzuwirken. Grundsätzlich übte der König seine Herrschaft ja immer im Zusammenwirken mit dem Volk aus, wobei allerdings das Volk weitgehend vom Adel repräsentiert wurde.

3. Reichsgut, Adelsherrschaft und Reichsaristokratie

Hof- und Reichstag dienten als Verbindungsglieder zwischen König und Reich. Ein Verbindungsglied ganz anderer, nämlich wirtschaftlicher Art kommt noch hinzu, von dem bereits früher die Rede war, das aber im Zusammenhang der Durchsetzung der königlichen Herrschaft erneut erwähnt werden muß: das sogenannte Königs- oder Reichsgut, das ihre unmittelbare Machtgrundlage bildete. Sein Umfang und seine Verteilung sind trotz einer intensiven Reichsgutforschung nur annähernd bekannt. Doch wissen wir, daß es aus zahlreichen größeren und kleineren Besitzungen und Rechten bestand, die sich über das ganze Reichsgebiet verteilten, wobei allerdings zwischen den einzelnen Landschaften hinsichtlich der größeren oder geringeren Dichte des Königsbesitzes beträchtliche Unterschiede bestanden. So hoben sich einzelne Landschaften als „Kernlandschaften der königlichen Gewalt" (Th. Mayer) hervor — unter den Karolingern etwa das Gebiet um Paris, das Maas-Mosel-Gebiet und die Gegend am Mittelrhein. Unter den Ottonen kommt zu den mittelrheinischen Gegenden vor allem ihr eigenes Herkunftsgebiet im östlichen Sachsen um den Harz hinzu. Von hier aus wird verständlich, daß Magdeburg ähnlich wie Aachen einer der Brennpunkte der königlichen Herrschaft wurde. Ebenso versteht man, daß der Salier Heinrich IV. nach den Zeiten der Machteinbuße während des vormundschaftlichen Regiments gerade die Harzgegend wählte, um sich in ihr einen neuen territorialen Rückhalt zu verschaffen. Da seine Versuche letztlich scheiterten und infolgedessen dem Königtum wichtige Machtpositionen im Norden verlorengingen, trat unter den folgenden Herrschern aus dem salischen wie aus dem staufischen Hause, die beide in Süddeutschland beheimatet waren, der Süden stärker in den Vordergrund. So haben die Staufer ihre zentrale Machtgrundlage im Raum zwischen Würzburg, Frankfurt und Regensburg besessen. Sie haben sie mit Hilfe ihrer Ministerialen, von denen noch eingehend zu handeln sein wird, kräftig ausgebaut.

Das Reichsgut, auf dem neben der Vielzahl der Wirtschaftshöfe auch die Königspfalzen lagen, ermöglichte dem Herrscher, daß er auf seinen ständigen Zügen durch das Reich stets auf eigenem Grund und Boden verweilen konnte. Sein Interesse zielte jedoch darauf, über diese Zentren der königlichen Macht hinauszuwirken und von ihnen aus das Reich herrschaftlich als ganzes zu erfassen. Entsprechend der mittelalterlichen Sozialstruktur mußte dabei dem Adel eine entscheidende Bedeutung zukommen. Das Hauptproblem lag darin, daß der Adel einerseits über eigene, originäre Herrschaftsrechte im Reich, das heißt in Teilen des Reiches, verfügte und daß er andererseits vom König für die Durchsetzung seiner auf das gesamte Reich bezogenen Königsherrschaft in Anspruch genommen wurde. Daraus ergab sich die Aufgabe, die Königsherrschaft derart mit den zahlreichen Adelsherrschaften zu verbinden, daß diese als ihre Teile zu gelten hatten. Es gab im wesentlichen zwei Wege, auf denen dieses Ziel erstrebt werden konnte.

Der erste Weg war aus der Antike bekannt: Der Herrscher konnte unter Ausnutzung antik-römischer Staatsvorstellungen versuchen, seine Herrschaft in der Weise zu intensivieren, daß sie alle Bewohner seines Reiches unmittelbar erfaßte, um sie so alle gemeinsam in eine einheitliche Schicht von Untertanen zu verwandeln. Dies haben sowohl die Merowinger wie auch Karl der Große versucht. Bei Karl dem Großen lief der Versuch darauf hinaus, die höhere Treuepflicht, zu welcher der Lehnsmann seinem Herrn verpflichtet war, von allen Untertanen zu verlangen. Dieser Versuch hatte nicht den erstrebten Erfolg. Er scheiterte daran, daß das Reich in seinem Innern so uneinheitlich beschaffen war, daß es sich als unmöglich erwies, in seinem Rahmen einen allgemeinen Untertanenverband zu verwirklichen. Das Haupthindernis stellten eben die zahlreichen Adelsherrschaften dar, die immune Bezirke bildeten und dadurch eine gleichmäßige Erfassung des ganzen Reiches unmöglich machten. Die frühmittelalterliche Herrschaft kennt folglich noch keine allgemeinen Untertanen. Sie muß immer mit einer Vielfalt in sich abgestufter Herrschaftsverhältnisse rechnen, die sie nur in besonders günstigen Fällen vereinheitlichen kann. Sie äußert sich primär als Schutzgewalt, und zwar in einer doppelten Weise, nämlich als engerer und als weiterer Schutz. Der engere Schutz, lat. mundiburdium, ist intensiv, umfaßt aber nur diejenigen, die dem König unmittelbar unterstehen: seine Hausgenossen, Gefolgsleute, die Königsfreien und alle, die durch einen besonderen Rechtsakt in ein engeres Schutzverhältnis zu ihm getreten sind. Der weitere Schutz umfaßt das ganze Reich, ist aber so locker, daß er den Adelsherrschaften freieren Spielraum läßt. Die natürliche Tendenz des Königs geht daher immer dahin, den engeren Schutz möglichst auf den weiteren auszudehnen. Dementsprechend sind auffallend viele mittelalterliche Königsurkunden Schutzverleihungen oder -bestätigungen. Wieweit seine Ausdehnung gelingt, hängt freilich wesentlich von den realen Machtverhältnissen ab. Sie ändern indessen nichts daran, daß der König in jedem Fall bestrebt sein mußte, seine Herrschaft im ganzen Reich zur Geltung zu bringen.

Da dafür der erste Weg – über die Schaffung einer allgemeinen Untertanenschaft – sich als ungangbar erwies, blieb angesichts der Möglichkeiten, welche die Zeit bot, nur ein zweiter Weg, der über die Mithilfe des Adels führte.

Es war das Nächstliegende, daß der Herrscher einzelne Adlige, die ihm näherstanden, enger an die Krone zog und sie durch reiche Schenkungen stärkte, um in ihnen entsprechend starke Helfer zu gewinnen. Sie wurden seine bevorzugten Ratgeber, seine Heerführer, seine Bevollmächtigten bei allen möglichen politischen Unternehmungen. Die Nähe zum König hob sie über die anderen Adligen und deren Familien empor, sie bot ihnen die höchsten Ämter, den reichsten Besitz, die breiteste Wirkungsmöglichkeit. Viele von ihnen

wurden im ganzen Reichsgebiet zu wichtigen Aufgaben verwandt. So treffen wir z. B. Angehörige des berühmten Geschlechtes der Welfen im 9. Jahrhundert gleichzeitig im Norden Frankreichs, in Burgund, in Rätien und in Alemannien an; Widonen erscheinen zugleich in der Bretagne, an der Mosel und in Italien. Wo sie auftauchen, stellt ihnen der König Besitz zur Verfügung oder sie erwerben ihn, weil sie unter den gegebenen Verhältnissen auf den Rückhalt an Besitz angewiesen sind, um sich durchsetzen zu können. Die Folge ist, daß der Besitz dieser mächtigen Familien sich oft über weit entfernte Gebiete im ganzen Reich verteilt. Dies zusammen: besondere Königsnähe, die Inhaberschaft hoher königlicher Ämter und großer Besitz, der sich über weite Gebiete des Reiches hinzieht, kennzeichnen eine Anzahl von Familien als die höchste Adelsschicht, die wir mit Gerd Tellenbach als karolingische Reichsaristokratie bezeichnen. Sie sind die Sachverwalter des Königs im ganzen Reich. Sie dienen seinen Interessen um so mehr, als sie damit zugleich ihren eigenen Interessen dienen; denn ihren größeren Besitz, ihre höhere Vornehmheit verdanken sie dem Königsdienst. Diese Übereinstimmung und der auf ihr beruhende Machtgewinn setzen allerdings ein starkes Königtum voraus. Tatsächlich hat sich die Bindung sofort gelockert, als das Königtum in der zweiten Hälfte des 9. Jahrhunderts von seiner Höhe herabsank. Von da ab ging ihnen die Bewahrung ihrer eigenen Macht über die Interessen des Königtums. So werden wir sehen, daß sie in dem Epochenjahr 887/88 nicht etwa das Auseinanderbrechen des großfränkischen Reiches verhindert, sondern gerade vorangetrieben haben – weshalb man seit der zweiten Hälfte des 9. Jahrhunderts denn auch nicht mehr von einer karolingischen Reichsaristokratie sprechen kann.
Es ist jedoch nicht zu übersehen, daß darauf mit dem Neuerstarken des Königtums in den karolingischen Nachfolgestaaten wiederum die mächtigsten Familien in den Besitz der großen Ämter gelangen. Dabei wird dann das Stammesherzogtum, das die Karolinger beseitigt hatten, in Deutschland die ausschlaggebende Rolle spielen. Es löst in gewissem Sinne – in der Hand der alten Familien! – die alte karolingische Reichsaristokratie ab.

4. Civitas, Gau und Grafschaft

Obwohl Reichsaristokratie und Stammesherzogtum, wie wir noch sehen werden, ganz unterschiedlich strukturiert waren, hatten sie immerhin gemein, daß ihre Herrschaft sich über außerordentlich weite Gebiete erstreckte, die außer ihrem Herrn nur noch den König über sich anerkannten. Ihre Größe setzte voraus, daß es unter ihnen in kleineren Räumen noch weitere Organe herrschaftlicher Ordnung gab. Diese waren schon im Interesse einer wirkungsvollen Rechtsprechung nötig, die ein Grundbedürfnis jeder geschichtlichen Gemeinschaft darstellt und um die sich auch der König kümmern mußte, wenn er seiner obersten Aufgabe, den Schutz von Frieden und Recht, gerecht werden wollte. Tatsächlich sind solche kleinen Bezirke schon seit alters bezeugt; sie sind bedeutend älter als die Großreiche und erst recht als die Herzogtümer. Es sind die sogenannten Gaue, die uns schon unter den Germanen als räumliche Einheiten begegnen. Obwohl sie uns im einzelnen noch manche Rätsel aufgeben, scheinen sie doch von Anfang an herrschaftlichen Charakters gewesen zu sein. Sicher ist, daß sich in geschichtlicher Zeit in ihnen die Rechtsprechung vollzog. Im Frankenreich entsprachen ihnen im Bereich der Romania die civitates, das heißt: die alten Stadtgebiete. Jedenfalls sind Gaue und civitates in ihm einander angeglichen worden. Freilich zeigt sich in ihnen gerade in bezug auf die Rechtsprechung ein wichtiger Unterschied, der die verschiedenartigen Voraussetzungen im germanischen Gau und der römischen civitas erkennen läßt. Im germanischen Gau führten ursprünglich eingesessene Adlige den Vorsitz im Gericht; in der römischen civitas hingegen war das Gericht Sache des römischen Staates, an dessen Stelle im fränkischen Reich der König trat. Er sandte zur Erfüllung dieser Aufgabe Männer aus seiner Umgebung, comites, als seine Beauftragten in die civitates, wo sie jetzt aber nicht nur als Richter fungierten, sondern allgemein die Interessen des Königs vertraten. Was anfangs nur ein vorübergehender Auftrag gewesen zu sein scheint, ist dann in eine Daueraufgabe verwandelt und verfestigt worden. Wir können den Verfestigungsprozeß angesichts der Dürftigkeit der früheren Quellen nicht so gut überblicken, daß er uns wirklich einsichtig wird. Dementsprechend ist hier noch mancherlei unklar und umstritten. Immerhin ist deutlich, daß solche comites zuerst auf dem ehemals römischen Boden des Frankenreiches in Erscheinung treten und daß offenbar spätantik-römische Voraussetzungen wirksam waren, daß das Gericht in den Stadtgebieten, das in der ausgehenden Antike von Reichsbeamten wahrgenommen wurde, vom König durch seine Beauftragten übernommen werden konnte. Sie führen in den Quellen meist den Titel comes, also einen spätantiken Titel, der allerdings in der Spätzeit des römischen Imperiums für alle möglichen Amtsträger angewandt wurde. Man kann deshalb im fränkischen comes nicht einfach den direkten Nachfolger und Fortsetzer des spätantiken comes sehen. Es ist ein bekanntes historisches Phänomen, daß Wort und Sache nicht immer in gleicher Weise aufeinander bezogen sind. Gerade in Zeiten der Wandlung ist es charakteristisch, daß alte Worte auch auf neuere oder abgewandelte Sachen übertragen werden. In unserem Fall hat man den Titel comes übernommen, um ihn über die Zwischenstufe der Zugehörigkeit zum königlichen Gefolge auf ein Amt zu übertragen, dem zunächst richterliche Aufgaben zugedacht waren. Sein Inhaber, der ursprünglich vom Königshof kam, wurde auch mit dem germanischen Wort grafio benannt. Beide Begriffe, comes und grafio, hatten sicher nicht von vornherein die gleiche Bedeutung, und wenn es auch unklar ist, ob der Satz der Lex Salica „iudex hoc est comes aut grafio" schon ihre Identität erweist, so ist doch festzustellen, daß sie in der Folgezeit schon bald miteinander verschmolzen sind. Sie bezeichnen den Richter, und zwar den Königsrichter, der sein Amt vom König empfängt — im Unterschied zum Volksrichter, der ohne königliche Einsetzung als eingesessener Adliger Richter der Landgemeinde war. Dies war zunächst der Normalfall im germanischen Osten. Die germanischen Gerichte waren sogenannte Volksgerichte, die unter dem Vorsitz eines Adligen, aber nicht des Königs oder seines Vertreters, tagten. Es kommt hinzu, daß ja auch die Sippe, wie wir sahen, noch gerichtliche Funktionen ausübte, was vor allem in der Fehde als einer legitimen Form rechtlicher Selbsthilfe zum Ausdruck kam. Es liegt auf der Hand, daß der König daran interessiert sein mußte, diese Formen der rechtlichen Selbsthilfe möglichst einzuschränken oder gar auszuschalten und darüber hinaus auch das Volksgericht unter seinen Einfluß zu bringen, um wirklich in seinem Reich Schützer von Frieden und Recht zu sein. Die Möglichkeit dazu bot ihm das Amt des Grafen als des Königsrichters, wie es sich im 6. Jahrhundert im Westen des Frankenreiches ausgebildet hatte. Dementsprechend geht die Tendenz des Königs dahin, mit Hilfe des Grafen als seines Beauftragten in das Volksgericht einzudringen. Und da der Graf (wenn überhaupt, so jedenfalls schon) bald nicht mehr auf das Gericht eingeschränkt erscheint, sondern allgemein die öffentlichen Aufgaben in seinem Wirkungsbereich im Namen des Königs wahrzunehmen hatte, wurde er zur Zentralfigur der königlichen Einheitspolitik.

Sein Amtsbereich war die Grafschaft (comitatus), die nun auf die vorgegebenen räumlichen Einheiten gewissermaßen aufgepflanzt wurde, im Westen also auf die civitas, im Osten auf den Gau. Wir können noch anhand der Urkunden beobachten, wie sie sich vom fränkischen Kerngebiet aus allmählich über das Reichsgebiet verbreitet hat. Es ist deshalb üblich, von einer fränkischen Grafschaftsverfassung zu sprechen — sicherlich zu Recht: nur darf man sich das

Ganze nicht zu schematisch nach dem Muster moderner Verwaltungsbezirke vorstellen; denn wie neuere Forschungen zeigen, haben sich die Grafschaften zweifellos nicht wie ein lückenloses Netz über das ganze Reich gelegt. Es ist vielmehr deutlich, daß sie zwar für das gesamte Reichsgebiet einheitlich geplant waren, daß sie aber besonders im Osten nur unvollständig durchgedrungen sind und daß außerdem zwischen den Grafschaften in verschiedenen Landschaften, etwa in Bayern und Sachsen, entsprechend ihren eigentümlichen Voraussetzungen auch immer Unterschiede bestanden. Es traf auch gar nicht immer zu, daß Gau und Grafschaft oder civitas und Grafschaft sich völlig deckten. So wie die Dinge lagen, hing es zu einem guten Teil von der Person des Grafen ab, von seinen Machtmitteln und seinen Fähigkeiten, wie weit er sich wirklich durchzusetzen vermochte. Die starken und fähigen Inhaber des Amtes setzten sich in der Regel auch in der ganzen Grafschaft durch; die mächtigeren unter ihnen vereinigten oft mehrere Grafschaften in ihrer Hand; schwächere Gestalten mußten sich hingegen nicht selten mit einem Teil begnügen. Ihre Wirkung und Durchsetzung war also letztlich eine Frage der persönlichen Kraft und der tatsächlichen Macht. Dies ist verständlich, wenn man bedenkt, daß ein fränkischer Graf in erster Linie ein adliger Vertrauensmann des Königs war und nicht etwa ein Verwaltungsbeamter im modernen Sinne. Er mußte begütert sein und besaß neben seinem Eigengut, das nicht immer in seiner Grafschaft lag, ein Amtsgut, das mit dem Rückhalt am König die Grundlage seiner Macht darstellte. Von diesem Zentrum aus suchte er das ganze Gebiet politisch zu erfassen, wobei der königliche Auftrag sozusagen nur die Richtung wies, sein Vorgehen im einzelnen hingegen weitgehend in seinem eigenen Ermessen und seiner Verantwortung lag. Dementsprechend hat man sich die Grafschaftsverfassung als ganze auch nicht als ein großes Netz vorzustellen, das über das Reich gebreitet war, sondern als ein System von Schwerpunkten, an denen jeweils Grafen eingesetzt waren, um von ihnen aus ihre Macht weiter vorzutreiben und so schließlich in zunehmendem Maße das ganze Reich zu erfassen.

Es bleibt wichtig, daß die Grafschaft als Amtsbereich des Grafen zugleich den Charakter der Gemeinde, und zwar der Gerichts- wie der Heeresgemeinde angenommen und bewahrt hat. So bleibt in ihr neben dem Königsrecht auch immer ein volksrechtliches Element erhalten. Und es versteht sich, daß innerhalb der Gemeinde die größeren Gutsbesitzer ihren Einfluß verstärkt zur Geltung brachten und danach strebten, in ihrem eigenen Gau selbst Grafen zu werden. Es ist der Regelfall, daß ihnen dies in Schwächezeiten des Königtums auch gelang, so bereits im Jahre 614 unter den Mero-

wingern, während die stärkeren Karolinger dann wieder dazu übergingen, wenn nicht Gaufremde einzusetzen, so doch zumindest ein- und dieselbe Grafschaft nicht immer bei der gleichen Familie zu belassen, um auf diese Weise ihre Entfremdung zu verhindern und ihre Helfer in Abhängigkeit vom Königtum zu halten.
Diese Praxis hat sich freilich auf die Dauer nicht behaupten lassen. Ursprünglich hat der König den Grafen von Fall zu Fall eingesetzt, indem er ihm den sogenannten Grafenbann verlieh, das hieß: das Recht, in seiner Grafschaft im Namen des Königs bei Strafe zu gebieten und zu verbieten. Die Verleihung des Grafenbanns durch den König war die rechtliche Voraussetzung dafür, daß er sein Amt ausüben konnte. Wie er ihn einsetzte, so behielt der König sich vor, ihn gegebenenfalls auch wieder abzusetzen. Es entsprach offenbar dem Amtscharakter der Grafschaft, daß er so frei über sie verfügen konnte. Aber eben darin trat allmählich eine Veränderung ein. Sie war letztlich darin begründet, daß der Graf als Angehöriger des Adels nie nur ein königlicher Amtsträger war. Er besaß auch eine Eigenmacht mit originären Rechten und gab, wenn sich ihm die Möglichkeit dazu bot, in der Regel gern der Neigung nach, sein Amtsgut oder zunächst Teile davon wie sein Eigengut zu behandeln — nie aber umgekehrt, Eigengut als Amtsgut anzusehen. Auf diese Weise ist dem König, wie wir in einer ganzen Reihe von Fällen feststellen können, tatsächlich im Laufe der Zeit beträchtlicher Fiskalbesitz entfremdet worden.
Was für den Amtscharakter aber noch gefährlicher wurde, war die natürliche Tendenz der Grafen, ihre Grafschaften nach Möglichkeit an ihre Söhne weiterzugeben. Diese Weitergabe schien für den König unbedenklich, solange sie an den Rechtsakt der Bannleihe durch ihn gebunden blieb; denn dieser besagte, daß die Grafschaft verliehen und nicht vererbt wurde, und damit blieb auch ihr Amtscharakter noch bewahrt. Indem sich aber der Brauch durchsetzte, den Sohn im Amt des Vaters zu belassen, verlor die Bannleihe praktisch immer mehr an Gewicht, und ohne daß die Veränderung sonderlich bemerkt worden wäre, gewann die Tendenz zur Erblichkeit langsam, aber stetig an Boden. Ihr Fortschreiten zu verfolgen, ist im einzelnen kaum noch möglich. Allem Anschein nach ist die Entwicklung in Westfranken, wo das Königtum schwächer war, schneller vor sich gegangen als in Ostfranken, das überhaupt konservativere Züge zeigt.
Doch gilt ganz allgemein, daß die Tendenz zur Erblichkeit, die sich für die Grafschaft bereits unter den Karolingern ankündigt, bei fast allen Ämtern in der Hand des Adels früher oder später zum Vorschein kommt. Angesichts einer solchen Tendenz war unter den

gegebenen Verhältnissen offenbar ein reiner Ämterstaat nicht zu verwirklichen. Das Dilemma war, daß der König nicht auf Amt und Dienst verzichten konnte und daß es sich andererseits als unmöglich erwies, den Adel in einen reinen Amtsadel zu verwandeln. Im Adel war jedenfalls der Erbgedanke stärker als der Amtsgedanke. Erinnert man sich daran, daß auch das Königtum zunächst wesentlich durch den Geblüts-, also den Erbgedanken geprägt war und daß es mit der Umwandlung in das Gottesgnadentum zwar den Amtsgedanken in sich aufgenommen, sich aber trotzdem nicht in ein reines Amt verwandelt hat, weil der Geblütsgedanke in ihm weiterlebte, so sieht man, daß hier die gleichen Prinzipien wiederkehren. Man kann also allgemein feststellen, daß im Frankenreich offenbar zwei Staatsauffassungen nebeneinander herliefen: nämlich eine, welche die Herrschaft als Amt, den Staat als Institution verstand: sie war in ihrem Ursprung antik-christlich; die andere war germanischer Herkunft: ihr stellten sich Reich und Herrschaft wesentlich als Personalverband dar.

Das Frankenreich hat beide Auffassungen miteinander verquickt und sie trotz ihrer inneren Gegensätzlichkeit seinem Aufbau und seinem Zusammenhalt dienstbar gemacht. Es hat darüber hinaus im Lehnswesen noch besondere Formen persönlicher Bindung ausgebildet, die eigens bestimmt waren, diesen Zusammenhalt zu verstärken und die, wie wir noch sehen werden, sich in der Zukunft auch als ein Bauelement erster Ordnung erweisen sollten. Dies alles geht als Erbe des Frankenreiches in die weitere Geschichte ein. Vielleicht sein größtes Erbe aber wird sein Kaisertum sein, das Kaiserreich, das die gemeinsame Heimat der europäischen Völker ist.

VI.

Das Kaisertum Karls des Großen und die europäische Einheit

Als König Pippin nach 27 Jahren kampf- und erfolgreicher Herrschaft im Spätjahr 768 starb, war das fränkische Reich der Karolinger bereits eine europäische Macht. Es hatte sich weit über seine Grenzen hinaus Anerkennung verschafft, stand mit dem Papsttum, dem es gegen die Langobarden Rückhalt bot, im Bündnis und wies im Süden den Islam vom europäischen Boden zurück. Seine Geschichte war im Begriff, sich zur europäischen Geschichte auszuweiten.

Karl der Große, der älteste Sohn Pippins, ist auf dem von Karl Martell und von Pippin eingeschlagenen Wege fortgeschritten. Er hat dabei mit der ihm eigenen Konsequenz sein Reich in den ersten drei Jahrzehnten seiner sechsundvierzigjährigen Regierung nach außen wie nach innen so ausgebaut, daß jetzt Europa in ihm Gestalt gewann: Es trat mit der Erneuerung des Kaisertums im Jahre 800 für alle Welt sichtbar in Erscheinung. Die Kaiserkrone sollte zum Symbol der europäischen Einheit werden.

Es entsprach der Besonderheit seiner Entstehung, daß dieses neue Europa zunächst mit dem karolingischen Machtbereich zusammenfiel. Ganz ging freilich die Gleichung zwischen Frankenreich und Europa oder dem Okzident auch unter Karl dem Großen nicht auf, da die Reiche der Angelsachsen und der Westgoten im nordwestlichen Spanien wie auch die slawischen Stämme im Osten ihre Selbständigkeit bewahrten. Aber das fränkische Übergewicht war doch so groß, daß diese kleineren Reiche sich dem fränkischen Einfluß gar nicht entziehen konnten: In seinem Rahmen sind die europäischen Völker erwachsen, die größten von ihnen als direkte Erben und Nachfolger des karolingischen Imperiums.

So hat das Werk Karls des Großen, historisch gesehen, doppelte Bedeutung: nämlich einmal als Grundlegung der europäischen Einheit im Frankenreich; denn wenn dieses Reich auch wieder zerfiel, so wirkten doch die gemeinsamen Grundlagen fort, wie auch die Idee Europas weiterlebte – und zum andern als Ermöglichung der nationalen Staaten, die aus dem Frankenreich heraus erwachsen sind. Bei diesem Prozeß hat das fränkische Reich wie ein Katalysator gewirkt: es faßte die alten, relativ kleinen Völkerschaften, die gentes der Völkerwanderungszeit, im gemeinsamen Reichsverband zusammen, verschmolz sie miteinander und entließ dann, als es zerfiel, aus sich neue, größere geschichtliche Gebilde: die noch heute bestehenden europäischen Völker.

Beides, die Gemeinsamkeit und die Tendenz zur Teilung, war offenbar von Anfang an im Reich der Karolinger angelegt: Die Spannung wurde zum europäischen Lebensgesetz.

Das Frankenreich war sogar von vielfältigen Spannungen durchzogen. Bildeten sie schon einen Wesensbestandteil des alten, machtvoll um sich greifenden Regnum, so kamen mit dessen Erhöhung zum Kaiserreich neue hinzu, nämlich Spannungen zwischen Regnum und Imperium, ferner Spannungen zwischen Kaisertum und Papsttum und schließlich Spannungen zwischen Orient und Okzident, das heißt: zwischen der alten Kaisermacht von Byzanz und dem neuen westlichen Kaisertum. Sie melden sich bereits bei dessen Entstehung an und bleiben, wie wir noch sehen werden, in seiner weiteren Geschichte im Spiel.

1. Vom Regnum Francorum zum Imperium

Wir überschauen zunächst kurz die Hauptstationen auf dem Weg des Regnum Francorum zum Imperium. Sie sind zugleich Hauptstationen der Herrschaft Karls des Großen, dessen überlegene Leistung in ihnen sichtbar wird. Sie soll uns hier allerdings nur am Rande berühren.

Seit Karl nach der dreijährigen Doppelregierung mit seinem jüngeren Bruder Karlmann im Jahre 771 die Geschicke des Reiches allein bestimmte, ist es charakteristisch für seine Herrschaft, daß in ihr nicht — sozusagen in ruhiger Reihenfolge — eine Unternehmung auf die andere folgt, sondern daß in der Regel mehrere große Auseinandersetzungen, zum Teil über Jahrzehnte hin, nebeneinander herlaufen, sich berühren und überschneiden, ohne daß Karl jedoch bei den Einzelaktionen, die einmal diesem dann jenem Unternehmen galten, je das Gesamtziel aus den Augen verloren hätte.

Von den großen Unternehmungen, die er schon in den ersten Jahren mit aller Energie betrieb, sind zwei besonders folgenreich gewesen: die Sachsenkriege, die 772 begannen, nach harten, wechselvollen Kämpfen und Massentaufen 785 in der Taufe Widukinds ein erstes Ziel, freilich noch längst keinen Abschluß erreichten — und der Feldzug gegen die Langobarden, der in Fortsetzung der Politik Pippins 774 zu deren Unterwerfung führte, wobei Karl jetzt aber klare Verhältnisse schuf, indem er das Langobardenreich an das Frankenreich angliederte. Seit 774 nennt Karl der Große sich demgemäß „König der Franken und Langobarden und Patrizius der Römer" (rex Francorum et Langobardorum atque patricius Romanorum). Das heißt: er verbindet das langobardische mit dem fränkischen Königtum und mit dem Patriziat, der Schutzherrschaft über Rom. In diesem Titel spiegelt sich nicht nur die Ausweitung der fränkischen Macht nach Italien und die Verzahnung der fränkischen Italien- mit der Rompolitik — er ist auch ein Hinweis darauf, daß jede Machtveränderung in Rom den mächtigen Schutzherrn, dessen Herrschaftsgebiet jetzt unmittelbar an den Kirchenstaat grenzte, auf den Plan rufen wird. Der Patriziat, der ihm den Rechtstitel dazu liefert, wird in der Hand Karls zur Vorstufe seines Kaisertums.

So weisen sowohl die Sachsenkriege wie die Angliederung des Langobardenreiches über sich hinaus. Sie bleiben, obwohl die übrigen Unternehmungen, die sie zum Teil auslösen oder umschließen, keineswegs bedeutungslos sind, für den weiteren Gang der Dinge denn auch bestimmend. Immerhin dürfen das Vorgehen Karls gegen den Bayernherzog Tassilo, die darauf folgenden Awarenkriege und sein Eingreifen in Spanien nicht unerwähnt bleiben, da sie sich in ihren Ergebnissen unmittelbar auf die Gestalt des regnum Francorum ausgewirkt haben. Mit der Absetzung Tassilos, des Schwiegersohnes des Langobardenkönigs Desiderius, wurde im Jahre 788 nicht nur Bayern dem Reich straffer eingegliedert, sondern zugleich der letzte Stammesherzog in seinem Machtbereich beseitigt und damit der Vereinheitlichung des Reiches gedient. Die Feldzüge gegen die Awaren, die 791 der Niederwerfung Bayerns folgten, da Tassilo sich zuletzt noch mit ihnen gegen Karl verbündet hatte, und die Kämpfe gegen die Araber in Spanien, die, in sich gespalten, Karl selbst zum Eingreifen veranlaßt hatten, haben bei allen Unterschieden in der Durchführung gemeinsam, daß Karl in beiden Fällen aus dem endlichen Sieg ganz ähnliche Folgerungen zog: er hat die ihnen abgerungenen Gebiete nicht wie Bayern und Sachsen direkt zum Reich geschlagen, sondern sie als Marken, militärische Grenzsäume, die ihm vorgelagert waren, organisiert. Ihre Errichtung bedeutete, daß das fränkische Reich seine Macht im Südwesten über die Pyrenäen bis zum Ebro und im Südosten bis zur Raab und zum Plattensee vorschob. Es ist wichtig und folgenreich, daß man im Südosten auch gleich mit der Christianisierung des Landes begann. Den Missionaren folgten alsbald Kolonisten, meist Grundholden der großen bayerischen Kirchen und Klöster und einiger großer Adliger. Sie haben die Siedlungsform und das äußere Landschaftsbild der damals gewonnenen Gebiete geradezu bis auf den heutigen Tag bestimmt.

Die Christianisierung des Südostens, die so nachhaltig wirkte, hing mit der Christianisierung Sachsens zusammen, die damals weite Kreise zog und unter der Einwirkung Alcuins ihren Zwangscharakter abschwächte, um ihn schließlich ganz abzustreifen. Wenn Karl der Große schon mit dem ersten Reichstag in Paderborn im Jahre 777, dem ersten Reichstag auf sächsischem Boden, Sachsen als Bestandteil des fränkischen Reiches ansah, so griff er damit zwar der Entwicklung weit voraus; denn die stärksten Widerstände gegen die fränkische Eroberung stellten sich erst in den folgenden Jahren ein. Aber sie wurden nicht nur alle überwunden — es bahnten sich bald auch Beziehungen zwischen dem sächsischen und fränkischen Adel an, und nach den ersten Bistumsgründungen auf sächsischem Boden hat auch das Christentum hier bald Wurzeln geschlagen. Einhard berichtet denn auch, daß die Beendigung des Krieges an die Bedingung geknüpft war, daß die Sachsen „den christlichen Glauben annahmen und mit den Franken ein Volk wurden". Die endlosen Kämpfe haben Sachsen und Franken schließlich nicht auseinander-, sondern nach den zeitgenössischen Zeugnissen in der Gemeinsamkeit des Glaubens gleichsam zu einem Volk zusammenführt. Wenn spätere Quellen berichten, Karl habe den Sachsen (abgesehen von den kirchlichen Zehnten) alle Tribute erlassen, so besagt dies, daß das Ende der Kämpfe nicht Unterwerfung, sondern Eingliederung der Sachsen in das Reich der Franken war. So haben die Sachsen es jedenfalls selbst empfunden. Es ist bezeichnend, daß der erste Nachkomme Widukinds, von dem wir hören, in der Umgebung Kaiser Lothars I. auftaucht, und zwar als dessen Kapellan. Und ein Jahrhundert später hat dann der sächsische Geschichtsschreiber Widukind von Korvey in Worten, die wie ein positiver Nachhall der Worte Einhards klingen, mit Stolz davon gesprochen, daß die Sachsen, „die einst Genossen und Freunde der Franken waren, nun ihre Brüder und mit ihnen gleichsam ein Volk aus dem christlichen Glauben geworden sind".

Dieses Ergebnis war um die Jahrhundertwende bereits abzusehen. Karl der Große stand damals auf der Höhe seiner Macht. Sein Reich hatte sich zu einem Großreich fortentwickelt, das die üblichen Regna weit hinter sich ließ, und am fränkischen Hof war man mit guten Gründen der Auffassung, daß Karl selbst eine kaisergleiche Stellung gewonnen hatte. Alcuin vertrat sogar in einem berühmten Brief aus dem Jahre 799, in dem er „von den drei Personen, die in der Welt den höchsten Rang einnehmen", sprach, die Auffassung, daß Karl sogar vor dem Papst und vor dem Basileus rangiere, weil er sie an Macht, Weisheit und Würde übertraf.

Karl selbst aber wußte wohl, daß es in seinem weiteren Umkreis zwei Mächte gab, die ihm wirklich gewachsen waren: die östliche Kaisermacht von Byzanz und die islamische Macht im Süden, deren Mittelpunkt im fernen Bagdad lag. Da sie in sich gespalten war und Spanien obendrein eigene Wege ging, schloß die weite Entfernung hier ernsthafte Reibungen aus. .Es ist bekannt, und dies kann in unserem Zusammenhang genügen, daß Karl der Große mit dem sagenumwobenen Kalifen Harun-al-Raschid die freundschaftlichsten Beziehungen unterhielt.

Problematischer war Karls Verhältnis zu Byzanz, und zwar im wesentlichen aus zwei Gründen: Auf italienischem Boden überschnitten sich die fränkischen mit den byzantinischen Interessen, so daß hier stets die Möglichkeit zum offenen Konflikt bestand.

Wichtiger war ein zweiter Berührungspunkt, der ideell begründet war. Byzanz durfte sich rühmen, die Tradition des Imperium Romanum, das im Westen untergegangen war, fortzusetzen. Der Basileus war unmittelbarer Nachfolger der römischen Caesaren; in seinem Reich lebte das alte Imperium Romanum, nur eben eingeschränkt auf den Osten, ohne Unterbrechung fort. Aus dem Bewußtsein, Fortsetzer des Imperium Romanum zu sein, hatte Byzanz den Anspruch seines Vorranges vor allen übrigen Herrschern abgeleitet und diesen Vorrang zur Richtschnur seiner Politik gemacht — auch gegenüber Karl dem Großen. Karl aber, der die Bedeutung von Byzanz durchaus zu schätzen wußte, konnte im Bewußtsein seiner eigenen Macht nicht zugeben, weniger als der Byzantiner zu sein. Es ging ihm nicht darum, Byzanz zu bekämpfen; wonach er strebte, was er beanspruchte, war lediglich die Anerkennung seiner Gleichrangigkeit durchzusetzen.
In diesem Bestreben kam ihm das Papsttum entgegen, das schon seit längerer Zeit bemüht war, sich aus der byzantinischen Herrschaft, die ihm in Italien kaum noch Schutz gewährte, zu lösen. Es hat sich deshalb mit dem Frankenkönig als dem mächtigsten Herrscher des Westens verbündet und ihm im Interesse dieses Bündnisses in Rom die vollen Rechte des Patrizius (z. B. Datierung und Münzprägung mit seinem Namen) übertragen. Diese Rechte, die ihrem Wesen nach kaiserliche Rechte waren, hatten dem Patrizius zuvor als Stellvertreter des Kaisers zugestanden. Da dies jetzt für Karl entfiel (denn er nahm diese Rechte gerade nicht in Stellvertretung des Kaisers, sondern in seinem eigenen Namen wahr), gewannen sie durch ihn eine neue Bedeutung: sie zeigten an, daß Karl schon vor 800 in Rom, zweifellos entsprechend der Absicht des Papstes, eine kaiserähnliche Stellung einnahm.
Diese drei Faktoren: die Verbindung von König und Papst, die dominierende Macht des Frankenreiches und seine Rivalität mit Byzanz haben zusammengewirkt, daß schließlich im Jahre 800 mit der Kaiserkrönung Karls des Großen ein eigenes Kaisertum des Westens entstand.
Der Ablauf der einzelnen Ereignisse: die Bedrängnis und das Attentat auf Papst Leo III. in Rom, sein Bittgang zu Karl dem Großen nach Paderborn, dann dessen Romzug, der schließlich am Weihnachtstag des Jahres 800 in Karls Kaiserkrönung gipfelt, all dies soll uns hier nicht im einzelnen beschäftigen. Auch der lange Zeit besonders heftig umstrittenen Frage, ob Karl die Kaiserkrone von sich aus erstrebt habe oder ob er vom Papst damit überrascht worden sei, wollen wir nicht weiter nachgehen. Entscheidend ist, daß Karl der Große die Kaiserkrone angenommen hat. Das beweist,

daß er nicht grundsätzlich dagegen gewesen sein kann, denn er war nicht der Mann, der sich etwas aufdrängen ließ, was er selber ablehnte. Außerdem bezeugen die Lorscher Annalen ausdrücklich, daß der Krönung Vorverhandlungen vorausgegangen sind, und das Paderborner Epos bekräftigt dies. Damit dürfte die Überraschungstheorie wohl überwunden sein.
Uns kommt es hier auf das Ergebnis an, und dies ist eindeutig: Karl wurde zum Kaiser gekrönt, und er hat sich in der Folgezeit auch zum Kaisertum bekannt. Daß er erst nach geraumer Zeit mit seinem neuen Kaisertitel hervortrat, hat seinen Hauptgrund sicher darin, daß Karl in bewußter Rücksichtnahme auf Byzanz erst nach einem Titel suchte, der auch für Byzanz akzeptabel war.

2. *Kaiserkrönung und Kaisertum Karls des Großen*

Mit der Kaiserkrönung Karls des Großen stellte sich in der Tat durch die bloße Existenz des byzantinischen Kaisertums ein besonderes Problem: Das Kaisertum war eine Erscheinung, die in der Gestalt des Imperium Romanum in der Antike ins Leben getreten war und die den Anspruch in sich trug, die ganze gesittete Welt, nämlich den Orbis Romanus, zu umspannen. Wenn es danach auch im Westen untergegangen war, so bestand es doch in Byzanz noch ohne Unterbrechung fort – und nicht nur dies: es hatte auch seinen alten Anspruch bewahrt, zumindest der Idee nach von universaler Geltung zu sein. Das heißt aber, daß es der Idee nach überhaupt nur *ein* Kaisertum geben konnte. Nun gab es aber in Wirklichkeit plötzlich zwei: ein altes, in dem noch immer das Imperium Romanum fortbestand, und ein neues, das insofern ebenfalls mit dem Imperium Romanum in einen ideellen Zusammenhang trat, als es in Rom selbst begründet worden war. Wenn man in Byzanz auch seine Rechtmäßigkeit bestritt, so konnte man es doch nicht mehr aus der Welt schaffen. Das Problem, das sich daraus ergab, war: einen modus vivendi für das Nebeneinander zweier Kaisertümer zu finden. Wir sprechen daher vom sogenannten Zweikaiserproblem (W. Ohnsorge). Es liegt in der Natur der Sache, daß dieses Problem nur in Form eines Kompromisses gelöst werden konnte. Dementsprechend hat Karl der Große einen Titel gewählt, der bereits eine Art Kompromißformel darstellt. Er lautet: „Karolus serenissimus augustus a Deo coronatus magnus et pacificus imperator Romanum gubernans imperium qui et per misericordiam Dei rex Francorum et Langobardorum" („Karl, der allergnädigste, erhabene, von Gott gekrönte, große und friedebringende Kaiser, der das

Römische Reich regiert und der auch durch das Erbarmen Gottes König der Franken und Langobarden ist").

Dieser merkwürdig komplizierte Titel ist nun in mehrfacher Hinsicht aufschlußreich. Als erstes fällt auf, daß er als Kaisertitel auch noch den alten Königstitel beibehält: ein deutlicher Unterschied gegenüber dem Basileus, der nur Kaiser war. Wenn Karl sich auch als Kaiser noch immer König der Franken und Langobarden nannte, so kann dies nur als Hinweis auf die Grundlagen seiner Macht verstanden werden. Vor allem aber sticht in die Augen, wie umständlich das Kaisertum selbst umschrieben wird. Das Nächstliegende wäre gewesen, daß Karl den Titel übernommen hätte, der bei der Akklamation in der Peterskirche verwandt worden war, nämlich: imperator Romanorum. An die Stelle dieser klaren Formel ist die umständliche Umschreibung „imperator Romanum gubernans imperium" getreten. Sie hat nur Sinn, wenn damit gesagt sein soll, daß Karl sich nicht einfach als imperator Romanorum verstanden wissen wollte, sondern eben als imperator, der das Römische Reich regiert. Anscheinend hat er sich eine Kaiservorstellung gebildet, die nicht unbedingt auf die Verbindung mit dem Römischen Reich angewiesen war. Offensichtlich ist gerade diese Umschreibung, die mit Hilfe ravennatischer Urkunden gefunden worden ist, das Ergebnis sorgfältiger Überlegungen gewesen. Wenn wir diese Überlegungen auch nicht mehr im einzelnen aus den Quellen erschließen können, so ist doch nicht zu bezweifeln, daß den Ausschlag dafür die Rücksicht auf Byzanz gegeben hat. Aber abgesehen von dieser auffälligen und auch sehr bedeutsamen Umschreibung sagt der Kaisertitel noch mehr über die Kaiserauffassung aus, die ihm zugrunde liegt. So ist insbesondere die Formel „a Deo coronatus" von Wichtigkeit; denn sie besagt, daß Karls Kaisertum von Gott begründet worden sei. In Gottes Auftrag verwaltete Karl das Imperium. Daraus geht hervor, daß das Kaisertum im Sinne des Gottesgnadentums als Amt verstanden wird. Diese Amtsauffassung geht hier wesentlich auf die Lehre Augustins zurück, zum Teil auch auf das Alte Testament, insofern sie sich mit Vorstellungen berührte, die schon bei der Königssalbung eine Rolle gespielt hatten. Doch ist im 8. Jahrhundert grundsätzlich zwischen der Kaiserkrönung und der Königssalbung zu unterscheiden. Allmählich tritt dann allerdings eine Angleichung ein (so daß in der Folgezeit auch der König, der ursprünglich nur gesalbt worden ist, ebenfalls gekrönt wurde, und der Kaiser, der ja als König bereits gesalbt war, weshalb Karl der Große in Rom auch nur gekrönt worden ist, später zusammen mit der Kaiserkrönung noch eine wiederholte Salbung empfing, und zwar jetzt durch den Papst). Dies ist im wesentlichen die Kaiserauffassung, soweit sie sich aus dem neuen Kaisertitel Karls des Großen ablesen läßt: das Kaisertum verstanden als Amt und göttlichen Auftrag, aufruhend auf der Macht des fränkischen Königtums Karls des Großen.

In diesem neuen Kaisertum flossen entsprechend seiner Entstehung verschiedenartige, nämlich römische, christliche und fränkische Vorstellungen zusammen. Dementsprechend konnte es je nach dem Standort unter verschiedenen Aspekten gesehen werden. Von Rom aus trat verständlicherweise mehr die römische, vom Frankenreich zunächst mehr die fränkische Seite in den Blick. Sein christlicher Charakter stand in jedem Falle außer Zweifel. Daß Karl selbst, wie wir bereits hörten, von Anfang an in bewußter Rücksichtnahme auf Byzanz nicht von seinem römischen Kaisertum sprach, hat ihm, wie er es erhofft hatte, tatsächlich die Einigung mit dem Basileus erleichtert. Es ist bezeichnend, daß Karl und der Basileus sich im Jahre 812 nach langjährigen, zähen Verhandlungen in der Form einigten, daß sie sich gegenseitig als Kaiser anerkannten — aber mit dem Unterschied, daß dem Basileus als imperator Romanorum, Karl hingegen nur schlicht als imperator akklamiert wurde. Karl verzichtete also auf das römische Attribut; offenbar glaubte er, diesen Preis ohne wesentliche Einbuße zahlen zu können, um dafür das zu gewinnen, worauf es ihm entscheidend ankam: die Anerkennung durch das ältere Kaisertum von Byzanz.

Damit war eine Abgrenzung gelungen, die zwar immer wieder umstritten wurde, im wesentlichen aber gültig blieb: Das byzantinische Kaisertum zog sich auf den Osten zurück, während das Kaisertum Karls von vornherein nur für den Westen gelten sollte. Am fränkischen Hof hat man diese Abgrenzung auch auf klare Formeln gebracht, indem man für beide Reiche die unterscheidende Bezeichnung einführte: imperium orientale und imperium occidentale. Karls Kaisertum ist in der Tat zum Inbegriff der abendländischen, westlichen Welt geworden. Indem es sich von Byzanz abgrenzte, ist jetzt der Okzident, im Kaisertum Karls sichtbar repräsentiert, als eine geschichtliche Einheit Gestalt geworden. Und wenn die Hofgelehrten Karl als pater Europae priesen, so waren in ihren Augen Karls Kaisertum, der Okzident und Europa deckungsgleich.

3. Verhältnis von Königtum und Kaisertum

Das neubegründete Kaisertum hat sich indessen im Herrschaftsbereich Karls auch nach innen ausgeweitet. Karl hat es benutzt, seine Herrschaft stärker zu intensivieren. Dies zeigt sich vor allem daran, daß er sich nach seiner Kaiserkrönung einen neuen Treueid schwören ließ, obwohl er ein rundes Jahrzehnt vorher – nämlich 786 oder 792 – den Bewohnern seines Reiches bereits einen Treueid abgefordert hatte. Da beide Formeln noch erhalten sind, ist es aufschlußreich, sie miteinander zu vergleichen, da in ihnen in der Tat ein Wechsel der Herrschaftsauffassung zum Ausdruck kommt.

Treueide hatte es allem Anschein nach schon unter den Merowingern gegeben. Sie waren aber in der Spätzeit außer Gebrauch gekommen, und dies vermutlich deshalb, weil es nicht im Interesse der karolingischen Hausmeier gelegen war, sie zu erneuern. Erst Karl der Große hat den Brauch wieder aufgenommen. Er hatte dafür einen besonderen Grund: er lag im Aufstand eines thüringischen Großen namens Hardrad, der weitere Kreise gezogen hatte. Als Karl den Aufstand niederschlug und an die Bestrafung der Empörer ging, glaubten einige Teilnehmer an der Verschwörung, sich damit entschuldigen zu können, daß sie keinen Treueid geleistet, folglich auch keine Treue gebrochen hätten. Um diesen Vorwand aus der Welt zu schaffen, hat Karl sich in der Folgezeit die geforderte Treue von allen Bewohnern seines Reiches schwören lassen. Die Formel, die uns noch erhalten ist, stammt aus dem Jahre 792; sie ist sehr kurz und läßt eigentlich nur erkennen, daß der Eid ein allgemeines Treueverhältnis begründen sollte, das von allen, ohne Ausnahme, gefordert war.

Einen so konkreten Anlaß wie 786/792 gab es nach 800 nicht. Niemand dachte damals daran, sich zu empören. Und es war in der Tat auch nichts anderes als das neubegründete Kaisertum, das Karl bewog, den neuen Treueid einzufordern. Bezeichnend ist schon, daß Karl in dem Kapitular, in dem er im Jahre 802 die allgemeine Vereidigung anordnete, den Titel „imperator christianissimus" führte. Dem entspricht die Eidesformel selbst, die jetzt viel breiter ausgestattet ist als die frühere. Dabei ist neu, daß die Treupflicht näher umschrieben und ausgedehnt wird. Der Eid bezog jetzt auch religiöse Verpflichtungen mit ein, indem er z. B. die Einhaltung der zehn Gebote zum Gegenstand der eidlichen Verpflichtung gegenüber dem Kaiser machte.

In eine andere Richtung weist die Bestimmung der Treue, die in der Schwurformel erscheint und hier ebenfalls neu ist: „fidelis sum sicut per drictum debet esse homo domino suo" (ich bin treu, wie es von Rechts wegen der Mann seinem Herrn sein muß). Diese Formel verrät in der Anwendung der Begriffe von homo und dominus, die aus dem Vokabular des Lehnswesens stammen, daß Karl das Treueverhältnis nach lehnrechtlichem Vorbild zu intensivieren suchte.

Wie der Lehnsmann, so sollte jeder Bewohner seines Reiches durch persönliche Bindung an den Kaiser als seinen persönlichen Herrn gebunden sein. Es ist bemerkenswert, daß dieser Rückgriff auf die persönliche Komponente der Herrschaft in starkem Kontrast zur Amtsauffassung des Kaisertums selbst steht, das ja gerade nicht persönlich, sondern institutionell verstanden werden will. So wundert es denn auch nicht, daß dieser Versuch Karls, christliche und lehnrechtliche Elemente dem Kaisertum dienstbar zu machen, um mit dessen Hilfe seine Herrschaft zu intensivieren, auf die Dauer ohne Erfolg geblieben ist. Im Innern beruhte die Stellung des Herrschers eben nach wie vor wesentlich auf seiner Königsgewalt. Und da das Kaisertum, wie wir sahen, letztlich eine Erhöhung des Königtums darstellt, blieb dieses auch die Grundlage, von der es seine Macht bezog.

Zunächst waren Kaisertum und Königtum auch nur in der Person Karls des Großen miteinander verbunden. Sein Titel zeigt deutlich ihr Nebeneinander an. Es war die Frage, wie die Verbindung von Regnum und Imperium in Zukunft aussehen sollte. Diese Verbindung wurde zu einem drängenden Problem, als Karl an die Regelung seiner Nachfolge ging. Die Schwierigkeit bestand darin, daß das Königtum nach fränkischem Brauch geteilt zu werden pflegte, während das Kaisertum in sich als unteilbar galt. Folgte das Kaisertum in der Sukzession also anderen Gesetzen als das Königtum, so war es aber auf die Grundlage des Königtums angewiesen. Solange Karl regierte, erschien es selbstverständlich, daß das Kaisertum wie das Königtum ganz auf seine Person zugeschnitten war. Sie war das Kraftzentrum, das die Herrschaft zur Einheit zusammenschloß. Diese Einheit stand plötzlich in Frage, als es galt, die Herrschaft auf Karls Söhne Karl, Pippin und Ludwig zu übertragen. Es ist nicht zu verwundern, daß man hier nicht ohne weiteres und nicht sofort zu einer glatten Lösung kam. Tatsächlich sind die letzten Jahre Karls wie auch die ersten Jahrzehnte nach seinem Tode durch das Tasten nach einer geeigneten Lösung charakterisiert. Schließlich ging es hier um Fragen, an denen sich entscheiden mußte, wie sich einerseits das Verhältnis von Kaisertum und Königtum, andererseits das Verhältnis von Kaisertum und Okzident in Zukunft gestalten sollte. Dabei war die Kernfrage, ob das Kaisertum, in dem sich bisher Frankenreich und Okzident entsprachen, auf diese Einheit bezogen bleiben konnte, wenn das Königtum in der üblichen Weise geteilt würde, oder ob man die Teilung aufgeben mußte, wenn man die Einheit bewahren wollte. Das heißt allgemein: es war die Frage, ob das Einheitsprinzip mit dem

Teilungsprinzip in Einklang zu bringen war oder ob nicht eines das andere verdrängen würde.
Karl der Große hat nun im Jahre 806 in seiner Reichsteilung, der sogenannten Divisio regnorum, seine Nachfolge in der Weise geregelt, daß er die Herrschaft unter seine drei Söhne teilte, ohne eine Verfügung über das Kaisertum zu treffen. Die Söhne wurden also zunächst nur als Könige betrachtet; sie bildeten zusammen das „corpus fratrum" (Mitteis), denen die drei Reichsteile als „corpus regni" entsprachen. Es war offensichtlich der Geblütsgedanke, der die Teilung bestimmte und gleichzeitig das Ganze zusammenhielt. Dabei ist interessant, daß zwar jedem der Brüder ein eigener Reichsteil zugewiesen wurde, daß aber alle drei nach Karls Willen Zugang nach Italien haben sollten: sie sollten gemeinsam den Schutz der römischen Kirche, die Defensio sancti Petri, übernehmen. Daraus ist zu schließen, daß Karl das Kaisertum nicht überhaupt ausschließen wollte, sondern daß er die Verfügung darüber anscheinend nur zurückgestellt hat. Die Divisio war eine vorläufige Regelung, die eine Reihe von Entscheidungen noch für die Zukunft offen ließ. Daß man solche Fragen Schritt für Schritt zu regeln suchte, entsprach dem Brauch, der auch bei früheren Teilungen beobachtet worden ist.
Es verstieß daher auch nicht gegen den Geist der Divisio regnorum, wenn Karl der Große im Jahre 813 über sie hinausging und seinem Sohn Ludwig dem Frommen befahl, sich selbst in Aachen mit der Kaiserkrone zu krönen. Denn inzwischen hatte sich die Situation grundlegend geändert, da zwei von den drei Kaisersöhnen gestorben waren und auch mit Byzanz eine Einigung zustande gekommen war. Da nur noch ein Sohn übrig war, zögerte Karl jetzt nicht mehr, ihm mit der Königsherrschaft zugleich die Kaiserkrone zu übertragen. Es geschah in der Form der Selbstkrönung, wie sie in Byzanz bei der Einsetzung eines Mitkaisers üblich war. Auf diese Weise war die Unitas imperii in der Herrschaft Ludwigs des Frommen wiederhergestellt.
Es ist nun merkwürdig, daß Ludwig der Fromme bereits wenige Jahre nach seinem Regierungsantritt in einem Reichsgesetz, der sogenannten Ordinatio imperii vom Jahre 817, eine neue Ordnung zu fixieren suchte in der erklärten Absicht, mit ihr die Reichseinheit durch eine Änderung des Thronfolgerechtes zu sichern. Aus dem Gesetz, das uns im Wortlaut erhalten ist, geht hervor, daß zwei Parteien den Kaiser bedrängten: eine, die am fränkischen Herkommen der Reichsteilung festhielt, und eine zweite, die sich im Interesse der Reichseinheit dagegen aussprach. Zu ihr bekannte sich der Kaiser, der erklärte, daß das Reich aus Liebe zu den Söhnen

nicht mehr zerrissen werden dürfe: die Unitas imperii, so lautet das gewichtigste Argument, entspricht der Unitas ecclesiae. Diese Auffassung ist neu, jedenfalls in der fränkischen Geschichte; sie ist hier in der Ordinatio am entschiedensten formuliert. Sie bestimmt die folgenden Beschlüsse, die durch ein dreitägiges Fasten und Beten vorbereitet wurden. Nachdem man sich auf diese Weise des göttlichen Beistandes versichert hat, erfolgt die Wahl des ältesten Kaisersohnes Lothar zum Mitkaiser, der sofort die Krönung folgt; anschließend werden die jüngeren Söhne zu Königen gewählt, wobei noch eigens ihre Unterordnung „sub seniore fratre" betont wird. Das Ganze ist der entschlossene Versuch einer Synthese zwischen Einheitsidee und Teilungsprinzip, wobei das Reich durch die Überordnung der Einheitsidee gesichert werden soll. Dementsprechend wird auch die enge Verbindung von Imperium und Ecclesia betont. Das Reichsgebiet wird so aufgeteilt, daß die Unterkönige die Randgebiete erhalten, während der Kaiser den wichtigsten Mittelstreifen mit ganz Italien erhält, das für das Kaisertum besondere Bedeutung besitzt – und was noch wichtiger ist: die Unterkönige sollen nur innenpolitische Aufgaben erfüllen, und selbst da sind sie ihrem kaiserlichen Bruder als Familienhaupt unterstellt; von der Außenpolitik sollen sie überhaupt ausgeschaltet sein; denn sie bezieht sich auf die Einheit des Reiches, die der Kaiser und er allein repräsentiert. Dies ist seine erste Aufgabe; die zweite besteht darin, seinen jüngeren Brüdern Schutz und Hilfe zu leisten. Entsprechend diesen Grundsätzen ist auch die weitere Nachfolge festgelegt. So stellt die Ordinatio imperii im ganzen ein kunstvolles Gebilde dar: den konsequent durchgeführten Entwurf einer staatlichen Neuordnung, deren höchstes Ziel die Sicherung der Unitas imperii bildete. Kaisertum und Reich sollten nach den Bestimmungen dieses Gesetzes ein für allemal mit der Unitas imperii korrespondieren. Der Bereich der römischen Kirche, das heißt: der westlichen, europäischen Christenheit, und das Imperium galten danach offenbar als deckungsgleich.

Die Ordinatio imperii entsprach den Überzeugungen einer starken Partei im Frankenreich, der es gelungen war, Ludwig den Frommen für sich zu gewinnen. Aber es gab auch weiterhin Anhänger der alten fränkischen Ordnung, die sich einer solchen Einheitsregelung widersetzten. Und es wurde für den weiteren Gang der Dinge entscheidend, daß an ihre Spitze eine der stärksten Figuren der Zeit trat: die Kaiserin Judith, die Gemahlin Ludwigs des Frommen. Denn sie stimmte Ludwig wieder um: Auf ihren Einfluß ging es zurück, daß ihr kaiserlicher Gemahl die von ihm selbst verfochtene

und zum Reichsgesetz erhobene Ordinatio imperii wieder umstieß und damit die Fronten völlig verschob.
Die Folge war, daß nun der Kampf der Parteien in aller Heftigkeit entbrannte, wobei neben Kaiser- und Königtum Kirche und Adel ein immer größeres Gewicht erlangten. Das ganze 9. Jahrhundert sollte im Zeichen des Kampfes um Einheit oder Teilung des Reiches stehen.
Dabei spielt eine Erscheinung eine bedeutende Rolle, der wir uns im folgenden zuwenden müssen, da sie für die Gestaltung der künftigen staatlichen Ordnung im buchstäblichen Sinne von grundlegender Bedeutung war: das mittelalterliche Lehnswesen oder der Feudalismus.

VII.

Entstehung und Ausbreitung des Lehnswesens

Für die Erscheinung des Lehnswesens steht uns neben dem deutschen Begriff auch das von lat. feudum (= Lehen) abgeleitete, also dem deutschen Lehnswesen genau entsprechende Fremdwort Feudalismus zur Verfügung. Obwohl aber beide Begriffe sich auf die gleiche Erscheinung beziehen und ihrer Wortbedeutung nach auch das Gleiche ausdrücken, werden sie jedoch in ganz verschiedenem Sinne verwandt. Lehnswesen ist der engere, eindeutige Begriff, Feudalismus der weitere und vieldeutige, so daß man, genaugenommen, von mehreren Feudalismus-Begriffen sprechen müßte. Dieses merkwürdige Phänomen, auf das in der deutschen Forschung besonders Otto Brunner mit Nachdruck hingewiesen hat, läßt es geraten erscheinen, zunächst in Anlehnung an die Forschungen Brunners einige Bemerkungen zur Terminologie vorauszuschicken.
Wir gehen von der Beobachtung aus, daß das Wort Lehnswesen in der Literatur im allgemeinen nur als wissenschaftlicher Terminus erscheint, während Feudalismus zwar auch in wissenschaftlichen Zusammenhängen gebraucht wird, aber nicht darauf beschränkt ist; es spielt darüber hinaus in der Publizistik eine große Rolle, und zwar, im großen gesehen, seit der Französischen Revolution. Daraus kann man schon schließen, daß die starke Bedeutungsausdehnung des Wortes Feudalismus zum guten Teil außerwissen-

schaftliche Gründe haben wird. Man kann dies ohne weiteres nachweisen, wenn man die Bedeutungswandlung genauer ins Auge faßt. Hier ist als erstes wichtig, daß im 18. Jahrhundert noch nicht zwischen Feudalismus und Lehnswesen unterschieden wird; der Begriff wird nur in einem engen, juristisch-technischen Sinne gebraucht, ist also auf das Lehnrecht abgehoben und umschreibt somit eine staatliche Ordnung, die sich nach lehnrechtlichen Normen aufbaut.

In der Französischen Revolution ist dies anders geworden. Man hat jetzt zwischen Staat und Gesellschaft unterscheiden gelernt, und Feudalismus, bis dahin als staatliche Ordnung verstanden, wird jetzt unter dem Eindruck der Zustände der eigenen Zeit als eine gesellschaftliche Erscheinung begriffen; man spricht vom régime féodal und setzt es mit der sogenannten bevorrechteten Gesellschaft gleich, die man bekämpft und schließlich überwindet.

Von hier aus hat der Begriff sich nach verschiedenen Richtungen hin weiter entfaltet. Da die bevorrechtete Gesellschaft durch einen großen Grundbesitz ausgezeichnet war, wurde Feudalismus mit Grundbesitz gleichgesetzt, also Feudalismus mit Herrschaft über Grund und Boden oder auch über Land und Leute identifiziert. Da es sich rechtlich um eine Adelsgesellschaft handelte, ergab sich daraus wieder die Vorstellung, Feudalismus decke sich mit Adelsherrschaft. Und da unter der neuen Devise von Freiheit, Gleichheit und Brüderlichkeit Herrschaft und Legitimität nicht mehr vereinbar waren, Herrschaft also plötzlich ohne legitime Grundlage erschien, konnte sie jetzt nur noch als Gewalt verstanden werden. In dieser Sicht wurde Herrschaft Ausbeutung. Der Feudalismus, durch Eroberung entstanden, war lediglich Gewaltherrschaft. So hat ihn auch Karl Marx verstanden und ihn als eine Zwischenstufe zwischen der Sklavenwirtschaft und dem Kapitalismus dargestellt. Hier ist der Begriff bestimmt von dem System, das unter den geistigen Bedingungen des 19. Jahrhunderts geschaffen worden ist. Historisch gesehen, sind diese Bedeutungen nicht von der Sache, die sie bezeichnen, legitimiert.

So ist die Gleichsetzung von Feudalismus und Grundbesitz historisch unrichtig, weil Grundbesitz und Lehen nicht identisch sind: ein Lehen kann zwar Grundbesitz sein, aber ebenso kann es auch ein Amt sein, und andererseits hat längst nicht aller Grundbesitz die Form von Lehen. Ebenso unrichtig ist die Gleichsetzung von Feudalismus und Adelsherrschaft, obwohl sie auch vielfach in die wissenschaftliche Literatur eingegangen ist. Adelsherrschaft im streng rechtlichen Sinne hängt nämlich wesentlich mit dem adligen Eigengut zusammen und gerade nicht (oder nur indirekt) mit dem

Lehen. Das Eigengut heißt im Mittelalter Allod, und deshalb müßte man hier richtiger mit Walter Schlesinger von Allodialismus sprechen — was etwas ganz anderes als Feudalismus ist.
Schließlich ist ganz falsch, daß Feudalismus durch Eroberung entstanden sei. Obwohl seine Entstehung, wie wir noch näher sehen werden, in den Quellen nicht deutlich faßbar ist, besteht jedoch darüber kein Zweifel, daß Eroberung als Entstehungsgrund entfällt. Ihm widerspricht schon der Begriff des Lehens selbst, das ja verliehen und geliehen, aber nicht erobert werden kann. Eroberung hebt vielmehr den Lehnscharakter gerade auf. Die wissenschaftlich heute nicht mehr diskutierbare Eroberungstheorie ist denn auch nicht am Begriff des Lehens orientiert, sondern an dem verallgemeinerten Feudalismusbegriff, der als Herrschaft über Land und Leute verstanden wurde.
Aus alledem ergibt sich, daß die Verallgemeinerungen des Feudalismusbegriffes wissenschaftlich unbrauchbar sind und daß sie aufgegeben werden müssen, wenn man Wert darauf legt, der historischen Erscheinung als solcher gerecht zu werden. Dabei geht es nicht um eine Rechtfertigung des Feudalismus, die hier völlig unangebracht wäre. Es geht vielmehr um eine Grundregel der Geschichte als Wissenschaft, die besagt, daß ein historisches Phänomen nur aus den Zusammenhängen seiner eigenen Zeit heraus begriffen werden kann und daß dementsprechend sein Wert oder Unwert sich daraus ergibt, was es für diese Zeit geleistet hat. Daß es unter gewandelten Bedingungen nicht mehr seinen alten Sinn erfüllen kann, sagt über seine geschichtliche Bedeutung nicht mehr aus, als daß diese zeitlich ihre Grenzen hat. Damit hängt zusammen, daß wir gehalten sind, unsere Begriffe, die sich ja ebenfalls fortentwickeln, unter Kontrolle zu halten. Wenn also in unserem Fall der Begriff Feudalismus im Laufe der Zeit neue Bedeutungen in sich aufgenommen hat, so wird es wesentlich sein, bei der Anwendung auf frühere Zeiten die jüngeren Bedeutungen abzustreifen und auf die entsprechende frühere Bedeutungsschicht zurückzugreifen. Dies soll im folgenden geschehen, indem wir uns an den älteren und engeren Feudalismus-Begriff halten, der unserem „Lehnswesen" entspricht.

1. Die Vasallität

Wenden wir uns nach dieser begrifflichen Vorklärung nunmehr dem Phänomen des Lehnswesens selbst zu, so ist es wichtig, sich zunächst daran zu erinnern, daß es Königsherrschaft, Adelsherrschaft, Grundherrschaft schon lange gab, bevor von Lehnswesen überhaupt gesprochen werden kann. Und als es entstand, hatte es nachweislich auch noch nichts mit König oder Reich zu tun. Seine Anfänge verweisen vielmehr in die niedere Sphäre des sozialen Lebens, und obwohl über sie nur dürftige Quellenzeugnisse vorhanden sind, ist doch so viel deutlich, daß es aus mehreren Wurzeln entstanden ist. Dies geht schon aus der Tatsache hervor, daß im ausgebildeten Lehnswesen mehrere Elemente verschiedener Art und Herkunft vereinigt sind. Folglich muß der wesentliche Vorgang bei seiner Entstehung in der Vereinigung dieser an sich älteren Elemente liegen. Heinrich Mitteis, der diese Zusammenhänge neben Marc Bloch am schärfsten beleuchtet hat, ist damit der deutschen, wie Marc Bloch der französischen Forschung wegweisend vorangegangen. Sie stimmen darin überein, daß unter den verschiedenen Elementen, aus denen das Lehnswesen entstanden ist, für seine Entwicklung am wichtigsten ein persönliches war: die sogenannte Vasallität. Es handelt sich dabei um ein Abhängigkeitsverhältnis, wie es seit alten Zeiten mehrere gab, freilich eines besonderer Art — nämlich das Abhängigkeitsverhältnis des Vasallen, lat. vasallus oder vassus, von einem Herrn. Dem lateinischen Wort liegt das keltische gwas zugrunde, das Knecht bedeutet. Dies weist darauf hin, daß es sich hier ursprünglich um ein Knechtschaftsverhältnis gehandelt hat. Und seit wir es mit Beginn des 8. Jahrhunderts urkundlich fassen können, erscheint es dementsprechend auch noch immer in der Hauptsache auf Unfreie bezogen, jedenfalls auf Männer, die durchweg bescheidener Herkunft sind. Dabei zeigt sich uns, daß das Verhältnis durch einen besonderen Rechtsakt begründet wird, der in den Quellen Kommendation heißt, und der seinerseits spätantik-römischen Ursprungs ist. Die Kommendation stellt eine rechtsförmliche Ergebungshandlung dar, einen Ritus, mit dem der Mann, der sich kommendiert oder sich „ergibt", die gefalteten Hände in die des Herrn legt, der sie umschließt: offensichtlich eine Schutzgebärde, durch die sinnfällig zum Ausdruck kommt, daß hier ein alter Verknechtungsritus vollzogen wird. Mehrere Formeln, die uns noch erhalten sind, zeigen, daß der Vasall auf dieser frühen Stufe sich zu Gehorsam und zu lebenslänglichem Dienst verpflichtet, zum obsequium, wofür der Herr ihm den Unterhalt gewährt. Die Art des Dienstes bleibt zunächst offen; sie zu bestimmen liegt offenbar im Belieben des Herrn. Im wesentlichen war aber zunächst an Knechtsdienste gedacht, und es gibt auch für lange Zeit noch Vasallen, die etwa auf der Stufe höriger Bauern stehen und auf die Landarbeit beschränkt bleiben.

Rechtlich ist es ein erstes, wichtiges Kriterium, daß Vasallität und Kommendation von Anfang an zusammengehen. Dadurch unterscheidet sich die Vasallität zum Beispiel wesentlich von der Gefolgschaft, der trustis, die weder Kommendation noch Verpflichtung zum Gehorsam kannte, sondern, wie wir sahen, durch einen Treueid begründet wurde und offensichtlich höher rangierte: Gehorsam war hier durch Treue ersetzt. Das Ganze war ein Treueverhältnis unter Freien, durch das vor allem die Freiheit des Gefolgsmannes unangetastet blieb. Während es bei den Germanen ursprünglich das Recht jedes Adligen war, sich eine Gefolgschaft zu halten, haben die Merowinger dem Adel dieses Recht genommen und es ausschließlich auf das Königtum beschränkt. Gefolgschaft war daher seit der fränkischen Reichsgründung nur noch Königsgefolgschaft: trustis dominica. Ihre Mitglieder hießen Antrustionen, und ihr Dienst zeichnete sich dadurch aus, daß er im wesentlichen Waffendienst war.

Während die trustis also fortan dem König vorbehalten blieb, mußten die Adligen sich damit begnügen, sich mit den bescheideneren und unfreien Vasallen zu umgeben. Es ist nun interessant, daß uns seit dem frühen 8. Jahrhundert Vasallen begegnen, die ähnlich wie die Antrustionen für ihren Herrn, der allerdings kein König ist, bewaffneten Kriegsdienst leisten. Allem Anschein nach haben die Adligen sich dadurch, daß sie ihre Vasallen bewaffneten, in ihnen eine Art Ersatz für die ihnen verbotene Gefolgschaft geschaffen. Mit ihrer Hilfe trugen sie die zahllosen Fehden aus, die für die späte Merowingerzeit charakteristisch sind. Indem die Vasallen oder ein Teil von ihnen aber zum Waffendienst herangezogen wurden, trat eine allmähliche Verschiebung in ihrer sozialen Stellung ein: sie stiegen über diejenigen auf, die auf die landwirtschaftliche Tätigkeit beschränkt blieben. Wer Waffen trug, galt in archaischen Zeiten immer mehr als derjenige, der nur sein Feld bestellte. Es war dies an sich das Vorrecht der Freien, und wenn ein Unfreier von seinem Herrn bewaffnet wurde, so näherte er sich damit im Grunde schon der Freiheit an, auch wenn er rechtlich unfrei blieb. Sozial wurde er dadurch jedenfalls höher eingeschätzt. Dies mag es dem Adel nicht wenig erleichtert haben, seine Vasallenschaften immer mehr zu vergrößern. So nimmt es nicht wunder, daß im 8. Jahrhundert bald auch Freie begegnen, die ein Vasallenverhältnis eingehen. Auf diese Weise konnten die Mächtigeren unter den Adligen ganze Vasallenheere auf die Beine bringen. Es versteht sich, daß sie dadurch ihre Stellung gegenüber dem König wie gegenüber dem übrigen Adel bedeutend verstärken konnten. In der Vielzahl der Vasallen spiegelte sich die Stärke und die Macht ihres

Herrn. Und so ist es tatsächlich das mächtigste fränkische Adelsgeschlecht, das der Karolinger, das in der ersten Hälfte des 8. Jahrhunderts die meisten Vasallen um sich geschart hat.
Diese Tatsache wird nun für die Weiterentwicklung der Vasallität von größter Bedeutung – vor allem deshalb, weil die Karolinger nicht beliebige Adlige waren, auch nicht nur die mächtigsten, sondern zugleich die Hausmeier der merowingischen Könige. Als solche konnten sie im Zusammenhang der Reichspolitik auch über die königliche Gefolgschaft der Antrustionen verfügen, die dabei natürlich immer eine königliche trustis blieb. Es scheint nun, daß sie diese trustis nicht gerade sehr begünstigt haben; denn sie tritt im frühen 8. Jahrhundert auffälligerweise immer mehr zurück. Dafür hören wir um so mehr von ihren eigenen Vasallen, deren Bedeutung ständig zunimmt. Man wird diesen Sachverhalt wohl so interpretieren dürfen, daß die Karolinger sich in ihrer mächtigen Vasallenschaft bewußt eine eigene Gefolgschaft geschaffen haben, welche die königliche trustis in den Schatten stellen sollte – wie sie es ja auch tatsächlich getan hat. Man sieht: die Herrschaftsablösung war nicht nur von langer Hand, sondern buchstäblich von Grund aus vorbereitet. Und sie dokumentiert sich nicht zuletzt darin, daß die königlichen Antrustionen noch unter den karolingischen Hausmeiern überhaupt verschwinden. Wahrscheinlich sind sie in den karolingischen Vasallen aufgegangen – ein Vorgang, der früher gar nicht denkbar gewesen wäre angesichts des gewaltigen Unterschiedes, der ursprünglich zwischen Antrustionen und Vasallen bestand. Nichts zeigt deutlicher als diese Ablösung, wie groß der Aufstieg war, den die Vasallen und allen voran die Vasallen der Karolinger inzwischen genommen hatten.

2. *Das Beneficium*

Bei diesem Aufstieg haben zwei Veränderungen, zwei Neuerungen eine wichtige Rolle gespielt. Sie haben nämlich erst die Voraussetzung dafür geschaffen, daß die Vasallität sich zu dem erweiterte, was wir das Lehnswesen nennen. Dabei kommt Karl Martell eine besondere Bedeutung zu (ohne daß er damit allerdings, wie die ältere Forschung gemeint hat, das Lehnswesen geschaffen hätte). Er scheint es gewesen zu sein, vielleicht aber auch schon sein Vater Pippin – dies ist nicht mehr eindeutig zu entscheiden –, der als erster seine Vasallen oder einen Teil von ihnen mit Grund und Boden ausgestattet hat, und zwar zunächst aus Königsgut, dann aber auch, wie wir noch hören werden, aus Kirchengut.

Damit kommt zum persönlichen Element der Vasallität ein zweites, dingliches: das Lehen, lat. beneficium, wofür später in gleichem Sinne auch das Wort feudum gebraucht wird. Auch das Beneficium hat, wie die Vasallität, seine eigene Geschichte. Es ist bekannt, daß das Wort in seiner Grundbedeutung „Wohltat“ heißt. So können unter Umständen Landschenkungen als Benefizien bezeichnet werden, ohne daß es sich deshalb schon um Lehen handelt. Der König hat sich natürlich zu allen Zeiten veranlaßt gesehen, Männer, die ihm besonders wertvolle Dienste geleistet hatten, durch Schenkungen zu belohnen. Im Zeitalter der Naturalwirtschaft bezogen sich die wertvollsten Schenkungen naturgemäß auf Grund und Boden oder auf nutzbare Rechte, die damit vergleichbar waren. Das Reservat, aus dem er dabei schöpfte, war zunächst das Königsgut. Diese Schenkungen haben in der Merowingerzeit noch nichts mit Lehen zu tun: es sind Landvergabungen zu gebundenem Eigen, wobei das Obereigentum des Schenkers gewahrt bleibt — eine Form, die auch später noch immer möglich sein wird. So stellt sich die Frage, seit wann und in welchen Fällen solche Landzuweisungen als Lehen erkennbar sind. Die Antwort lautet zunächst: sicher seit Karl Martell, vielleicht auch schon seit Pippin dem Mittleren. Das Interessante daran ist, daß nicht der König selbst, sondern der Hausmeier — wenn auch formal im Namen des Königs — als Handelnder erscheint, und zweitens: daß die Empfänger der ersten Lehen, soweit die Quellen erkennen lassen, keine Adligen, sondern kleine Leute sind, nämlich Vasallen. Das Beneficium ist also jünger als die Vasallität. Es ist, wie der Rechtshistoriker Heinrich Brunner schon 1887 erkannt hatte, im Zusammenhang mit den großen Säkularisationen von Kirchengut zu Beginn des 8. Jahrhunderts entstanden. Denn da das Königsland für Landschenkungen nur zum Teil zur Verfügung stand, hat Karl Martell auf das Kirchengut zurückgegriffen, indem er bei der Kirche gewissermaßen Zwangsanleihen nahm, wofür diese dann durch sogenannte Zehnten entschädigt wurde. Da das Kirchengut aber nach kanonischem Recht unveräußerlich war, gab es rechtlich nur die Möglichkeit, den Besitz auf Zeit an sich zu nehmen und als Leihgabe weiterzugeben. Solche Landleihen bei der Kirche auf Veranlassung des Hausmeiers, der im Namen des Königs handelte, hießen „Precariae verbo regis“. Sie hatten den Vorteil, daß sie den Besitz der Kirche grundsätzlich nicht verkürzten, weil die Kirche ja weiterhin die Eigentümerin blieb, und daß sie dennoch die Ausstattung der Vasallen erlaubten. Der Vorteil dieses Verfahrens war evident. Darum bildeten sie das Modell, nach dem auch Reichsgut hinfort nicht mehr zu eigen, sondern als Lehen ausgegeben wurde. Auf diese Weise brauchte man das Reichsgut nicht völlig zu veräußern und konnte es dennoch nutzbar machen, und zugleich eröffnete sich die Möglichkeit, dem Vasallen auf der Grundlage des Lehens eine gehobene Existenz zu schaffen.

3. *Die Treupflicht*

Zu diesen beiden Elementen, Vasallität und Benefizien, kam aber noch ein drittes hinzu, das nicht minder für die Erscheinung des mittelalterlichen Lehnswesens konstitutiv geworden ist. Wenn der Aufstieg der Vasallen über Kriegsdienst und Lehen so weit führte, daß sie die alten, höher gestellten Antrustionen ersetzen und vielleicht in sich aufnehmen konnten, so setzt dies voraus, daß das Abhängigkeitsverhältnis der Vasallität auch innerlich eine Umwertung erfahren hat: dies geschah durch die Aufnahme des Treuegedankens aus der alten germanischen Gefolgschaft, deutlich erkennbar daran, daß die freien Vasallen seit der Mitte des 8. Jahrhunderts neben der Kommendation auch einen Treueid leisteten. Dies bedeutet gegenüber früher einen grundsätzlichen Unterschied. Das Verhältnis wird als ganzes ethisiert, und indem die Treue zum Zentralbegriff des Lehnswesen wird, wird die alte Einseitigkeit der Verpflichtung durch eine neue Zweiseitigkeit ersetzt; die Treue verpflichtet den Gefolgsmann *und* den Herrn.
In dieser Verbindung, der Dreiheit von vasallistischem Dienst, Treupflicht und Lehen, ist die Grundform des mittelalterlichen Lehnswesens geschaffen. Vasallistischer Dienst und Treupflicht gehören hinfort untrennbar zusammen. Hingegen ist die Verbindung dieses persönlichen Elements mit dem dinglichen, dem Lehen, zunächst nur tatsächlicher Natur: es gibt auch weiterhin Benefizien ohne Vasallität und eidliche Verpflichtung an einen Herrn ohne Benefizien. Doch geht die Tendenz dahin, daß im Normalfall der freie Vasall für seine Dienste ein Lehngut erhält.
Dies ist, wie gesagt, die Grundform des Lehnswesens, sein Anfangsstadium – nicht mehr. In diesem Stadium lag seine Bedeutung darin, daß es zur Bildung einer neuen Reichskriegerschicht geführt hat, die durch ihr Lehngut wirtschaftlich gesichert war, abhängig vom König oder einem anderen adligen Herrn, dabei aber als grundbesitzende Krieger selbst zu gehobenem Dasein aufgestiegen. Wäre es dabei geblieben, so hätten wir es beim Lehnswesen mit einem sozialgeschichtlichen Phänomen von begrenztem Umfang zu tun, in seiner Bedeutung etwa der späteren Reichsministerialität vergleichbar. Aber dabei blieb es nicht.

4. Die Ausweitung des Lehnswesens

Das Lehnswesen hat das geschilderte Anfangsstadium schon bald weit hinter sich gelassen, da es seine anfängliche ständische Begrenzung durchbrach und die Verfassung des Reiches selbst ergriff. Dies ist im wesentlichen auf zwei Wegen vor sich gegangen, die beide bereits von den karolingischen Herrschern eröffnet worden sind. Die Karolinger erkannten früh, daß in dem neuentstandenen Lehnswesen eine große Ordnungskraft enthalten war — obwohl es auch Gefahren in sich barg, da jeder Adlige es in seinem Sinne nutzen konnte. Denn von Anfang an war es ja im Unterschied zur königlichen trustis nicht an das Königtum gebunden. Aber diese Gefahren waren insofern begrenzt, als der einzelne Adlige in der Regel doch nur so viele Vasallen unterhalten konnte, als er ihnen auch Lehen zu bieten vermochte. Aus diesem Grunde hatten schon die karolingischen Hausmeier alle übrigen Adligen, die mit ihnen konkurrierten, überwinden können, da sie nicht nur über die größte Eigenmacht verfügten, sondern auch auf die überlegenen Machtmittel des Reiches zurückgreifen konnten, ja darüber hinaus sich auch noch die Möglichkeit eröffneten, dafür auch noch den gewaltigen Grundbesitz der fränkischen Kirche nutzbar zu machen. Im Besitz des Königtums waren sie erst recht in der Lage, diese Überlegenheit auszuspielen. In der Art und Weise, wie sie dies taten, erwiesen sie ihr überlegenes staatsmännisches Geschick.

Aus der Erkenntnis, daß das Lehnswesen auch für die Herrschaft im großen, das Reich, die Möglichkeit neuer Bindungen bot, dehnten sie es nach zwei Richtungen aus: Zunächst in Richtung auf die Großen, die Magnaten, die selbst Vasallen besaßen. Das war ein entscheidender Schritt, der große Konsequenzen hatte. Indem der König den großen Herren entsprechend große Lehen gab, bot er ihnen einerseits den außerordentlichen Vorteil, daß sie diese Großlehen aufteilen und damit neue Vasallen an sich ziehen konnten, andererseits band er die Magnaten selbst durch das Lehnrecht als Vasallen an sich — auch für ihn also ein bedeutender Gewinn, und für ihn sogar in besonderem Maße, da das damit geschaffene Lehnsverhältnis die Treuebindung der Großen an den König verstärken mußte. Er konnte es sich leisten, sie zu stärken, da er sie damit gleichzeitig an sich band. Er ging aber noch darüber hinaus, indem er da, wo sich die Möglichkeit dazu bot, die Magnaten nötigte, ihm ihren Besitz aufzutragen, um ihn von ihm wieder als Lehen zurückzuerhalten. Es liegt auf der Hand, daß das Königtum dadurch das Lehnswesen weit über die Grundlagen des alten Königsgutes hinaus ausdehnen konnte. Freilich hing der Erfolg hier entscheidend

von seiner eigenen Stärke ab. In jedem Falle aber erlaubte ihm das Lehnswesen, in das ordnungslose Nebeneinander der vielen Vasallenschaften eine Ordnung zu bringen, die in einer Schichtung in Vasallen und Untervasallen bestand. Die Untervasallen unterstanden den Vasallen, die Vasallen dem König, der damit als oberster Lehnsherr in Erscheinung trat. Auf diese Weise ließ sich das Nebeneinander in eine Stufenfolge verwandeln und in einen relativ einfachen Ordnungszusammenhang bringen. Freilich haben die Verhältisse sich schon bald kompliziert, so daß dieses einfache Schema auf die Dauer nicht genügte. Wir kommen auf diese Komplikationen an anderer Stelle zurück. Fürs erste bedeutete es auf jeden Fall einen nicht geringen Erfolg, daß die Karolinger durch die Ausweitung des Lehnswesens auch mächtige Adlige an sich binden konnten. Sie schufen sich damit eine Art Gegengewicht gegen den sogenannten Allodialismus, der ja immer als eine mehr oder weniger starke Tendenz zur Verselbständigung des Adels gegenüber dem Königtum wirksam war. So erwies sich das Lehnswesen auf dieser Stufe der Entwicklung als ein Mittel, diese fast immer akute Gefahr zu bannen. Und mehr noch: indem der Herrscher seine Lehnshoheit planmäßig erweiterte, vermochte er sogar bis zu einem gewissen Grade in die Eigensphäre des Adels einzudringen, wenn es freilich auch nicht gelang, den Allodialismus aus der Welt zu schaffen.
Es ist deutlich zu erkennen, daß hier Pippin und Karl der Große den Hebel bereits an der geeignetsten Stelle angesetzt hatten. Vor allem Karl der Große hat mit Erfolg für eine starke Vermehrung der königlichen Vasallen gesorgt, und die Bewegung, die er damit in Gang gebracht hatte, hielt über seine Herrschaft hinaus noch durch das 9. Jahrhundert an. In einer großen Zahl von Kapitularien (Königsgesetzen, die ihren Namen nach ihrer Einteilung in Kapitel tragen) hat er und nach ihm ebenso sein Sohn Ludwig der Fromme immer neue Bestimmungen getroffen, um das Lehnswesen im Sinne der Zentralgewalt funktionsfähig zu halten. Insbesondere wachten sie darüber, daß ein Vasall nur Lehen von *einem* Lehnsherrn annehmen durfte und damit Doppelvasallität vermieden wurde – eine kluge und sinnvolle Maßnahme, wie sich sofort zeigte, als sie preisgegeben wurde. Wichtig war auch, daß sowohl Karl wie Ludwig der Fromme das Recht durchsetzten, daß neben ihren eigenen Vasallen auch die der Kirchen und ihrer Großen dem König zu Kriegsdiensten zur Verfügung gestellt werden mußten. Sie wurden für den Herrscher bald wichtiger als der allgemeine Heerbann, der spürbar an Bedeutung verlor, jedoch nicht völlig verschwand. Karl der Große hat sogar Wert darauf gelegt, daß auch die alten Freien wenigstens durch einzelne Vertreter noch am Heeresaufgebot beteiligt blieben.

Im wesentlichen aber bedienen er und seine Nachfolger sich der Vasallen. Es ist unverkennbar, daß ihnen durch das erweiterte Lehnswesen neue wichtige Kräfte zugewachsen sind.
Dabei war dies nur die eine Richtung, in welcher die Karolinger das Lehnswesen erweitert haben, indem sie neben der zahlenmäßigen Vergrößerung ihres eigenen Vasallenheeres das Lehnsband auf die großen Herren ausdehnten. Die andere erwies sich als nicht weniger bedeutungsvoll: sie zielte auf die königlichen Ämter. Das heißt: die Karolinger leiteten zugleich die Feudalisierung des fränkischen und allgemein des mittelalterlichen Ämterwesens ein. Auch hier handelten sie nach einem überlegten Plan und im wohlbedachten Interesse des Königtums. Wir erwähnten bereits bei der Behandlung der königlichen Ämter, daß Amt und Amtsgedanke im Bereich der germanischen Herrschaft immer einen schweren Stand hatten. Dies hing damit zusammen, daß sie nicht aus eigenen Voraussetzungen erwachsen waren. Die germanischen Herrscher hatten sie beim spätantik-römischen Staat und bei der römischen Kirche kennengelernt und von ihnen übernommen, weil sie die Vorteile erkannten, die damit verbunden waren: die große Verfügbarkeit und Zweckmäßigkeit, die in der Natur des Amtes lagen — eines Amtes, das der König verlieh und wieder entziehen konnte — und vor allem die damit gegebene Möglichkeit zur Versachlichung und Institutionalisierung der Herrschaft. Diese setzte allerdings voraus, daß es gelang, nicht nur ein rational gegliedertes Ämterwesen aufzubauen, sondern auch die königlichen Helfer in Beamte zu verwandeln. Hier lag die große Schwierigkeit in einem Herrschaftsgefüge, das seiner Herkunft nach ganz vom Personalen her geformt war. Dies zeigte sich vor allem bei den großen Ämtern, deren Amtscharakter sich allenfalls am Hofe, aber nicht im Reich voll realisieren ließ, jedenfalls nicht in dem sachbezogenen Sinne der Antike. Es war gar nicht daran zu denken, etwa die staatlichen Funktionen sachlich unter verschiedene Ämter aufzuteilen in der Weise, daß Gericht, Krieg, Steuer und Polizei jeweils in den Zuständigkeitsbereich verschiedener Beamter gefallen wären; die Teilung geschah nicht rational, sondern, wie man es gewohnt war: territorial. Das heißt: der königliche Amtsträger (von Beamten wird man besser gar nicht sprechen) besaß in seinem Amtsbereich (der Graf etwa in seiner Grafschaft) die volle staatliche Verfügungsgewalt. Abgesehen davon, daß er dem König, der ihn eingesetzt hatte, verantwortlich war, schaltete er in seinem Sprengel wie der König in seinem Reich. Hinzu kam — und dies hatte besonderes Gewicht —, daß ein Graf oder Herzog nie nur ein königlicher Amtsträger war. Als Angehöriger des Adels war er zugleich ein Herr mit eigener Macht und

eigenem Recht, Inhaber einer immunen Grundherrschaft, die ihm gegenüber dem Herrscher immer eine gewisse Unabhängigkeit gab. So kam es, daß er sich auch als Amtsträger im allgemeinen nicht unbedingt an den König gebunden fühlte. Zumindest hatte die Bindung ihre Schwächen, und diese wirkten sich als Schwäche der ganzen Ämterverfassung aus. Ihre Funktionsfähigkeit mußte sich in dem Maße reduzieren, wie sich die Bindungen lockerten, durch die sich die Amtsträger an den Herrscher gebunden fühlten. Diese gewissermaßen konstitutionellen Mängel, die im Laufe der Zeit immer deutlicher in Erscheinung traten, bilden die Voraussetzung dafür, daß die Karolinger nun das Lehnrecht auch auf die königlichen Ämter ausdehnten, um mit seiner Hilfe diese Mängel auszugleichen. Seit König Pippin und verstärkt seit Karl dem Großen wurden Grafen, Markgrafen und Herzöge, ja u. U. selbst Bischöfe und Äbte Vasallen des Königs, ihre Ämter dementsprechend Lehen, nur eben Amtslehen, die das dingliche Substrat des Feudalverhältnisses bildeten. Die Umwandlung der Ämter in Lehen sollte also nicht die mit ihnen verbundenen Funktionen verändern, sondern gerade sichern, und zwar durch die engere Bindung ihrer Inhaber an den König, die das Lehnrecht bewirkte. Ihr lag offensichtlich die Überzeugung zugrunde, daß die persönliche Treuebindung des Vasallitäts- und Lehnsverhältnisses enger und fester war als die sachliche Abhängigkeit von Amtsträgern, die doch keine wirklichen Beamten waren, von der königlichen Gewalt. Es wurde also nichts genommen; es kam vielmehr eine zusätzliche Bindung hinzu. Wieviel z. B. Karl der Große von dieser zusätzlichen Bindung hielt, sieht man daran, daß er — wie auch noch seine Nachfolger — darauf drang, daß seine Grafen, Markgrafen, Bischöfe usw. in der gleichen Weise wie er selbst verfuhren, indem sie die ihnen unterstellten Amtsträger ebenfalls zu Vasallen machten.

Die Umwandlung war vom Herrscher aus gedacht, kam aber auch den Amtsträgern selbst zugute; denn da das Lehnrecht grundsätzlich auf Zweiseitigkeit beruhte, brachte es auch für den Lehnsmann rechtliche Sicherungen mit, die das Amt als solches nicht bot. Ein Amt konnte genauso entzogen wie verliehen werden; ein Lehen hingegen war an rechtliche Bedingungen geknüpft, die auch die Entziehung regelten; sie war nur unter bestimmten Voraussetzungen möglich. Wer das Lehnrecht nicht verletzte, war im Besitz seines Lehens geschützt. Andererseits ergab sich daraus aber auch, daß der König im Lehnrecht zugleich eine wirksame Handhabe besaß, Vasallen, die ihren Pflichten nicht nachkamen, nicht nur ihr Lehen zu entziehen, sondern sie unter Umständen sogar noch mit zusätzlichen Strafen zu belegen. Als Karl der Große den letzten

Bayernherzog Tassilo zu beseitigen suchte, machte er ihm im Jahre 788 nicht den Prozeß wegen Hochverrats, dessen er überführt war, sondern er griff auf ein weit zurückliegendes Vergehen zurück: die Fahnenflucht, die Tassilo im Jahre 763 in Aquitanien begangen hatte und die 25 Jahre lang ungesühnt geblieben war. Wenn Karl sie jetzt gleichwohl zum Klagepunkt erhob, so muß das Lehnrecht in seinen Augen wirkungsvoller als das allgemeine Recht gewesen sein. Seinen Erwartungen gemäß führte der Prozeß denn auch zu dem intendierten Erfolg.

Mit dieser überaus wichtigen und folgenreichen Ausdehnung des Lehnswesens auf die königlichen Ämter waren die Möglichkeiten der Herrscher, ihren Herrschaftsbereich mit Hilfe vasallitischer Bindungen auszudehnen, aber noch nicht erschöpft. Es gab noch eine weitere Möglichkeit, die über den beschriebenen Kreis noch hinausging und deutlich macht, wie vielfältig verwendbar die Mittel waren, die ihnen Vasallität und Lehnrecht boten. Diese weiteste Anwendungsmöglichkeit reichte sogar noch über das Reichsgebiet hinaus.

Es war immer üblich gewesen, daß ein Herrscher nach Möglichkeit auch das Vorfeld seines Reiches zu sichern suchte, und dies geschah im allgemeinen in der Weise, daß er dem benachbarten Herrscher oder Häuptling Tribute auferlegte. In der Tributzahlung bekundete jener seine Abhängigkeit. Abhängigkeitsverhältnisse dieser Art ließen sich aber verständlicherweise nur durch dauernden Zwang aufrechthalten; denn niemand zahlt freiwillig länger Tribute, als er unbedingt zahlen muß. Sie waren daher auch ihrer Natur nach nicht geeignet, engere Verbindungen zwischen Nachbarn herzustellen. Solche Verbindungen ließen sich allenfalls in Form von Freundschaftsbündnissen zwischen zwei Königen oder Fürsten herstellen wie etwa zwischen Karl dem Großen und König Offa von Mercien. Aber diese beschränkten sich im allgemeinen wiederum darauf, Bekundungen gegenseitigen Wohlwollens zu sein.

Man könnte also sagen: der erste Fall, die tributäre Abhängigkeit, bedeutete Herrschaft unter Ausschluß von Partnerschaft, der zweite Fall, das Freundschaftsbündnis, bedeutete Partnerschaft unter Ausschluß von Herrschaft. Demgegenüber bot nun die Vasallität die Möglichkeit, Herrschaft und Partnerschaft zu verbinden. Dank dieser Verbindung ließ sie sich für die Festigung auswärtiger Beziehungen nutzbar machen. So hat Ludwig der Fromme im Jahre 826 den Dänenkönig Harald zu seinem Vasallen gemacht. Ermoldus Nigellus hat uns in einem Gedicht die Kommendation des jungen Harald beschrieben, mit der dieser Kaiser Ludwig als seinen Senior, seinen Lehnsherrn anerkannte. Die Praxis, die Ludwig der Fromme hier begründete, hat im Mittelalter Schule gemacht. Die deutschen Könige haben sie häufig angewandt, um auf diese Weise durch das Mittel der lehnrechtlichen Oberhoheit ihre Herrschaft noch über das Reich hinaus auszudehnen.

Man sieht, wie die ursprünglich in der Sphäre der Unfreiheit ausgebildete Vasallität durch die Erweiterung und Erhöhung im Lehnswesen zum zentralen Ordnungselement der mittelalterlichen Herrschaft geworden ist.

Das Ergebnis dieser Entwicklung war zunächst eine bedeutende Steigerung der Königsmacht. Freilich darf man nicht verkennen, daß diese Steigerung bereits ein starkes Königtum voraussetzte. In seiner Hand erwies sich das Lehnrecht als ein wirkungsvolles Instrument herrschaftlicher Ordnung: tauglich, sie ebenso zu festigen wie sie auszuweiten. In der Hand schwacher Könige war eine solche Wirkung jedoch nicht garantiert. Das Lehnrecht wirkte demnach nicht an sich; es bedurfte vielmehr der Verbindung mit der vorgegebenen Macht, um positive Wirkungen auszuüben. Seine Leistung zeigt sich darin, daß es vorhandene Partner enger miteinander verband und durch diese Bindung ein Netz von Abhängigkeiten schuf. Dabei konnte die Abhängigkeit jedoch praktisch nur so weit zur Wirkung kommen, als die Herrenseite in dem Verhältnis auch stärker als die Vasallenseite war. Man sieht also: es lag in der Natur des Lehnsverhältnisses, das ja grundsätzlich auf Zweiseitigkeit beruhte, daß jeweils der stärkere Partner den Ausschlag gab, in welcher Richtung es sich auswirkte. War der König stark genug, konnte er es zu seiner weiteren Stärkung benutzen; fehlte ihm die nötige Macht, so konnte auch die stärkste Bindung nichts daran ändern, daß die Gewichte der Macht auf der anderen Seite lagen, und dementsprechend konnte es dann auch nicht der Zentralgewalt nützen. In diesem Falle trat unvermeidlich eine zentrifugale Wirkung ein. Das heißt: die Weiterentwicklung des Lehnswesens war aufs engste mit den politischen Verhältnissen verquickt und hing entscheidend von ihnen ab.

Es ist also eine irrige oder zumindest einseitige Auffassung, wenn man oft von einer Feudalisierung der Reichsverfassung spricht und darunter nur ihre Auflösung in Teilgewalten versteht. Die Feudalisierung konnte zwar zu einer solchen Auflösung führen, und im späteren deutschen Reich hat sie es ja auch getan – aber dies mußte nicht so sein, wie das Beispiel Frankreichs zeigt, wo sie genau die gegenteilige Wirkung herbeigeführt hat. Man muß sich hier wie stets hüten, eine geschichtliche Erscheinung einfach mit einer ihrer Wirkungen zu identifizieren. Geschichtlich gesehen, ist jedenfalls unter Feudalisierung zunächst nichts anderes zu verstehen als die Übertragung des Lehnrechtes auf die königlichen Ämter und alle Inhaber von Herrschaft im Reich, in der Absicht, damit nicht etwa die Herrschaft aufzuteilen, sondern ihr inneren Halt und größere Festigkeit zu geben. Und unabhängig davon, ob die Wirkung dann dieser Absicht entsprach oder von ihr differierte, war das Ergebnis der Feudalisierung der sogenannte Feudal- oder Lehnsstaat.

Auch dieser Begriff bedarf der Interpretation. Man hat sie oft mit der Redewendung zu geben versucht, der Lehnsstaat bedeute Verzicht auf den Ämterstaat. Doch wird man damit schwerlich dem geschichtlichen Sachverhalt gerecht, da man dabei offenbar unterstellt, die Herrscher hätten gleichsam die Wahl gehabt, sich für die eine oder andere Form zu entscheiden. Diese stillschweigende Voraussetzung ist zweifellos falsch. In Wirklichkeit haben die Könige nämlich nicht auf den Ämterstaat verzichtet, sondern sie waren unter den gegebenen Verhältnissen gar nicht in der Lage, einen wirklich funktionsfähigen Ämterstaat aufzubauen. Sie haben sich, nachdem sie aus antiken oder kirchlichen Quellen das Ämterwesen übernommen hatten, darum bemüht, sich darauf zu stützen, kamen aber nirgends ganz ans Ziel, weil es innerhalb ihres Herrschaftsbereiches eine Vielzahl von Adelsherrschaften gab, die sich dem Amtsgedanken und seinen Möglichkeiten von vornherein entzogen. Und wo er sich zeitweilig verwirklichen ließ, wie etwa in der Grafschaft, verband sich mit ihm sofort ein ihm fremdes herrschaftliches Moment, weil der Graf, wie schon betont, als Amtsträger immer zugleich adliger Teilhaber an der Herrschaft war. Darum kann auch keine Rede davon sein, daß das Lehnswesen die Aufteilung des Reiches in Einzelgewalten herbeigeführt habe. Die Dinge lagen genau umgekehrt: Die Einzelgewalten waren schon immer da, und die Ämter sollten dazu dienen, sie in die Herrschaft des Königs einzugliedern, was mit ihrer Hilfe auf die Dauer aber nicht gelang. Nicht der Verzicht auf den Ämterstaat, sondern die mangelnde Funktionsfähigkeit der bestehenden Ämter bildete also die Voraussetzung dafür, daß die Könige das Lehnswesen in immer stärkerem Maße zur Festigung und Steigerung ihrer Herrschaft benutzt haben, wodurch eben der sogenannte Feudal- oder Lehnsstaat entstand.

Dieser Lehnsstaat hatte mit der Vielzahl der Adelsherrschaften zu rechnen, die ihm vorgegeben waren. Das Königtum bediente sich in ihm des Lehnswesens, um mit seiner Hilfe den Adel, der im Besitz eigener Herrschaften wie der königlichen Ämter war, enger an sich zu binden. Darauf beruht seine zentrale Bedeutung. Das Lehnswesen änderte also nicht etwa die Grundlagen von Staat und Herr-

schaft, sondern es verstärkte lediglich die Bindung innerhalb ihrer Träger, und gleichzeitig schuf es in der Durchgliederung von Ober- und Untervasallen eine in sich gestufte herrschaftliche Organisation. Sie hat ihren idealen Ausdruck im Bild der allerdings erst später voll ausgebildetene Lehnspyramide gefunden, die im König als dem obersten Lehnsherrn gipfelte und von ihm stufenweise über die geistlichen Fürsten, dann die weltlichen: Herzöge, Grafen und Ritter abwärts zu den kleinsten Lehnsträgern führte. Wenn dieses ideale Schema in der Wirklichkeit auch nur unvollkommen durchgeführt war, so war doch auch in der unvollkommenen Form das Prinzip als solches anerkannt, und bei allen Einschränkungen muß man feststellen, daß es eine erstaunlich rationale Durchgliederung der mittelalterlichen Reiche ermöglicht hat.
Wenn wir von Lehnsstaat sprechen, so ist dabei an diese durchgegliederte Herrschaftsordnung gedacht; der Begriff bezieht sich nicht auf die Grundlagen, die Träger, nicht auf die Substanz, sondern auf die Struktur. Lehnsstaat bedeutet also, daß ein Herrschaftsverband durch ein System von Abhängigkeiten stufenförmig gegliedert ist, und daß diese Abhängigkeiten vorwiegend im Lehnrecht begründet sind. Mit anderen Worten: Lehnsstaat ist eine lehnrechtlich bestimmte Form herrschaftlicher Organisation.

5. *Erblichkeit und Doppelvasallität*

Wie wir bereits sahen, hing die geschichtliche Wirkung des Lehnswesens von dem Kräfteverhältnis ab, das ihm zugrunde lag. So ging der Ausbau des Lehnswesens unter den ersten Karolingern eindeutig im Interesse und zum Vorteil des Königtums vor sich. Vor allem Karl der Große hat es systematisch zur Stärkung der Zentralgewalt ausgenutzt. Auch unter Ludwig dem Frommen hielt diese für das Königtum günstige Wirkung zunächst noch an. Aber bereits unter ihm verschoben sich wesentliche Voraussetzungen, als das Königshaus sich seit 830 in jahrzehntelangen Bruderkämpfen selbst zerfleischte. Diese Kämpfe der Könige untereinander mußten Tendenzen begünstigen, welche die Vasallen zu ihrem Vorteil verfolgten. Sie gingen in eine doppelte Richtung, nämlich in Richtung auf die Erblichkeit der Lehen und auf die Bildung der sogenannten Doppelvasallität.
Es war naheliegend, daß ein Vasall danach trachtete, sein Lehen an seinen Sohn weiterzugeben. Er konnte dies aber zunächst nur auf dem Wege über den König (wenn es sich um ein königliches Lehen handelte), da das Lehen mit dem Tode des Inhabers nach

Lehnrecht an den Lehnsherrn heimfiel. Und da der König es in der Hand hatte, die Neubelehnung vorzunehmen, war es auch unbedenklich, wenn er dem Wunsch des Lehnsträgers nachkam, was denn auch häufig geschah. Auf diese Weise gingen zahlreiche Lehen faktisch vom Vater auf den Sohn über, ohne damit schon die Rechte des Königs zu verkürzen; denn seine Einschaltung blieb die Bedingung für den Übergang. Als er dann in den folgenden Kämpfen so gebunden war, daß er sich um eine solche Frage kaum mehr kümmern konnte, entzogen sie sich jedoch zunehmend seiner Kontrolle, was die Tendenz zur Erblichkeit natürlich sehr begünstigen mußte. Es lag in der Natur der Sache, daß in dem Maße, in dem der König zurücktrat, die Vasallen sich durchsetzten, wenn auch zunächst nur faktisch. Aber nachdem die Gewohnheit einmal faktisch in Übung gekommen war, konnte es nicht mehr lange dauern, daß sie auch die rechtliche Anerkennung nach sich zog.
Der wichtigste Schritt dazu ist in Westfranken im Jahre 877 durch Karl den Kahlen erfolgt. Vor dem Aufbruch zu seinem letzten Italienzug verfügte Karl in einer berühmten Bestimmung des Kapitulars von Quierzy, um seinen Vasallen die Teilnahme an seinem Zug schmackhaft zu machen, daß im Falle des Todes eines Vasallen während der Heerfahrt dessen Sohn in sein Lehen eintreten solle: der König werde den Sohn mit dem Lehen oder den Ämtern des Vaters „honorieren". Damit war zwar die Erblichkeit der Lehen noch nicht generell zum Rechtssatz erhoben, aber es war doch eine wichtige Zwischenstufe erreicht, insofern in der Zubilligung des persönlichen Rechtsanspruches bestimmter Erben auf die Lehen ihrer Väter eine Anerkennung der bereits geübten Gewohnheit lag. So war trotz der Einschränkung auf einzelne Fälle jedenfalls die Erblichkeit schon einmal prinzipiell anerkannt. Dies wurde denn auch für die weitere Entwicklung entscheidend, die bald zur allgemeinen Erblichkeit weiterführte. Dabei ging Westfranken mit seinem schwächeren Königtum dem mehr konservativen Ostfranken voran. Auch jetzt hob die Erblichkeit der Lehen zwar die Bindung an den Herrscher noch nicht auf, schwächte sie aber doch empfindlich ab. Den Gewinn hatten die Vasallen, die ihre Lehen immer mehr als Teil ihrer Adelsherrschaft behandelten. Ihre Erblichkeit ist zur Vorstufe ihrer späteren Territorialisierung geworden.
Die zweite Änderung im Lehnswesen war nicht weniger bedenklich als diese erste, da sie die Wirksamkeit des Lehnsverhältnisses auf andere Weise abschwächte. Karl der Große hatte in seiner Divisio wie Ludwig der Fromme in der Ordinatio Wert darauf gelegt, daß ein Vasall nur von einem Lehnsherrn Lehen empfangen, nur zu

einem Senior in ein vasallitisches Verhältnis eintreten dürfe. Sie vertraten den Grundsatz, daß man nur Vasall eines einzigen Herrn sein dürfe, weil nur auf diese Weise die Treupflicht zwischen Herrn und Mann voll zur Wirkung kam. Zweifellos entsprach eine solche Regelung auch dem Interesse des Königtums. Den König interessierte naturgemäß in erster Linie die Bindung, die das Lehnswesen bewirkte, den Vasallen hingegen das Lehen. Tatsächlich kann man erkennen, daß viele Vasallen außerordentlich auf die Vermehrung ihrer Lehen bedacht waren. Diesem Streben waren Grenzen gesetzt, solange man an einen Herrn gebunden war. In dem Augenblick, in dem diese Begrenzung entfiel, eröffnete sich die Möglichkeit, von mehreren Herren Lehen anzunehmen. Dies bedeutete den Beginn der sogenannten Doppelvasallität. Sie schloß ein, daß, wer von mehreren Herren Lehen trug, auch mehreren Herren dienen mußte. Es liegt auf der Hand, daß dieser Dienst um so mehr an Wert verlor, je größer die Zahl der Herren war, unter welche der Dienst aufgeteilt werden mußte. Wer verlor, waren hier offensichtlich die Herren, nicht der Mann, der vielmehr gewann; denn die Doppelvasallität schloß die Klausel ein, daß der Vasall dem einen seiner Herren nicht gegen den anderen zu folgen brauche. Gerieten sie miteinander in Konflikt, so blieb er neutral. Auch diese Entwicklung setzte mit den endlosen Kämpfen des 9. Jahrhunderts ein, die mit ihren vielfältigen Parteiungen bewirkten, daß jede Gruppe um Anhänger warb und, um sie zu gewinnen, Lehen versprach, ohne daß die schwachen Könige in der Lage waren, dagegen einzuschreiten. Gegen Ende des 9. Jahrhunderts, um 895, ist auf westfränkischem Boden die erste Doppelvasallität belegt. Im 10. Jahrhundert hat sie dann in Westfranken größere Ausweitung gefunden, während sie in Ostfranken erst während des Investiturstreites stärker an Boden gewann. Bei dieser Erscheinung wird deutlich, daß nun nicht mehr der Dienst Rechtsgrund des Lehens war, sondern umgekehrt: man diente demjenigen, der ein Lehen gab. Das Lehen war Rechtsgrund des Dienstes geworden.

Diese Entwicklung schloß für das Königtum, wie man sieht, empfindliche Verluste ein. Trotzdem hat das Lehnswesen selbst in dieser Form noch immer seine Brauchbarkeit bewahrt, und zwar vor allem deshalb, weil es immer wieder neue Anwendungsmöglichkeiten bot, zumal bei einem Neuerstarken des Königtums ein fähiger Herrscher auch immer Mittel fand, den zentrifugalen Tendenzen entgegenzuwirken. Ein Musterbeispiel für diese Ambivalenz ist die Rolle, die das Lehnrecht beim Zerfall des großfränkischen Reiches und bei der Entstehung des neuen deutschen Reiches spielte, denen wir uns nunmehr zuwenden müssen.

Zweiter Teil

DER BEGINN DER DEUTSCHEN GESCHICHTE

I.

Der Zerfall des karolingischen Großreiches und die Konsolidierung des ostfränkisch-deutschen Reiches

Die Problematik des großfränkischen Reiches, das Regnum und Imperium in sich zusammenschloß, lag angesichts der Tatsache, daß das Regnum nach fränkischem Herkommen geteilt zu werden pflegte, während das Imperium unteilbar war, in der offenen Frage, ob und wie man in ihm Einheits- und Teilungsprinzip miteinander verbinden konnte. Zwar hatte Ludwig der Fromme im Jahre 817 unter dem Druck einer starken Partei vor allem kirchlicher Großer in seiner Ordinatio imperii eine gesetzliche Regelung getroffen, die eine Lösung dieser Kernfrage zu bieten schien, indem sie beide Prinzipien vereinigte und zugleich der Einheitsidee die Funktion der Klammer des Ganzen zuwies. Danach sollte die Einheit des Reiches trotz der Teilung unter die königlichen Brüder durch das Kaisertum „sub seniore fratre" institutionell gesichert sein. Diese Konzeption setzte allerdings ein starkes Kaisertum voraus; außerdem mußte der Adel noch ganz für sie gewonnen werden. Aber statt diese Grundbedingungen der Ordinatio nach Kräften zu verbessern und zu sichern, hat Ludwig der Fromme das genaue Gegenteil getan: er hat selbst die entscheidende Schwächung des Kaisertums herbeigeführt und damit eine lange Krise des Reiches ausgelöst. Als ihm nach der Ordinatio aus seiner zweiten Ehe mit der Welfin Judith noch ein vierter Sohn, der spätere Karl der Kahle, geschenkt wurde, ließ er sich auf Betreiben Judiths darauf ein, seine eigene Ordinatio wieder umzustoßen, indem er statt der Drei- eine Vierteilung des Reiches vornahm, um auch dem kleinen Karl noch einen Anteil am Reich zu geben. Da er mit dieser neuen Verfügung gegen ein von ihm selbst erlassenes Reichsgesetz verstieß und außerdem den Anteil seiner älteren Söhne wieder einschränkte, war die Folge die Empörung dieser Söhne gegen ihren kaiserlichen Vater, den sie nach tiefster Demütigung im Jahre 830 zwangen, die Regierung an den 817 zum Mitkaiser erhobenen Lothar abzugeben. Diesem ersten Wechsel folgten weitere, die hier nicht im einzelnen zu behandeln sind.

Es folgten jedenfalls lange und heftige Kämpfe zwischen dem Vater und den Söhnen und in einem ständigen Hin und Her auch zwischen den Brüdern untereinander, in denen noch keine Entscheidung gefallen war, als Ludwig der Fromme im Jahre 840 die Augen schloß. Das Merkwürdige ist, daß in den Kämpfen insgesamt ein großer Parteiwechsel mit einer völligen Vertauschung der Fronten eingetreten war. Nachdem Kaiser Ludwig selbst gegen die Einheitsidee verstoßen hatte, vertrat plötzlich Lothar den Einheitsgedanken, unterstützt vom Papst, vom größten Teil des Episkopates und der Reichsaristokratie, und Ludwig der Fromme stützte sich mit Judith auf die Verfechter des Teilungsprinzips. Diese Partei der Teilung hat sich am Ende durchgesetzt, dabei aber – und dies wurde für den weiteren Gang der Dinge wesentlich – auf eine völlig neue Weise und auf einer anderen Ebene den Einheitsgedanken wieder aufgenommen.

1. Reichsteilungen und die Entstehung der Teilreiche

Zunächst ergab sich nach dem Tode Ludwigs des Frommen, daß Lothar, der älteste der Kaisersöhne, der sich unter Berufung auf die Ordinatio imperii die Anerkennung seiner Oberhoheit von seinen Brüdern zu erzwingen suchte, nicht zu seinem Ziele kam: er wurde 841 bei Fontenoy südlich von Auxerre von seinen Brüdern geschlagen. Als er darauf einen neuen Anlauf nahm, um die Schlachtentscheidung rückgängig zu machen, verbanden sich Ludwig der Deutsche und Karl der Kahle im Februar 842 in den berühmten Straßburger Eiden, in denen die beginnende nationale Absonderung ihren frühesten sprachlichen Ausdruck gefunden hat. Die Bruderkämpfe endeten schließlich nicht durch den Schlachtensieg einer der beiden Parteien, sondern durch die Einschaltung der Großen, die des ewigen Kampfes müde waren: durch ihre Vermittlung und unter ihrem Druck kam im August 843 der Vertrag von Verdun zustande.

Der Vertrag selbst ist nicht erhalten, doch liegen uns in den erzählenden Quellen hinreichende Berichte vor, die uns ein einigermaßen genaues Bild darüber geben. So wissen wir, daß dem Vertrag

eine Descriptio regni, eine Beschreibung des Reiches vorausgegangen war, welche die Grundlage für die Neuaufteilung des Reiches unter die Brüder bildete. Diese Neuaufteilung war der Hauptzweck des Vertrages. Man einigte sich in der Weise, daß Lothar als Kaiser das fränkische Kerngebiet erhielt, das von der Nordsee bis nach Italien hinunterreichte, so daß er mit dem Kaisertum zugleich die Schutzherrschaft über Rom und den Kirchenstaat behielt. Die Westgrenze dieses zentralen Reichsteiles war im großen und ganzen durch Schelde, Argonnen und den Verlauf von Saône und Rhône gebildet, die Ostgrenze folgte im wesentlichen dem Lauf des Rheins, dann der Aare und der Altenbachwasserscheide. Das östliche Gebiet fiel an Ludwig den Deutschen, das westliche an Karl den Kahlen.
Es war der Sinn des Vertrages gewesen, den inneren Zwistigkeiten ein Ende zu setzen, nicht aber, die Einheit des Reiches aufzulösen. Da aber der Kaiser wie seine Brüder nur einen Reichsteil erhielt, wenn der seine auch der wichtigste war, so lief die Regelung praktisch doch darauf hinaus, daß das Imperium faktisch mit dem Reichsteil Lothars gleichgesetzt wurde. Die Regna Ludwigs des Deutschen und Karls des Kahlen waren zwar noch nicht selbständig, begannen sich aber der kaiserlichen Gewalt zu entziehen. Immerhin konnte Lothar als Kaiser noch einen ideellen Vorrang für sich in Anspruch nehmen. Die Idee der Unitas imperii war also noch nicht völlig aufgegeben, aber es ist doch nicht zu übersehen, daß sie bereits stark ins Hintertreffen geraten war: das Teilungsprinzip war dabei, den Einheitsgedanken zu überflügeln. Dem entspricht es, daß in der Folgezeit sich die Reichsaristokratie zunehmend in die einzelnen Teilreiche zurückzog. Es liegt auf der Hand, daß die wirtschaftlichen Verhältnisse der Zeit diesen Rückzug in kleinere Räume begünstigt haben.
Wir dürfen also resümieren: der Vertrag von Verdun hat die Einheit des fränkischen Reiches noch nicht wirklich zerrissen; er begründet folglich auch noch nicht die Selbständigkeit des ostfränkisch-deutschen und des westfränkisch-französischen Regnums, aber er stellt auf dem Weg zu ihrer Verselbständigung die erste, neue Bedingungen schaffende Stufe dar.
Ein weiterer, sehr wichtiger Wendepunkt tritt dann im Jahre 855 mit dem Tod Kaiser Lothars I. ein. An ihm hatten die Anhänger der Reichseinheit in allen Reichsteilen noch immer einen Rückhalt besessen. Jetzt fiel mit seinem Tode dieser Rückhalt weg, zumal sein Reichsteil auch noch weiter geteilt wurde. Das Kaisertum wurde wieder dem ältesten Sohn, Ludwig II., übertragen, der Italien erhielt; der jüngste Sohn Karl bekam die Provence mit Teilen Burgunds; Lothar (II.), der mittlere, das restliche Gebiet, dem Aachen

als Mittelpunkt verblieb. (Es hat später nach ihm den Namen Lotharingien erhalten.) Da Karl schon wenige Jahre darauf starb, teilten sich Ludwig und Lothar II. auch noch in sein Erbteil. Was diese Teilung des Mittelreiches vom Jahre 855 so bedeutsam macht, ist zweierlei: durch sie verlor die Mitte des alten Karolingerreiches endgültig die Kraft, noch einmal zum Sammelpunkt der Reichseinheit zu werden. Vor allem aber: bisher war das Kaisertum zwar eingeschränkt auf das Mittelreich, aber es hatte sich doch noch immer im alten Zentrum Aachen behauptet und die Erinnerung an die alte Einheit wachgehalten. Jetzt wanderte es nach dem Süden ab. Das Imperium überwölbte hinfort nicht mehr das Regnum Francorum, nicht einmal mehr das ganze Mittelreich, sondern nur noch Italien. Es war damit praktisch aus dem alten Frankenreich ausgeschieden. 855 war es offenbar, daß der Teilungsgedanke nicht nur über das Kaisertum gesiegt, sondern es in seinen Bann gezogen und umgewandelt hatte. Der Kaiser war selbst zum Teilherrscher geworden und verkörperte jetzt im Grunde den Widerspruch zur Idee des Kaisertums.
Im Norden jedenfalls fühlte man sich ihm nicht mehr verpflichtet. Hincmar von Reims traf den Sachverhalt, wenn er den neuen Kaiser Ludwig II. kurz und bündig den „sogenannten Kaiser Italiens" nannte. Nördlich der Alpen beherrschten die Könige, Ludwig der Deutsche und Karl der Kahle, das Feld. An den Rändern des Reiches bildeten sich allmählich die Kraftzentren aus, die für die Zukunft bestimmend werden sollten. Ihnen hat deshalb in erster Linie unser Interesse zu gelten.
Zunächst allerdings ist es unter Karl III., dem Dicken, noch einmal zu einer rückläufigen Bewegung gekommen, und zwar aus den gleichen dynastischen Gründen, die vorher die Teilung herbeigeführt hatten. Karl III. war der jüngste Sohn Ludwigs des Deutschen, in dessen Reich er sich mit seinen Brüdern in der herkömmlichen Weise geteilt hatte. Die Brüder verstarben aber bereits nach wenigen Jahren, so daß Karl in ihr Erbe eintrat und damit das ostfränkische Reich wieder vereinte. Um die gleiche Zeit erlosch auch die westfränkische Linie der Karolinger bis auf einen Enkel Karls des Kahlen, der aber noch unmündig war und deshalb wegen der äußeren Bedrohungen bei der Wahl übergangen wurde. An seiner Stelle griffen die westfränkischen Großen auf den ostfränkischen Karolinger, eben Karl III., zurück, und da der letzte karolingische Kaiser ebenfalls schon vor Jahren (875) kinderlos gestorben war, bot man ihm 881 auch noch die Kaiserkrone an. Auf diese Weise waren das großfränkische Reich noch einmal in seiner alten Ausdehnung in der Hand Karls III. vereinigt und Reich und Kaisertum

wie unter Karl dem Großen in Deckung gebracht. Aber Karl der Dicke, der diese Macht lediglich dem dynastischen Zufall zu verdanken hatte, erfüllte die Aufgaben nicht, die sich ihm stellten. Sein Kaisertum scheiterte im Angesicht der Normannengefahr an seiner eigenen Unfähigkeit. Und so ist durch sein Regiment, obwohl es das ganze Karolingerreich umgriff, auch der Gedanke der Reichseinheit nicht mehr gestärkt, sondern noch mehr als zuvor erschüttert worden. Seine Unfähigkeit hat im Grunde den sprengenden Kräften zum vollen Durchbruch verholfen.

Karl der Dicke wurde im November 887 abgesetzt, und nun setzten sich in allen Teilreichen wieder die Teilgewalten durch, und zwar für immer. Dabei ist wichtig – und dies bezeichnet einen bedeutsamen Schritt über 843 und 855 hinaus –, daß jetzt nicht nur Mitglieder des alten Herrscherhauses, nicht nur Karolinger, sondern auch Angehörige der sogenannten Reichsaristokratie eigene Königtümer begründen: Während in Ostfranken der Karolinger Arnulf von Kärnten die Herrschaft übernimmt, erheben die Großen in Westfranken den Grafen Odo von Paris auf den Thron; in Burgund setzt sich der Welfe Rudolf durch und begründet hier im Jahre 888 ein neues Königtum, das aber Niederburgund nicht mit umschloß, weil sich hier der Graf Boso von Vienne schon einige Jahre früher – 879 – selbständig gemacht und zum König aufgeworfen hatte; in Italien kämpfen zwei Thronbewerber miteinander, beide Angehörige fränkischer Adelsfamilien, die einst mit den Karolingern nach Süden gezogen waren; von ihnen setzt sich schließlich Berengar von Friaul gegen Wido von Spoleto durch.

Das Ergebnis war also, daß in den Jahren 887/88 an die Stelle des großfränkischen Reiches, das zuvor durch die Herrschaft der Karolinger zusammengehalten worden war, nach langen inneren Kämpfen und wachsenden Bedrängnissen von außen fünf selbständige Königreiche getreten sind: Westfranken, Ostfranken, Hoch- und Niederburgund und Italien. Von ihren Königen war nur der ostfränkische noch ein Karolinger, der westfränkische gehörte dem Geschlecht der Robertiner an, das wir später Kapetinger nennen; der neue König von Hochburgund war Welfe, der von Niederburgund Bosone; der König von Italien stammte aus einem Geschlecht, das nach dem frühesten bekannten Vorfahren gewöhnlich Unruochinger genannt wird. Bis auf König Arnulf hatten sie alle die Herrschaft aufgrund der tatsächlichen Macht erlangt, die sie sich in ihren Reichsteilen erworben hatten. Nach geblütsrechtlichen Vorstellungen waren sie reine Usurpatoren. Das Merkwürdige ist, daß jetzt niemand an ihrer Erhebung Anstoß nahm. Nichts zeigt

deutlicher als diese Tatsache, daß das Versagen der letzten Karolinger das Legitimitätsdenken ausgehöhlt hatte.
Es war jedoch damit noch nicht überhaupt verschwunden. In Westfranken kehrten die Karolinger 893 noch einmal mit Karl dem Einfältigen zur Herrschaft zurück, allerdings, wie der Beiname andeutet, nicht mehr mit einem besonders starken Vertreter des Geschlechts. Es hat danach immerhin noch fast ein volles Jahrhundert gedauert, bis sie in Westfranken nach wechselvollen Kämpfen mit den Robertinern endgültig im Jahre 987 von diesen abgelöst worden sind.
Anders in Ostfranken, wo trotz des Sturzes Karls III. durch Arnulf die Herrschaft zunächst noch bei den Karolingern geblieben war. Die Tatsache, daß Arnulf als einziger unter den neuen Königen Karolinger war, hat ihm sogar vor diesen noch einen Vorrang gegeben. Wenn er auch nicht viel bedeuten mochte und letztlich nur von seiner tatsächlichen Macht abhängig war, so konnte Arnulf jetzt immerhin das Lehnrecht benutzen, diesen Mangel auszugleichen: Er ließ sich von den Königen huldigen und sicherte sich damit seinen Vorrang in der Form der lehnrechtlich begründeten Oberhoheit. Schließlich hat dieser Vorrang auch noch darin Ausdruck gefunden, daß Arnulf als letzter Karolinger auch noch einmal die Kaiserkrone erwarb.
Mit seinem Kaisertum verband sich freilich nicht mehr die alte Vorstellung der Unitas imperii. Sie war seit dem Sturz Karls III. ein für allemal zerbrochen. Daran, daß wie in der Blütezeit des großfränkischen Reiches Imperium und Europa sich deckten, war gar nicht mehr zu denken. Das Imperium war jetzt auf den Herrschaftsbereich des ostfränkischen Regnums eingeschrumpft. Was darüber hinaus vom alten Kaisertum noch übrigblieb, war lediglich der Vorrang, den die Könige dem Kaiser noch zubilligten. Und selbst dieser Vorrang schien wenig später überhaupt verschwinden zu wollen.
Als Kaiser Arnulf im Dezember 899 starb, hinterließ er sein Reich einem unmündigen Sohn, für den andere die Regentschaft führen mußten: Ludwig dem Kind. Ihm auch die Kaiserkrone zu bewahren, kam schon keinem mehr in den Sinn. Es wäre wohl auch nicht möglich gewesen – ganz abgesehen davon, daß das Kaisertum in den Händen eines machtlosen Herrschers doch nur wertlos gewesen wäre. So wurde es jetzt zum Streitobjekt italienischer Magnaten, die noch weniger Macht besaßen als die Könige nördlich der Alpen. Die Folge war, daß Imperium und Kaisertum damit auch noch den Rest an Bedeutung verloren; sie spielten praktisch gar keine Rolle mehr. Nördlich der Alpen kümmerte man sich nicht mehr darum.

2. *Innere Kämpfe und äußere Bedrohung: die Entstehung der Stammesherzogtümer im ostfränkischen Reich*

Das politische Leben hatte sich in die Regna zurückgezogen, und diese waren selbst in einer großen Wandlung begriffen. Sie wird besonders deutlich erkennbar im ostfränkischen Reich, dessen Situation unter Ludwig dem Kind durch die Ohnmacht des Königtums, die Rivalität der Großen und wachsende äußere Bedrohung gekennzeichnet war. So brach mit dem Ende des 9. Jahrhunderts eine Zeit der inneren Kämpfe und der Selbsthilfe an.

Die inneren Kämpfe, in denen die mächtigen Familien die Schwäche des Königtums benutzten, sich auf seine Kosten zu bereichern, wobei sie sich in scharfer Rivalität untereinander den Rang abzulaufen suchten, haben zu einer Dezimierung besonders der großen Familien geführt; einige von ihnen sind damals buchstäblich ausgerottet worden.

Die Bedrängnisse dieser Kämpfe waren um so drückender, als sie durch die Bedrohung durch äußere Feinde noch außerordentlich verstärkt wurden. Seit Karl III. an ihnen gescheitert war, haben sie ständig zugenommen, und zu den Normannen, die im Norden und Westen, und den Sarazenen, die im Süden Europas raubend und plündernd erschienen, waren um die Jahrhundertwende aus dem Osten die Ungarn hinzugekommen, die sich als noch gefährlicher als alle anderen erwiesen. Sie versetzten vor allem die Bevölkerung Ostfrankens und Oberitaliens in Furcht und Schrecken.

Angesichts dieser ständigen Bedrohung trat die Ohnmacht der Könige und in besonderem Maße die Ohnmacht des ostfränkischen Königs, Ludwigs des Kindes, beängstigend in Erscheinung. Da der König sich als unfähig erwies, Leben und Sicherheit seiner Schutzbefohlenen wirklich zu schützen, mußten die bedrohten Gebiete, so gut es ging, sich selber helfen. Das bedeutete, da ein wirkungsvoller Schutz ohne Konzentration der Kräfte, das heißt: ohne Führung der Bedrohten nicht möglich war, daß in den verschiedenen Stämmen einzelne Persönlichkeiten, die durch ihre persönliche Macht und Autorität die anderen überragten, die Führungsaufgaben übernahmen, die der König ihnen schuldig blieb.

Damit setzt im Bereich der Stämme, die sich im Osten als geschichtsbeständige Lebenseinheiten erwiesen, ein neuer und wichtiger Prozeß ein, der zur Bildung neuer Stammesherzogtümer führte.

Man muß, um ihrer Bedeutung gerecht zu werden, sich daran erinnern, daß es schon einmal Stammesherzogtümer gegeben hatte, die aber bereits von den Karolingern zerschlagen worden waren. Jetzt sind sie indessen nicht etwa nur wieder nachgewachsen – sie waren auch ganz anderer Art als die alten Herzogtümer, die nach ihrer Entstehung in die Merowingerzeit gehören. Es ist wesentlich, daß es sich bei jenen zunächst um ein Amt gehandelt hatte, und zwar um ein vom König geschaffenes Amt, das dem des comes vergleichbar, diesem aber übergeordnet war. Ähnlich wie jenes hatte es auch eine antike Vorgeschichte, die hier aber auf sich beruhen kann. Unter den Merowingern begegnet der dux jedenfalls in einer dem Grafen übergeordneten Stellung, wobei dux jedoch ebenso den Heerführer wie den hohen Amtsträger in der Reichsverwaltung bezeichnen kann. Diesen Amtsträger nennen wir im allgemeinen Herzog. Sein Amtsbezirk hieß ducatus und umfaßte in der Regel mehrere comitatus. Im germanischen Osten ist nun der Dukat die Organisationsform der Stämme geworden. Der König setzte den Herzog ein, um durch ihn den Stamm im königlichen Sinn zu lenken. Im Laufe der Zeit sind dann die vom König den einzelnen Stämmen vorgesetzten Herzöge, die also ursprünglich Amtsherzöge waren, mit den Stämmen verwachsen – das heißt: sie sind Stammesherzöge geworden, die sich dem Stamm bald näher fühlten als dem Königtum. Diese Entfremdung war deshalb so bedrohlich, weil die Herzöge eine außerordentliche Macht in ihrer Hand vereinigten. So ist es verständlich, daß die Karolinger von Anfang an darauf hingearbeitet haben, die Stammesherzöge zu beseitigen, um an ihrer Stelle allein mit den weniger starken und besser zu überwachenden Grafen zu regieren. Dies war der Sinn der sogenannten fränkischen Grafschaftsverfassung, von der bereits oben die Rede war. Da die Stammesherzöge mit ihren starken territorialen Sonderinteressen den Bedürfnissen der Zentralgewalt nicht mehr entsprachen, sollten sie verschwinden. Dementsprechend wurde bereits 714 das thüringische, wenig später das elsässische, 746 das alemannische und schließlich 788 als letztes das bayerische Stammesherzogtum beseitigt. Damit hatte das Königtum das Stammesherzogtum überhaupt zum Verschwinden gebracht. Wenn danach gleichwohl noch in den Quellen von duces gesprochen wird, so sind damit zunächst allgemein Heerführer gemeint.

Dies ändert sich in Ostfranken um 900: jetzt tauchen plötzlich wieder duces an der Spitze von Stämmen auf, und diese hatten von vornherein nichts mit dem Königtum zu tun. Der Zusammenhang ließe sich allenfalls, wie wir bereits sahen, negativ bestimmen: Weil der König praktisch ausfiel, mußten die Stämme sich ohne ihn zu helfen suchen. Doch diese Selbsthilfe organisierte sich nicht von selbst; sie setzte vielmehr eine Führung voraus, deren man zwar bedurfte, die sich aber erst durchsetzen mußte. Und so ist in der Tat die Zeit des Tiefpunktes der königlichen Gewalt dadurch charakterisiert, daß in den verschiedenen Stämmen einzelne Große mit ihren Familien stärker in den Vordergrund drängten. Dabei war die Situation von Stamm zu Stamm verschieden. Es gab Stämme, die mehrere große Familien aufwiesen, die nebeneinander den Anspruch auf die Führungsstellung im Stamme erhoben und sich dabei gegenseitig die Macht streitig machten. Dies war der Fall in Franken und in Schwaben. Hier zog sich denn auch der Bildungsprozeß länger hin, da dieser eben in dem Maße voranging, wie eine der streitenden Familien sich in den Rivalitätskämpfen eindeutig durchsetzen konnte. In anderen Stämmen, und zwar interessanterweise gerade in den am meisten bedrohten Stammesgebieten, in Sachsen und in Bayern, lagen die Voraussetzungen günstiger. Hier war der Zwang zum Grenzschutz immer wirksam gewesen. Er brachte es mit sich, daß die Familie, die die markgräfliche Stellung einnahm und sich demzufolge schon längere Zeit im Grenzkampf bewährt hatte, vor den übrigen einen Vorsprung besaß. Bei plötzlichen Gefahren, die den ganzen Stamm bedrohten, waren sie die gegebenen Führer des Stammesaufgebots. In dieser Stellung treten kurz nach 900 die Liutpoldinger in Bayern und die Liudolfinger in Sachsen hervor. Ihre Häupter: Arnulf — oder wie wir jetzt sagen dürfen: Herzog Arnulf — und Herzog Otto hatten ihre Stellung bereits von ihrem Vater geerbt. Im Jahre 907 hatte sich auch in Franken die Situation geklärt, als die Konradiner ihre babenbergischen Rivalen mit Hilfe der Königsgewalt, das heißt: mit Hilfe des vormundschaftlichen Regiments vernichten konnten. In Schwaben waren die Kämpfe noch im Gange. Die Bildung der Stammesherzogtümer war also in Sachsen, Bayern und Franken bereits zu ihrem Ziel gelangt, in Schwaben noch umkämpft, als im Jahre 911 mit Ludwig dem Kind die ostfränkische Linie der Karolinger erlosch: eine bedeutsame historische Koinzidenz, denn jetzt, da die meisten Stämme sich unter ihrer neuen Führung neu gefestigt hatten, lag die Entscheidung über ihr weiteres Geschick in ihrer Hand. In dieser Situation kehrten die Lothringer zum westfränkischen Karolinger zurück und setzten sich damit von der Gemeinschaft der ostfränkischen Stämme ab. Alle anderen hielten jedoch an ihr fest, indem sie sich gemeinsam entschieden, einen Mann aus ihrer Mitte, einen Nichtkarolinger zu ihrem König zu erheben.

3. *Konrad I., die Kirche und die Stammesgewalten*

Der Neugewählte war der Frankenherzog Konrad, also einer von jenen Männern, die erst wenige Jahre zuvor als Stammesherzöge an die Spitze ihrer Stämme getreten waren. Das Faktum ist in mehrfacher Hinsicht aufschlußreich. Im Hinblick auf die Herzöge zeigt sich, daß sie, die ihre Gewalt erlangt hatten, weil es kein starkes Königtum gab, sich dennoch zusammentaten, um sich einem gemeinsamen König zu unterstellen: ein deutliches Zeichen dafür, daß sich in Ostfranken seit der Regierung Ludwigs des Deutschen ein Zusammengehörigkeitsgefühl gebildet hatte, das stark genug war, ein eigenständiges Reich ohne den Rückhalt am alten Königsgeschlecht zu konstituieren. Daß bei der Wahl des neuen Königs die Stammesherzöge den Ausschlag gegeben haben, dürfte wohl nicht zu bezweifeln sein. Sie wählten einen der ihren, eben den Frankenherzog, weil der fränkische Stamm in einem besonders engen Zusammenhang mit dem Regnum Francorum stand. An ihm orientierte man sich offenbar noch immer und löste sich doch gleichzeitig aus seinen Bindungen, weil es inzwischen gleichsam ungewollt zur Bildung einer engeren Gemeinschaft gekommen war, die wichtiger zu werden begann als die ältere, im Geschlecht der Karolinger verkörperte Gemeinsamkeit.
Die Situation, die alle Merkmale des Übergangs trägt, warf dementsprechend auch wichtige neue Fragen auf. Sie bezogen sich in erster Linie auf die Stammesherzöge. Diese hatten sich zwar im wesentlichen durchgesetzt, und ihre Stellung war auch so stark, daß sie jetzt als die bestimmenden Kräfte hervortreten und die Wahl, die offenbar ihr Werk war, in ihrem Sinne lenken konnten. Andererseits war aber ihre Stellung wiederum noch ganz jung und unfertig. Vor allem war sie rechtlich noch völlig ungeklärt. Darum wurde diese Klärung jetzt zum drängenden, ja zum vordringlichen Problem; denn es lag auf der Hand, daß bei der außerordentlichen Bedeutung, die sie erlangt hatten, der Zusammenhalt des sich verselbständigenden ostfränkischen Reiches wesentlich durch das Verhältnis von König und Herzögen (und damit zugleich den Stammesgewalten) bestimmt werden mußte. Darum war die erste Frage, die sich jetzt stellte, wie sich der neue König zu den Herzögen und wie diese sich zum König stellen würden. Man muß bedenken, daß der König jetzt nicht mehr als Mitglied des alten karolingischen Herrscherhauses den übrigen Großen überlegen war, sondern daß er aus den gleichen Reihen kam wie sie; daß er selbst das Stammesherzogtum für sich erkämpft hatte und daß er schließlich und vor allem gerade den Herzögen sein Königtum verdankte. Wenn man

sich dies vor Augen hält, ist man wohl überrascht, daß König Konrad I. den Herzögen, also denjenigen, zu denen er selbst noch kurz vorher gehört hatte, die Anerkennung versagte. Er orientierte sich am karolingischen Königtum. Wenn er auch kein Karolinger war, wollte er doch wie ein Karolinger herrschen. Und da sich dafür die Voraussetzungen wesentlich verschoben hatten, am einschneidendsten eben durch die Entstehung des Stammesherzogtums, ging er nun gegen die Herzöge vor. In diesem Kampf suchte er sich, beraten von den führenden Staatsmännern unter Ludwig dem Kind, Erzbischof Hatto von Mainz und dem Kanzler-Bischof Salomo von Konstanz, auf die Kirche zu stützen. Doch zeigte sich, daß er auch im Bündnis mit den geistlichen Großen nicht gegen die neuen, starken Gewalten in Sachsen, Bayern und Schwaben aufkommen konnte; denn auch die Bischöfe konnten nicht überall und nicht ohne weiteres in offener Gegnerschaft gegen die Herzöge bestehen und dabei noch ungehindert ihre kirchlichen Aufgaben erfüllen. So war vor allem in Sachsen die herzogliche Gewalt bereits so stark, daß die sächsischen Bischöfe schon von vornherein nicht auf die Seite des Königs traten, und in Bayern war es nur eine Frage der Zeit, daß Herzog Arnulf sie ebenfalls hinter und unter sich zwang. Aber selbst in Schwaben, wo Salomo von Konstanz treu zu Konrad stand, konnte der König nicht verhindern, daß die Prätendenten auf das Stammesherzogtum, die Brüder Erchanger und Berthold, den königstreuen Bischof in ihre Gewalt brachten. Und als daraufhin im Jahre 916 sogar eine Synode in Hohenaltheim bei Nördlingen dem König zu Hilfe kam, indem sie ihn gegen die Empörer als „Gesalbten des Herrn" schützte und Erchanger und Berthold zu lebenslänglicher Haft verurteilte, vermochte selbst sie sein Geschick nicht zu wenden, zumal Konrad so unbesonnen war, die beiden schwäbischen Brüder gegen den Spruch der Synode hinrichten zu lassen. Die Folge war, daß deren Rivale Burchard (II.) sofort an ihre Stelle trat. So hat Konrad auch das Bündnis mit der Kirche nichts genutzt. Das Maß, in dem es wirksam werden konnte, hing eben letztlich auch hier von der tatsächlichen Macht des Königs ab. Daß sie nicht ausreichte, wurde in den hoffnungslosen Kämpfen des Königs in Sachsen, Bayern und Schwaben offenbar. Schon nach wenig mehr als einem halben Jahrzehnt ist Konrad I., der den Kampf gegen die äußeren Feinde des Reiches gar nicht aufnahm, im Innern gescheitert. Als er Ende 918 starb, war auch in Schwaben der Bildungsprozeß des Stammesherzogtums zum Abschluß gekommen. Es war offensichtlich geworden, daß der König das Stammesherzogtum nicht mehr ignorieren konnte.

Der sterbende Konrad selbst hat sich dieser Einsicht nicht verschlossen, und die Regierung seines Nachfolgers, Heinrichs I., ist durch sie bestimmt worden.

4. Die Konsolidierung des ostfränkisch-deutschen Reiches unter Heinrich I.

Den Tod vor Augen, leitete Konrad die Wendung ein, indem er aus seinem Scheitern die Folgerung zog, daß er seinen Bruder Eberhard zum Verzicht auf die Krone (das heißt: auf den geblütsrechtlich motivierten Anspruch auf sie) bewegte und seinen stärksten Rivalen, den Sachsenherzog Heinrich, als seinen Nachfolger designierte. Er hat mit diesem Entschluß, der im Mai 919 in Fritzlar zur Wahl Heinrichs I. führte, in der Tat den Weg in die Zukunft aufgetan.

Zunächst schien sich allerdings die Situation vom Jahre 911 zu wiederholen, und jetzt sogar noch mit einer Komplikation: auch Heinrich verdankte seine Wahl nach dem hochherzigen Entschluß König Konrads wiederum den Stammesherzögen – freilich nicht allen, jedenfalls nicht von vornherein; denn Herzog Burchard von Schwaben erschien gar nicht in Fritzlar und Arnulf von Bayern hielt sich nicht nur fern, sondern ließ sich von seinen Bayern selbst zum König erheben, und zwar nach den Salzburger Annalen ebenfalls für ganz Ostfranken, nämlich „in regno Teutonicorum". Mag diese Formel auch umstritten sein, so spricht doch alles dafür, daß Arnulf König Heinrich als echter Rivale gegenübertrat, und es besteht jedenfalls kein Zweifel, daß Heinrich von Konrad I. als König für sein ganzes Reich designiert worden ist und daß er dementsprechend auch die Herrschaft im ganzen ostfränkischen Reich für sich in Anspruch nahm. Er setzte seine Zusammengehörigkeit eindeutig voraus und gab sofort zu erkennen, daß er aufgrund der Wahl die Huldigung derer, die ihr ferngeblieben waren, erzwingen werde.

Bei alledem ist wesentlich, daß Heinrich I. als der stärkste unter den Stammesherzögen das Königtum erlangte und daß er aus dem Scheitern Konrads I. klar und nüchtern seine Konsequenzen zog: Er verzichtete von vornherein darauf, mit den Bischöfen gegen die Herzöge zu regieren. Und obwohl er sich die Anerkennung der beiden süddeutschen Herzöge erst erkämpfen mußte, erkannte er doch grundsätzlich die neuen Stammesgewalten an. Was er von ihnen verlangte, waren lediglich Huldigung und Vasalleneid.

Seine Wahl und Durchsetzung waren in doppelter Hinsicht folgenreich, nämlich einmal in Hinsicht auf die Grundlagen des Königtums und zum anderen in Hinsicht auf die innere Ordnung des sich konstituierenden Reiches.

Die Grundlagen des Königtums haben sich mit dem Übergang der Herrschaft von den Franken auf die Sachsen vom Mittelrhein in den deutschen Nordosten verschoben, doch bedeutete diese Verschiebung im Grunde eine Ausweitung der Königsmacht; denn da Heinrich I. von Anfang an in enge Verbindung mit Franken trat, bildeten fortan Sachsen und Franken die Kernlandschaften des Königtums.

Nicht weniger wichtig war, daß damit gleichzeitig auch die Stämme in ein neues Verhältnis zueinander traten. Solange die Franken das Königsgeschlecht stellten, hatten sie als der herrschende Stamm gegolten. So hatte noch der Wahl Konrads I. die Überzeugung zugrunde gelegen, daß ihnen vor den übrigen Stämmen ein Vorrang gebühre. Dieser Vorrang war 919 geschwunden, als die Sachsen gleichrangig neben die Franken traten. Und als Heinrich 919/921 auch noch die Huldigung der Schwaben und der Bayern erzwang, faßte er sie unter seiner Herrschaft mit den Franken und Sachsen zu einer Gemeinschaft gleichrangiger Stämme zusammen. Es gehört in diesen Zusammenhang, wenn Widukind von Korvey berichtet, daß Heinrich die neuen Stammesgewalten anerkannt habe, nachdem diese ihm Huldigung und Vasalleneid geleistet hatten. Die Nachricht ist von grundlegender Bedeutung. Sie besagt, daß die vom König anerkannten Stammesgewalten durch das Mittel des Lehnrechts an den Herrscher gebunden wurden. Dies heißt nicht mehr und nicht weniger, als daß die lehnrechtliche Bindung zum Kernstück der neuen Reichsordnung geworden ist.

Die Stammesherzöge mit ihrem starken Rückhalt an den Stämmen, die ihr eigenes Recht behielten, wurden nach dem König die ersten Teilhaber an der Reichsgewalt. Dies war eine wesentliche Neuerung, durch die sich das Reich Heinrichs, in dem allmählich das deutsche Reich Gestalt gewann, vom Reich der Karolinger grundlegend unterschied. Diese Neuerung hatte weitere Folgen; sie wirkte sich besonders auf die Stellung der Grafen aus: Sie, die vormals die eigentlichen Repräsentanten der karolingischen Zentralgewalt gewesen waren, ihre wichtigsten Helfer, traten jetzt zurück; denn der Herzog schob sich als eine mächtige Zwischengewalt zwischen sie und den König ein. Damit mußte der königliche Amtsauftrag, sofern er noch bestand, über kurz oder lang bedeutungslos werden. Die Lehnsbindung von König und Herzog legte nahe, daß dementsprechend auch die Grafen — wenn sie es nicht schon waren —

in Vasallen verwandelt wurden. Die Verhältnisse sind im einzelnen nicht recht zu durchschauen, doch ging die Tendenz – hier früher, dort später – in die angedeutete Richtung. Nachdem das Lehnswesen die Verfassung einmal ergriffen hatte, entfaltete es seine stärksten Energien, um sie immer weiter zu durchdringen. Bei dieser Konstellation war der König doppelt auf die Treue und die Mitwirkung der Herzöge angewiesen, die, wie Heinrich aus eigener Erfahrung wußte, dem König in ihren Herzogtümern nur wenig Möglichkeiten zu unmittelbarer Einwirkung offen ließen.

Selbst die Kirche haben sie sich unterzuordnen gesucht, anfangs sogar mit beträchtlichem Erfolg. Doch hat hier Heinrich bereits begonnen, die Bischöfe wieder stärker an den Hof zu ziehen und die königliche Kirchherrschaft, wo es ihm – wie z. B. 926 in Schwaben – möglich war, wieder zur Geltung zu bringen. Wir werden sehen, daß sein Sohn Otto der Große diese Bemühungen erfolgreich weitergeführt und sie im Interesse der Reichsgewalt auf eine neuartige Weise ausgebaut hat. Doch setzen auch diese Bemühungen noch die Entscheidung Heinrichs I. voraus, seine Herrschaft auf die Verbindung mit den Herzögen zu basieren. Dieser – lehnsrechtlich gesicherten – Verbindung von König und Herzogtum kommt für das sich konsolidierende Reich, wie sich auch weiterhin zeigt, fundamentale Bedeutung zu.

Heinrich I. hat noch eine zweite Entscheidung getroffen, die von ähnlich einschneidenden und weittragenden Konsequenzen war, und zwar sowohl für die Struktur des Königtums, wie vor allem auch – da Rex und Regnum nicht voneinander zu trennen waren – für die Struktur des Reiches. Diese Entscheidung ist in seiner sogenannten Hausordnung von 929 erfolgt, deren Kern die Regelung seiner Nachfolge bildete. Indem er in ihr seinen zweiten Sohn Otto mit Zustimmung der Großen zum Nachfolger bestimmte, brach er mit dem uralten Herkommen, nach dem stets allen Königssöhnen der gleiche Anteil an der Herrschaft zukam. Jetzt schloß die Designation Ottos seine Brüder von der Herrschaft aus; dafür sollten sie, wie wir noch sehen werden, auf der Ebene der Herzogtümer entschädigt werden. Diese Regelung, die alle künftigen Könige beibehielten, hat das Reich unter ein neues Gesetz gestellt: das der Unteilbarkeit, das fortan für seine weitere Geschichte bestimmend blieb. Darum verdeutlicht seine erste Manifestation, die eben in der Hausordnung von 929 vorliegt, eine entscheidende Epoche im Übergang vom ostfränkischen zum deutschen Reich.

Es ist bezeichnend, daß das neue Prinzip der Unteilbarkeit des Reiches sich nicht nur als ein deutsches, sondern als ein gesamtfränkisches und damit als europäisches Prinzip erweist. Es hat sich nämlich ebenso wie im ostfränkischen, so auch im westfränkischen Reich durchgesetzt und zwar hier wie da im Zusammenhang mit der Abkehr von den Karolingern. Da diese sich im Westreich länger zu behaupten vermochten, ergab sich daraus, daß es hier dementsprechend auch erst später in Erscheinung trat. Doch ist das Wesentliche, daß Hugo Capet in Entsprechung zur Entscheidung Heinrichs I. vom Jahre 929 bereits ein Jahr, nachdem er 987 den letzten Karolinger auf dem westfränkischen Thron abgelöst hatte, seinen Sohn Robert nicht nur als seinen Nachfolger designierte, sondern ihn gleich zum Mitkönig wählen ließ. Wenn er dabei noch über Heinrich I. hinausging, so setzte die vorgezogene Wahl doch in der gleichen Weise die Unteilbarkeit seines Reiches voraus, und da sein Vorgehen auch von seinen Nachfolgern befolgt und zur festen Tradition wurde, sicherte er dem französischen Königtum und seinem Regnum, das wir fortan Frankreich nennen, eine einzigartige Kontinuität. Indem sich Westfranken wie Ostfranken der Herrschaft der Karolinger entzogen, überwanden sie zugleich den Absolutheitsanspruch ihres Geblütsgedankens, der zuvor die Teilung des Reiches erzwungen hatte, und es wurde deutlich, daß sich die ehemaligen fränkischen Teilreiche in den langen Kämpfen der Vergangenheit zu selbständigen Reichen fortentwickelt hatten, deren innere Zusammengehörigkeit jetzt einen neuartigen Ausdruck in ihrer Unteilbarkeit fand.

Den Schritt zur Eigenständigkeit der beiden Reiche markiert nach außen ein Vertrag, den Heinrich I. am 7. November 921 mit dem westfränkischen Karolinger Karl dem Einfältigen bei Bonn auf einem mitten im Rhein verankerten Schiff abschloß. Es handelt sich formal um einen Freundschaftsvertrag, den nach den Königen auch die Großen ihres Gefolges beschworen und dessen Inhalt die Anerkennung der Unabhängigkeit beider Reiche ist. Heinrich Mitteis hat ihn mit Recht den „ersten echten völkerrechtlichen Vertrag zwischen beiden Mächten" genannt.

Es verdient Beachtung, daß in dem Vertrag Karl offiziell als „rex Francorum occidentalium", Heinrich als „rex Francorum orientalium" bezeichnet wird. Beide Reiche wurden demnach weiterhin als „regna Francorum" verstanden, deren Besonderheit in der geographischen Angabe Ost- oder Westfranken zureichend zum Ausdruck kam. Erst seit dem 11. Jahrhundert bürgert sich ganz allmählich für das ostfränkisch-deutsche Reich die Bezeichnung „regnum Teutonicorum" oder „regnum Teutonicum" ein — eine Bezeichnung, die im übrigen zuerst von außen an das Reich herangetragen, dann freilich von ihm übernommen worden ist, wozu allerdings vermerkt werden muß, daß der Begriff der Teutonici selbst schon seit Otto dem Großen in den Königsurkunden erscheint. Man wird das Auftauchen des Wortes indessen nicht überschätzen dürfen. Es ist zumindest nur ein Kriterium neben anderen, daß das ostfränkisch-deutsche Reich inzwischen zum Bewußtsein seiner Besonderheit gefunden hat. Die sächsischen Geschichtsschreiber haben jedenfalls im Übergang der Herrschaft von den Franken auf die Sachsen den entscheidenden Schritt zum Aufstieg des ostfränkisch-deutschen Reiches gesehen, und Otto von Freising setzt das „regnum Francorum orientale" mit dem „regnum Teutonicorum" gleich. Wie dem auch sei: wesentlich ist, daß die Besonderheit dieses Reiches, die Grundzüge, die für seine Gestalt bestimmend geblieben sind, unter Heinrich I. und, wie wir noch sehen werden, seinem Sohn Otto dem Großen ihre entscheidende Ausprägung gefunden haben: seine Basierung auf die Stämme der Franken, Sachsen, Bayern und Schwaben, zu denen durch Heinrich I. noch Lothringen hinzukam; die Verbindung des Königtums mit dem Stammesherzogtum, die rechtliche Sicherung seiner Unabhängigkeit nach außen, im Innern das neue Gesetz der Unteilbarkeit des Reiches, ferner die eigenartige Gestalt der Reichskirche und schließlich, gleichsam als Krönung seiner Besonderheit, die Überhöhung durch das Kaisertum.

Die enge Verbindung mit der Reichskirche und die Erneuerung des Kaisertums weisen über Heinrich I. hinaus in die lange Regierungszeit Ottos des Großen, der Heinrichs Erbe und Fortsetzer war. Ehe wir uns jedoch seiner weiterführenden Leistung zuwenden, ist noch ein Wort über die Eingliederung Lothringens zu sagen, die bisher nur beiläufig erwähnt worden ist, die aber die Grundlagen des ottonischen Reiches berührt.

Lothringen hatte sich bei der Wahl Konrads I. vom ostfränkischen Reich gelöst und Westfranken angeschlossen, war jedoch unter Führung seines ehrgeizigen Herrn Giselbert darauf bedacht geblieben, sich in Erinnerung an seine bedeutende karolingische Vergangenheit eine möglichst unabhängige Stellung zu sichern. Dies führte bald zu Spannungen zwischen Giselbert und dem westfränkischen Karolinger und im Jahre 920 zu offenen Kämpfen, in die sich Heinrich I. sogleich einschaltete, allem Anschein nach schon damals mit dem Ziel, Lothringen wieder für das ostfränkische Reich zurückzugewinnen. Obwohl Heinrich sich nach dem Bonner Vertrag zunächst wieder zurückzog, gingen die Kämpfe in und um Lothringen weiter und verquickten sich sogar mit den westfränkischen Thronkämpfen, was nun wieder Giselbert bewog, Heinrich I. erneut ins Land zu rufen. Dieser erschien jetzt (923)

nicht nur, sondern nahm auch gleich einen Teil des Landes in Besitz. Als Giselbert daraufhin wieder zum westfränkischen König abschwenkte, kehrte Heinrich 925 zurück, ließ sich diesmal im ganzen Lande huldigen und gewann es damit für sein Reich.
Das neugewonnene Lothringen wurde dem ostfränkisch-deutschen Reich angegliedert, und obwohl es keinen Stamm bildete, sondern sich als Ergebnis der karolingischen Reichsteilung zu einer eigenen historischen Einheit verfestigt hatte, wurde es in der gleichen Weise wie die bestehenden Stammesherzogtümer organisiert. Giselbert rückte dementsprechend in die Stellung des Stammesherzogs ein; gleichzeitig wurde er durch die Heirat mit Heinrichs Schwester Gerberga enger an das Königshaus gebunden.
So war das Ergebnis der Angliederung Lothringens eine Erweiterung der Grundlagen des ostfränkisch-deutschen Reiches, das sich fortan aus den fünf Stammesherzogtümern Franken, Sachsen, Schwaben, Bayern und eben Lothringen zusammensetzt. Und noch ein Zweites kommt hinzu, das man nicht weniger hoch veranschlagen darf: Man hatte mit Lothringen Aachen gewonnen, das Zentrum der karolingischen Tradition, die von hier aus schon bald als eine mächtige Kraft in die junge deutsche Geschichte einströmen sollte.

II.

Der Ausbau von Reich und Reichskirche unter Otto dem Großen

Wenn der Reichsbau der Ottonen im Unterschied zum Reich der Karolinger wesentlich auf den Stämmen und deren Bindung an das Königtum beruht, so geht dies, wie wir sahen, auf Heinrich I. zurück. Heinrich ging auch schon daran, dem Königtum wieder die Verfügung über die Kirche zurückzugewinnen. Man kann also sagen, daß er eine Neuverteilung der Gewichte zwischen Königtum, Adel und Kirche angestrebt und zum guten Teil erreicht hat, die es dem Königtum erlaubte, daß es sich wieder über das Stammesherzogtum erhob. Damit hatte Heinrich I. nach dem mißglückten Regierungsversuch Konrads I., der dem Herzogtum unterlegen war, dem Königtum die Führung zurückgewonnen und in seiner Herrschaft gewissermaßen ein neues Gleichgewicht der Kräfte hergestellt, aus deren Zusammenspiel sich die Verfassung des Reiches konstituiert.

1. *Wahl und Krönung Ottos in Aachen*

Die neue Ausgangslage zeigt sich uns bei der Wahl und Krönung Ottos des Großen im Jahr 936, über die wir durch den Bericht des adligen Mönches Widukind von Korvey gut unterrichtet sind.
Sein Bericht hat den Vorzug, daß die von ihm geschilderten Vorgänge des Herrschaftsbeginns uns die Kräfte verdeutlichen, welche die Herrschaft trugen. Die Vorgänge, die er schildert, sind kurz die folgenden: Anstoß zur Wahl gab zunächst der Vater, Heinrich I., indem er — nach der Vorentscheidung in der Hausordnung von 929 — auf einer Reichsversammlung in Erfurt seinen Sohn Otto zum König bestimmte (designavit). Darauf folgte nach dem Tode Heinrichs entsprechend der Designation die Wahl Ottos durch den „populus Francorum atque Saxonum", Widukinds Formel für das neue Reichsvolk. Dabei wird gleichzeitig als Ort einer electio universalis, einer allgemeinen Wahl (die demnach etwas anders als die Wahl des populus Francorum atque Saxonum war) die Pfalz in Aachen nominiert. Hier in Aachen, in der Marienkapelle und der Pfalz Karls des Großen, ging nun im Hochsommer 936 in einer wohldurchdachten Folge mehrerer Handlungen der große Staatsakt von Wahl und Krönung Ottos vor sich. Er begann in der Säulenhalle *vor* dem Münster zunächst als weltlicher Akt. Es waren die Herzöge und die übrigen weltlichen Großen, die hier in Erscheinung traten. Sie erhoben den neuen Herrscher auf einen eigens zu diesem Zweck in der Vorhalle errichteten Thron, „huldigten ihm mit Handgang und Treueid, gelobten ihm Hilfe gegen alle seine Feinde und machten ihn auf diese Weise nach ihrer Sitte zu ihrem König" (more suo fecerunt eum regem). Darauf betrat der König in fränkischer Kleidung die Kirche, wo der Erzbischof von Mainz mit der gesamten Priesterschaft und dem Volke seinen Einzug erwartete. Der Erzbischof stellte den neuen König dem Volke vor und forderte es auf, seine Zustimmung zur Wahl der Großen zu geben. Dies war der Vollbort des Volkes, die Akklamation, die noch zur Wahl gehört, deren Schlußteil damit in die Kirche verlegt war. Darauf folgte der geistliche Akt am Altar, auch er aus mehreren Einzelakten bestehend, nämlich: Übergabe der Insignien unter entsprechenden Gebeten, Salbung und Krönung durch die Erzbischöfe von Mainz und Köln. Im Anschluß an die Krönung geleiteten die beiden

Erzbischöfe den Neugekrönten zum Karlsthron auf die Empore, „von wo aus er selbst alle sehen und von allen gesehen werden konnte". Von hier aus nahm er dann, wie einst Karl der Große, am weiteren Gottesdienst teil. Schließlich folgte noch als dritter Akt nach dem Gottesdienst in der Pfalz das Krönungsmahl, bei dem die Herzöge als Kämmerer, Truchseß, Mundschenk und Marschall fungierten. Zum Schluß wurden die Teilnehmer mit königlicher Freigebigkeit beschenkt und entlassen.

Heinrich Mitteis hat das Ganze als eine Kettenhandlung bezeichnet und damit auf eine treffende Weise zum Ausdruck gebracht, daß alle diese Einzelhandlungen zusammengehören: alle zusammen konstituieren sie Wahl und Krönung des Königs. Dabei hat aber jede Einzelhandlung ihr eigenes Gewicht, und jede einzelne kann uns daher etwas über die Natur des neuen Reiches aussagen.

So weist die Designation und die durch sie ausgelöste Beschränkung der Nachfolge auf *einen* Königssohn auf das neue Prinzip der Unteilbarkeit des Reiches hin, das uns zuerst in der Hausordnung Heinrichs I. von 929 begegnet ist, das jetzt aber, bei der Wahl Ottos des Großen, zum erstenmal praktisch zur Anwendung kam. Der Wechsel von der alten Teilungspraxis zur neuen Unteilbarkeit läßt zugleich ein neues Verhältnis des Königs zum Reich erkennen. Das Regnum gilt offenbar nicht mehr als Eigentum des Herrscherhauses, sondern ist von ihm unterscheidbar geworden. Sicherlich hängt dies damit zusammen, daß neben dem König eine kleine Zahl großer Adliger, in Deutschland eben die Stammesherzöge, Mitträger des Reiches geworden sind. Der König steht zwar über ihnen, aber er bleibt auf sie angewiesen; denn sie tragen das Reich mit ihm. Die Folge ist, daß man jetzt auch zwischen dem Reich und dem königlichen Hausgut zu unterscheiden beginnt. Nur dieses Hausgut kann der König noch unter seine Söhne teilen, nicht mehr das Reich, das von nun an grundsätzlich unteilbar bleibt. Die Unteilbarkeit des Reiches aber besagt, daß das alte Teilungsprinzip durch einen neuen Einheitsgedanken abgelöst worden ist. Dies ist das Eine, das bei der Wahl Ottos in Aachen eindeutig erkennbar ist.

Ein Zweites ist die bewußte Anknüpfung an die karolingische Tradition. Sie kommt in der Wahl des Krönungsortes Aachen, in der fränkischen Tracht des neuen Königs und in der Besitznahme des ehrwürdigen Karlsthrones programmatisch zum Ausdruck. Wenn Otto der Große den Karlsthron bestieg, so war die Symbolik dieses Vorgangs jedem Zeitgenossen verständlich. Er konnte nur bedeuten, daß Otto sich damit als Nachfolger des großen Karl bekannte. Dieses Bekenntnis schloß den Anspruch ein, daß sein Reich in die Nachfolge des Karlsreiches eintrat.

Es entsprach der karolingischen Tradition, an die man in Aachen so betont anknüpfte, daß man mit dem weltlichen Akt der Wahl die geistlichen Akte von Weihe und Krönung verband. In dieser Zuordnung liegt eine eigentümliche Mischung vor, die modernem Empfinden schwer verständlich ist. Für die Zeitgenossen drücken sich in Designation, Wahl und Salbung der Wille des Vorgängers, der Wille der Wähler und der Wille Gottes aus. Das heißt: Erbrecht, Wahlrecht und Gottesgnadentum, Elemente ganz verschiedener Art, sind hier miteinander verbunden, ergänzen und stützen sich. Man sieht unschwer, daß in diesen Elementen die Kräfte erkennbar werden, die das Reich geschaffen und getragen haben: im erbrechtlichen Element das Königtum, in der Wahl der Adel, in Salbung und Krönung die Kirche. Ihre Verbindung macht, wie wir immer wieder bemerken, in dieser Zeit das Wesen des Reiches aus.
Noch etwas Besonderes kommt hinzu: Daß Königtum, Adel und Kirche in ihrem Zusammenwirken für die Gestalt des Reiches bestimmend waren, galt so allgemein auch schon für das Karolingerreich, von dem sich das Reich der Ottonen jedoch deutlich unterschied. Bei der Wahl in Aachen zeigt sich denn auch, was sich vor allem im Königtum und Adel in der Zwischenzeit verändert hat. Die Veränderung im Königtum wurde bereits erwähnt: Sie hängt mit der Unteilbarkeit des Reiches zusammen und zeigt sich darin an, daß nur noch einer der Königssöhne, den der Vater durch die Designation bestimmte, die Nachfolge übernehmen kann. Die Veränderung im Adel wird in Aachen auf zweifache Weise greifbar, nämlich bei der Wahl und beim Krönungsmahl. Es ist charakteristisch, daß bei der Wahl die Stammesherzöge die Führung übernehmen: Ihre Führungsstellung schließt die rechtliche Anerkennung der Stämme als Grundeinheiten der Reichsverfassung ein. Dies tritt noch deutlicher beim Krönungsmahl zutage, wo die Herzöge offenbar als Repräsentanten ihrer Stämme dem König die Hofdienste leisteten. Sie waren, ihrer wirklichen Bedeutung entsprechend, als die vornehmsten unter den Großen des Reiches anerkannt und gaben zugleich, indem sie dem Herrscher bei Tische aufwarteten, symbolisch ihre Unterordnung unter das Königtum zu erkennen.
So spiegelte sich in der Aachener Wahl und Krönung Ottos des Großen im Jahre 936 die neue Konstellation der ottonischen Reichsverfassung. Es entsprach durchaus ihrer Eigenart, wenn in Aachen die Stammesherzöge am stärksten hervortraten, und zwar in deutlicher Unterordnung unter das Königtum. Dieses hatte seit dem Regierungsantritt Heinrich I. unverkennbar an Macht gewonnen, und wenn es jetzt mit Nachdruck wieder an die karolingische Tra-

dition anknüpfte, so sprach aus dieser Anknüpfung die Tendenz nach weiterer Stärkung der Königsgewalt.

2. *Die Familienpolitik im Dienste der Neuordnung des Reiches*

So eindrucksvoll indessen der glänzende Auftakt in Aachen war, so zeigte sich jedoch auch, daß die Ordnung, die er symbolisierte, noch keineswegs gefestigt war. Es sollte nicht lange dauern, daß sich sowohl die Brüder König Ottos wie auch die Herzöge gegen ihn empörten: die Brüder, vor allem der jüngere Heinrich, weil Zweifel an der neuen Nachfolgeordnung aufkamen, die nur noch ein Mitglied der Königsfamilie zur Herrschaft zuließ; die Herzöge: weil sie sich die Unterordnung unter den König anders vorstellten als Otto der Große; sie waren bereit, ihn anzuerkennen, im übrigen aber wollten sie in ihren Stammesherzogtümern möglichst ungestört schalten. So kam es bereits in den ersten Regierungsjahren Ottos zu heftigen inneren Kämpfen, die uns hier nicht im einzelnen beschäftigen sollen. Wichtig in unserem Zusammenhang sind lediglich der Ausgang der Kämpfe und die Konsequenzen, die sich daraus für das Reich ergaben. Otto, dem es gelang, sich mit mehr oder weniger Glück gegen seine Opponenten zu behaupten, begnügte sich nun nicht damit, die Herzöge erneut zur Anerkennung des Königtums zu zwingen. Er wollte verhindern, daß sie sich in Zukunft wieder aus ihrer Unterordnung zu lösen suchten, und deshalb strebte er eine festere Ordnung an.

Zu diesem Zwecke hat er nacheinander zwei verschiedene Versuche unternommen. Der erste Versuch lief darauf hinaus, die Unterordnung der Stammesherzöge unter seine Herrschaft mit Hilfe der Familienpolitik zu sichern, der zweite, sich darüber hinaus mehr als zuvor auf die Reichskirche zu stützen.

Der Kern des ersten Versuches lag darin, daß der König den Tod der einzelnen Stammesherzöge benutzte, ihre Herzogtümer deren Familien zu entziehen und sie an Mitglieder seiner eigenen Familie zu bringen. Franken, dessen Herzog bereits 941 zusammen mit dem Herzog von Lothringen im Kampf gegen den König ums Leben gekommen war, wurde überhaupt nicht mehr ausgegeben: Das Herzogtum Franken behielt der König selbst in Verwaltung. Schwaben übertrug er seinem ältesten Sohn Liudolf, den er bereits im Jahre 940 mit der Tochter des alten Schwabenherzogs Hermann verheiratet hatte; Bayern erhielt 947 sein Bruder Heinrich; Lothringen gab er 944 seinem Schwiegersohn Konrad dem Roten. Man sieht deutlich, daß die Königsfamilie nun auf der Ebene der Stammesherzogtümer das Reich verklammern sollte. Gleichzeitig sollten ihre Mitglieder auf diese Weise für ihren Verzicht auf den Anteil an der Königsherrschaft entschädigt werden. Aber diese Familienpolitik führte nicht zu dem erstrebten Ziel.

Es erwies sich, daß auch die zu Herzögen erhobenen Mitglieder des Königshauses ebenso wie ihre Vorgänger mit ihrem Stamm verwuchsen: auf die Dauer waren die Stammesinteressen stärker als die verwandtschaftlichen Bande, auf die Otto seine Hoffnung gesetzt hatte. So kam es im Zusammenhang mit der Italienpolitik Ottos erst zur Rivalität zwischen den beiden süddeutschen Herzögen, dem Königssohn Liudolf und seinem Oheim Heinrich, schließlich zur offenen Empörung Liudolfs gegen seinen königlichen Vater, der sich Konrad der Rote von Lothringen anschloß. Der Liudolfinische Aufstand der Jahre 953 und 954 drohte für den König um so gefährlicher zu werden, als um die gleiche Zeit der schlimmste aller äußeren Feinde, die Ungarn, in das Reich einfiel und die Aufständischen mit ihnen in Verbindung traten. Gerade dadurch bewirkten sie jedoch das Gegenteil dessen, was sie erstrebten. Daß die Aufständischen sich mit den brandschatzenden Ungarn einließen, trieb viele ihrer Anhänger auf die Seite des Königs, der sofort dem neuen Ungarneinfall zu begegnen suchte. Die Aufständischen selbst aber sahen sich zum Nachgeben gezwungen. Und als es Otto am 10. August 955 gelang, in der Lechfeldschlacht, der größten Schlacht des 10. Jahrhunderts, die Ungarngefahr zu bannen, war damit auch die innere Krise überwunden. Es war aber auch deutlich geworden, daß die Mittel der Familienpolitik nicht ausreichten, die Königsgewalt auf eine festere Grundlage zu stellen und ihr das nötige Übergewicht über die Stammesherzogtümer dauerhaft zu sichern.

3. *Der Liudolfinische Aufstand und der Ausbau der Reichskirche*

Aus dieser Erkenntnis heraus hat Otto der Große im Anschluß an den Liudolfinischen Aufstand einen zweiten Versuch zur inneren Neuordnung des Reiches unternommen. Hatte er bei seinem ersten Versuch mit Hilfe der Familienpolitik lediglich die Unterordnung der Stammesherzogtümer unter die Zentralgewalt erstrebt, so gab er jetzt dieses Ziel nicht auf, begnügte sich aber nicht mehr damit, seine Herrschaft wesentlich von dem Verhältnis von Königtum und Stammesherzogtum her aufzubauen, sondern zog jetzt als gleichgewichtige Kraft die Reichskirche heran. Das war an sich nichts Neues; denn auch die karolingischen Herrscher hatten schon die Oberkirchherrschaft besessen und sich bei der Durchführung ihrer

Politik der hohen Geistlichkeit und der kirchlichen Macht bedient. Otto der Große nahm also in gewissem Sinne in seiner Reichskirchenpolitik karolingische Traditionen auf, ging aber weit darüber hinaus. Er hat sich nicht nur mit der Reichskirche „verbündet", sondern er hat sie planmäßig so ausgebaut, daß sie gegenüber dem Stammesherzogtum ein wirksames Gegengewicht darstellte und gleichzeitig die Grundlagen der Königsgewalt erweiterte.

Wir können diesen Ausbau an den reichen Schenkungen ablesen, die Otto Kirchen, Bischöfen und Äbten vermacht hat. Diese Schenkungen blieben im Obereigentum des Reiches, verpflichteten aber die Beschenkten zu erhöhtem Dienst. Im Grunde gingen die Schenkungen nur in die kirchliche Verwaltung über, die jeder weltlichen Verwaltung weit überlegen war. Der König machte sich also den kirchlichen Verwaltungsapparat zunutze und stärkte durch ihn seine eigene Macht. Diese Stärkung war um so wirkungsvoller, als sie ganz anders als bei den weltlichen Großen in der Kontrolle des Königs blieb. Dafür war wesentlich, daß bei den geistlichen Großen das Moment der Erblichkeit entfiel, das allzu leicht zur Entfremdung führte, und daß der König darüber hinaus die Möglichkeit besaß, die Bischofswahlen in seinem Sinne zu lenken. Auch dies war eigentlich nicht neu. Schon vor Otto dem Großen war es üblich, daß der König Einfluß auf die Bischofswahlen nahm. Er behielt sich entweder die Bestätigung des Gewählten vor oder nominierte in besonders wichtigen Fällen auch selbst einen ihm genehmen Kandidaten, den dann der Klerus der betreffenden Bischofskirche zu wählen hatte. In diesem Falle beschränkte sich die Wahl auf die Anerkennung des vom König präsentierten Kandidaten durch die Wähler. Daß man die Bischöfe aus den Reihen des Adels nahm, verstand sich dabei von selbst. Der Brauch zeichnete sich auch schon ab, daß der König dem Gewählten das Bistum durch Übergabe von Ring und Stab, den Symbolen seines Amtes, übertrug. Obwohl diese Praxis schon älter war, hat Otto der Große in seinen späteren Regierungsjahren aber einen neuen Gebrauch von ihr gemacht. Seine Vorgänger (und in dem ersten Jahrzehnt auch er selbst) hatten sich im allgemeinen darauf beschränkt, einen Kandidaten aus der Kirche, in welcher der Bischofsstuhl vakant gewesen war, zu nominieren. Im großen und ganzen erreichten sie damit auch den gewünschten Zweck: den neuen Bischof an das Königtum zu binden. Dabei blieb aber der frühottonische Episkopat, der sich im wesentlichen aus der heimischen Geistlichkeit rekrutierte, in seiner Zusammensetzung noch relativ uneinheitlich. Dies änderte sich unter Otto dem Großen – und zwar dadurch, daß er mit Hilfe seines Bruders Brun seine Hofkapelle, das heißt: die Gemeinschaft der Hofgeistlichkeit, so ausbaute, daß sie zur Vorstufe des Episkopates wurde. Indem er die Bischöfe hinfort in zunehmendem Maße aus ihren Reihen wählte, sandte er Männer in die verschiedenen Bistümer, die durch langjährigen Dienst am Hofe mit den Reichsgeschäften vertraut waren und untereinander wie mit dem Königshof in ständiger Verbindung blieben. So ging aus der Hofkapelle ein neuer, einheitlicher Episkopat hervor: für König und Reich ein unschätzbarer Gewinn.

Die ehemaligen Kapelläne sind als Bischöfe in der Regel treue und verläßliche Helfer des Königs geblieben. Sie verkörpern einen neuen Bischofstyp, der uns am reinsten in Ottos Bruder Brun begegnet. Man darf Brun, der als langjähriger Vertrauter, als Kanzler und Erzkapellan Ottos wie als Erzbischof von Köln sich in vielfacher Hinsicht, vor allem auch politisch als stärkste Stütze seines königlichen Bruders bewährte, als den Prototyp des ottonischen Reichsbischofs bezeichnen. Ihm, dem in der Reichspolitik erfahrenen Erzbischof, vertraute Otto nach der Absetzung des Herzogs Konrad des Roten während des Liudolfinischen Aufstandes die Verwaltung des gefährdeten Lothringen an – eine Aufgabe, die er als „archidux", wie sein Biograph ihn nennt, indem er archiepiscopus und dux zu einem neuen Wort zusammenzog, mit Umsicht und Tatkraft gemeistert hat. Wir haben noch ein eindringliches Zeugnis seiner Wirksamkeit in der Vita Brunonis, die sein Schüler Ruotger kunstvoll und kenntnisreich geschrieben hat. Indem Ruotger Leben und Wirken seines Lehrers Brun schildert, legt er zugleich die Grundzüge der ottonischen Reichsverfassung dar. Er kennzeichnet Brun als Bischof, der in gleicher Weise Kirche und Reich dient: mit Recht, wie Ruotger meint, weil in der Herrschaft Ottos des Großen imperium und regale sacerdotium einander zugeordnet sind. In der Tat trifft diese Formel einen wesentlichen Zug des neuen ottonischen Regiments.

Brun ist nur der erste einer langen Reihe von Bischöfen, für die es nach seinem Vorbild selbstverständlich war, daß ihr Dienst ebenso dem Reich wie der Kirche galt. Wenn man nach den bedeutendsten Gestalten des 10. und 11. Jahrhunderts fragt, so wird man in der Tat nach den Königen vor allem eine Reihe von Bischöfen nennen müssen, unter ihnen nach Brun von Köln so glänzende Namen wie Willigis von Mainz, wie Brun ebenfalls ein ehemaliger Kanzler, dann der treue Wächter der königlichen Interessen im Thronstreit in der Zeit der Unmündigkeit Ottos III., oder Bernward von Hildesheim, ein ehemaliger Kapellan, Erzieher des jungen Ottos III., danach sein allzeit treuer Anhänger und vor allem der größte Künstler seiner Zeit. Man könnte den großen Rechtsgelehrten Burchard von Worms, Meinwerk von Paderborn, den geschickten Verwalter seiner Diözese, und viele andere nennen. Sie alle erweisen, daß seit Otto dem Großen ein neuer, kirchlich lauterer und königstreuer Episkopat herangewachsen ist: die beste Bestätigung dafür, daß Ottos Versuch der Neuordnung des Reiches mit Hilfe der Reichskirche wirklich erfolgreich war.

Der Erfolg zeigte sich nicht nur in der Umbildung des Episkopates, sondern auch in weiteren Leistungen, die auf die verstärkte Verbindung des Königs mit der Reichskirche zurückgehen. Sie sind jedoch nur verständlich, wenn man die Eigenart der Reichskirche selbst genauer ins Auge faßt. Darum soll zunächst von ihrem Begriff und ihrer Gestalt die Rede sein, und der Vergleich mit dem benachbarten Frankreich soll uns helfen, sie in ihrer Besonderheit zu erfassen, ehe wir auf die weiteren Leistungen zurückkommen.

4. Begriff und Gestalt der Reichskirche

Die ottonische Reichskirche wird in modernen Darstellungen häufig als Staats- oder auch als Nationalkirche bezeichnet. Beide Bezeichnungen können sich jedoch nicht auf zeitgenössische Quellen stützen, und sie gehen auch in der Tat am Kern der Sache vorbei. Es ist zunächst festzustellen, daß den Quellen der Zeit die Termini Ecclesia regni, imperii oder imperialis durchaus geläufig sind — freilich ohne die engere Zeitbestimmung „ottonisch-salisch", die sich aber indirekt aus der Entstehungszeit der Quellen ergibt. Der Begriff ist jedenfalls gut belegt und zeitgemäß — aber deshalb nicht unproblematisch. Seine Problematik liegt vor allem, wie bei vielen anderen zentralen Begriffen des Mittelalters, in seiner Mehrdeutigkeit. Dafür ist charakteristisch, daß eine engere und ganz konkrete Bedeutung den Kern des Begriffes bildet: sie heftet sich an die einzelne Kirche und bestimmt sie in ihrer rechtlichen Qualität als Reichskirche; das heißt: der Begriff der Reichskirche ist in seinem Kern ein *Rechts*begriff. Er besagt, daß eine Kirche Reichskirche sei, wenn sie in das Recht des Reiches (in ius regni) aufgenommen ist. Da dies immer nur einzelne, in der Regel große und bedeutende Kirchen sind, bleiben viele andere, obgleich sie ebenfalls im Herrschaftsbereich des Königs liegen, von vornherein ausgeschlossen. Die ottonische Reichskirche hat also, wie man daraus ersehen kann, noch nichts mit unserer Vorstellung von Nationalkirche zu tun, und wir müssen uns auch bewußt sein, daß wir das Wort Reichskirche im allgemeinen abweichend von den Quellen im Sinne einer

Zusammenfassung verwenden. Wir haben darunter nichts anderes zu verstehen als die Summe aller im Recht des Reiches stehenden Kirchen — in der Sprache der Quellen: „omnes ecclesiae Romani imperii". Sie sind rechtlich Pertinenz, Zubehör des Reiches, über welches der König „ex iure suspecti regni" verfügt.

Zu diesem engeren rechtlichen kommt nun aber noch ein weiterer politisch-räumlicher Begriff der Reichskirche hinzu, der gewissermaßen neben dem engeren herläuft und die Reichskirche im weiteren Sinn als Kirche im Reich umschreibt. So ergibt sich, daß der engere und der weitere Begriff der Reichskirche in einem polaren Verhältnis zueinander stehen. Man war sich bewußt, daß die Reichskirche sich aus einer Vielzahl ganz bestimmter, rechtlich dem Reich zugeordneter Kirchen zusammensetzte, die gleichsam den Kern der Reichskirche im weiteren Sinne bildeten, die ihrerseits als Kirche im Reich in einer loseren Beziehung zum König stand. Es kommt hinzu, daß die Reichskirche im ganzen darüber hinaus nach Kult und Lehre gleichzeitig Bestandteil der Ecclesia universalis war. Es ist dieser Doppelsinn, der dem Begriff z. B. in den Briefen Heinrichs IV. seine besondere Spannung gibt.

Indessen ist damit für die Besonderheit der ottonischen Reichskirche noch nicht das Entscheidende gesagt. Die hier erwähnte Doppelbeziehung führt ja bereits weiter zurück; sie ist seit Otto dem Großen zwar verstärkt worden, gilt aber grundsätzlich auch schon im Frankenreich und hat sich von ihm aus auch in die Kirchen der übrigen fränkischen Nachfolgestaaten hinein fortgesetzt — allerdings nicht in der gleichen Weise. Es sind vor allem zwei sehr bezeichnende Unterschiede, die vom Begriff her zwischen der Reichskirche und der Kirche des benachbarten Frankreich (wie übrigens auch Italiens und Burgunds, auf die hier aber nicht näher eingegangen werden soll) sichtbar werden. Der erste besteht darin, daß der Begriff Ecclesia regni oder imperii sich auf den ottonischen Herrschaftsbereich zurückzieht, während in Frankreich Ecclesia bzw. abbatia regis oder regalis an seine Stelle tritt. Man könnte also sagen, daß die Reichskirche jetzt als eine deutsche Eigentümlichkeit erscheint, daß dieser deutschen Reichskirche jedoch die französische Königskirche entspricht. Man muß allerdings hinzufügen, daß auch jede Reichskirche in gewissem Sinne eine Königskirche war, doch bleibt die unterschiedliche Vindizierung an König oder Reich bedeutsam, und es wird sich uns noch zeigen, daß sie eng mit den allgemeinen politischen Verhältnissen zusammenhängt.

Noch aufschlußreicher ist der zweite Unterschied, der sich auf den jeweiligen Geltungsbereich der Begriffe Ecclesia regni und Ecclesia regis bezieht. Dieser Geltungsbereich ist entsprechend der unterschiedlichen Macht des Königtums im ottonisch-salischen Deutschland weit umfangreicher als im karolingischen Frankreich. Ja mehr noch: während in Deutschland sämtliche Hochkirchen, also sämtliche Bistümer und Erzbistümer zusammen mit den bedeutendsten Stiften und Klöstern Ecclesia regni vel imperii waren, war es in Frankreich im 10. und 11. Jahrhundert nur ein kleiner Teil, von den Bistümern nur ein Fünftel (nämlich von 75 nur 15). Der Großteil der Bistümer, die außerhalb seines engeren Machtbereichs lagen, war dem Herrscher entfremdet. Sie waren, wie die übrigen Hoheitsrechte des Königs, von den großen Vasallen usurpiert und z. T. sogar in Eigenbistümer verwandelt. Berühmte Beispiele: die Bistümer Bezier und Agde, über welche der vicecomes Wilhelm gegen Ende des 10. Jahrhunderts so unbeschränkt und unbekümmert verfügte, daß er das eine Bistum seiner Tochter als Mitgift, das andere seiner Frau als Wittum übertrug – wozu es im ottonisch-salischen Deutschland keine Parallele gibt. Im Herrschaftsbereich des deutschen Königs war um diese Zeit die Erscheinung des Eigenbistums überhaupt unbekannt. Man sieht daran, wie hier der quantitative Unterschied in einen qualitativen übergeht. Es ist ein Wesensmerkmal der ottonischen Reichskirche, durch welches sie sich grundsätzlich von der benachbarten Königskirche unterscheidet, daß sie neben den großen Abteien sämtliche deutschen Bistümer rechtlich mit dem Reich verknüpft, so daß in Deutschland in der hochkirchlichen Sphäre – freilich auch nur in dieser – Reich und Kirche miteinander in Deckung stehen.

Verrät uns damit schon die Untersuchung des Begriffes, daß der Reichskirche bei aller Gemeinsamkeit, die sie mit ihren Nachbarkirchen verband, eine Sonderstellung zukam, so tritt diese noch schärfer in unseren Blick, wenn wir nun noch die Veränderungen berücksichtigen, die Otto der Große mit Hilfe Bruns in ihr bewirkt hat. Wir haben sie bereits früher berührt und können sie deshalb jetzt zusammenfassend in unser Bild eintragen: Der Ausbau der Reichskirche durch Otto den Großen mündet danach, wie wir sahen, in eine viel stärkere Konzentration auf den Hof ein, als sie die vorausgegangene Zeit gekannt hatte. Für sie gilt daher in viel höherem Maße als zuvor und auch in viel höherem Maße als für die französische Königskirche dieser Zeit, daß der König ihr Haupt, der Hof ihre Mitte war. Ein weiteres Charakteristikum kommt hinzu, das wir mit Brun in zunehmendem Maße beobachtet haben: eine immer engere Verquickung geistlicher und weltlicher Aufgaben, die den Bischöfen im gekoppelten Interesse von Reich und Kirche übertragen wurden.

Beides ist wesentlich für die Gestalt der ottonischen Reichskirche, für die sich daraus eine Doppelbestimmung ergibt, die derjenigen des Begriffes offenbar entspricht. Denn auch für sie gilt, daß sie rechtlich nur ganz bestimmte, einzelne Kirchen umfaßte: eben diejenigen, die Pertinenz des Reiches waren. Indem der König sie aber für die Aufgaben des Reiches aktivierte und indem er sie straff auf den Hof bezog, wuchs ihnen eine weitere Funktion und Bedeutung zu: unter der Leitung des Königs repräsentierte sie nicht nur die Kirche im ganzen Reich, sondern übernahm auch Aufgaben für das ganze Reich.

5. *Servitium regis, Heeresaufgebot und Eigenkirchentum*

Eine solche Aufgabe bestand im sogenannten Servitium regis. Wir verstehen darunter mit Bruno Heusinger „natural-wirtschaftliche Aufwendungen im Friedensdienst für den Königshof". Sie beziehen sich auf die wirtschaftlichen Grundlagen des Königtums, die durch sie eine beträchtliche Verschiebung erfahren haben. Um diese Verschiebung zu verdeutlichen, empfiehlt es sich, daß wir uns zum Vergleich zunächst noch einmal an die bereits behandelten karolingischen Verhältnisse erinnern. Es hatte sich uns gezeigt, daß der Fiskus, das heißt das Reichsgut, das sich in ungleichartiger Streulage und Dichte über das ganze Reich verteilte, eine der wesentlichsten Machtgrundlagen des Königtums bildete. Auf diesem Reichsgut lagen die Pfalzen, in denen der König und sein Hof sich auf seinen dauernden Zügen durch das Reich aufhielt, wobei die Königshöfe, die Wirtschaftszentren des Reichsgutes, für den Unterhalt des Hofes zu sorgen hatten. Ihre Servitialpflicht bestand darin, daß sie die Naturalien an Fleisch, Butter, Käse, Eiern usw. zu liefern hatten, die man für die Versorgung des königlichen Hofhaltes benötigte. Ob diese Servitialpflicht ursprünglich unbemessen oder schon genauer festgelegt war, ist unklar. In späterer Zeit war sie genau umschrieben. Leider besitzen wir keine das gesamte Reich umfassende Aufzeichnung von der Art des englichen Domesdaybook, in dem Wilhelm der Eroberer 1085/86 alle von den Normannen eroberten Grundbesitzungen eintragen ließ, also eine Art Reichsgrundbuch schuf, das den Zweck hatte, die Leistungen der einzelnen Lehnsträger zu kontrollieren. Statt dessen liegen uns für das Herrschaftsgebiet des deutschen Königs nur Aufzeichnungen für Teilgebiete vor, etwa das Reichsgutsurbar für Churrätien oder für die Gegend von Lorsch. Die berühmteste jener Aufzeichnungen, das sogenannte Tafelgüterverzeichnis, das uns über die von den einzelnen Königshöfen geforderten Leistungen Aufschluß gibt, ist hinsichtlich seiner Datierung stark umstritten: sie schwankt zwischen 1064/65 und 1185, gehört also jedenfalls in die nachottonische Zeit und kann uns deshalb in unserem Zusammenhang nicht weiterhelfen. Worauf es hier ankommt, läßt sich am besten am Itinerar, dem Reiseweg des Königs, ablesen. Vergleicht man die Reisewege der verschiedenen Herrscher miteinander, so sieht man, daß die Ottonen sich in zunehmendem Maße neben den Pfalzen, die natürlich immer wichtig blieben, in den Bischofskirchen und Reichsklöstern aufgehalten haben. Damit fiel diesen Kirchen für die Dauer des königlichen Aufenthaltes die Unterhaltspflicht des Hofes zu. Sie war ähnlich wie bei den Königshöfen geregelt, also nach servitia bemessen, wobei unter servitium eine bestimmte Maßeinheit für Naturalabgaben an den Hof zu verstehen ist. Man sieht also, wie fruchtbar die Stärkung der Kirche für den König selbst geworden ist. Indem er sie mit neuen Gütern und Rechten ausstattete, wies er ihr die Aufgabe zu, dafür für ihren Teil, ähnlich wie der Fiskus, die Versorgung des königlichen Hofes zu übernehmen. Das heißt: neben dem Reichsgut wurde das Reichs*kirchen*gut in verstärktem Maße für das Königtum nutzbar gemacht. Dies ist der Sinn Servitia regis, die insbesondere die Bischofskirchen unter den Ottonen, ganz ausgeprägt unter König Heinrich II., aufzubringen hatten.

Die enge Verbindung des Königs mit der Reichskirche hat aber nicht nur die wirtschaftliche Macht des Königtums außerordentlich verstärkt, sie wirkte sich darüber hinaus auch auf die Heeresverfassung des Reiches aus.

Durch einen glücklichen Zufall ist uns ein Aufgebot erhalten, das Otto II. wahrscheinlich im Jahre 982 nach seiner Niederlage bei Cotrone am Cap Colonne erlassen hat. Es ist nur ein Teilaufgebot, da der Kaiser mit seinem Heer bereits in Italien stand, doch bleiben die Relationen der einzelnen Kontingente aufschlußreich. Aufgeboten wurden in der Aufzeichnung etwas mehr als 2000 loricati, Panzerreiter. Von dieser Gesamtzahl haben Bischöfe und Äbte zusammen 1510, also rund drei Viertel, die weltlichen Großen zusammen 534, das heißt rund ein Viertel, zu stellen. Sprechend wie diese Gesamtrelation ist auch die Stärke der einzelnen Kontingente. Die höchste Zahl der zu stellenden Panzerreiter beträgt 100. Sie wird von den Erzbischöfen von Mainz und Köln und den Bischöfen von Straßburg und Augsburg verlangt. Der Erzbischof von Trier muß 70, der Abt von Reichenau zum Beispiel 60 Panzerreiter stellen. Das ist noch immer mehr als die stärksten Aufgebote der weltlichen Großen, die sich nur auf 40 Reiter belaufen. Wenn diese Zahlen auch nicht absolut zu werten sind, so sind sie doch ein sprechendes Beispiel dafür, in welch hohem Maße die Kirche für den Reichsdienst herangezogen worden ist. Sie war es, die in der Zeit der Ottonen und Salier die Hauptlast der Feldzüge des Königs getragen hat. Man ermißt den Verlust, den das Königtum durch den Investiturstreit erlitten hat, wenn man etwa mit diesem Aufgebot Ottos II. spätmittelalterliche Aufgebote vergleicht, die uns durch die Reichsmatrikel bekannt sind. Hier ist der Anteil der Reichskirche nicht mehr dem weltlichen überlegen, sondern macht nur noch ein Drittel des Gesamtaufgebotes aus.

Das Aufgebot Ottos II. stellt für uns im übrigen auch deshalb ein wichtiges Zeugnis dar, weil es uns die große Verschiebung vom alten Volksheer zum berittenen Lehnsheer in der ottonischen Heeresverfassung sichtbar macht. Was im Jahre 982 aufgeboten wird, ist offensichtlich nicht mehr das Volksheer. Dies ist nach Widukind von Korvey zum letztenmal im Jahre 946 beim Feldzug Ottos des Großen nach Frankreich in Erscheinung getreten. Widukind hebt besonders die Strohhüte als charakteristische Kopfbedeckung der Bauernkrieger hervor. Das Volksheer verschwindet danach zwar nicht ganz, spielt aber nur noch in Fällen unmittelbarer Gefahr in engeren Bezirken eine Rolle. Es ist bezeichnend, daß sich das Aufgebot von 982 an Bischöfe, Äbte und an die weltlichen Großen wendet; es ist also lehnrechtlich zu verstehen. Hier deutet sich schon an, daß die Zukunft dem fürstlichen Ritterheer gehören wird, in dem seit Otto dem Großen die geistlichen Großen dem König den Hauptteil seiner Krieger stellen. Während die weltlichen Großen sich bei Fernunternehmungen, die sie nicht unmittelbar berührten, nach Möglichkeit zurückhielten, lohnten die Bistümer und Reichsklöster dem König, daß er sie durch seine Schenkungen von Königsgut und herrschaftlichen Rechten stark gemacht hatte, indem sie die Hauptlast des königlichen Aufgebotes übernahmen.

Also könnte man vielleicht sagen, daß die Kirche durch ihre Einbeziehung in die Herrschaft des Königs ein reines Machtinstrument geworden sei und daß sie dadurch eine schwere Belastung erfahren habe. Indessen würde man mit einem solchen Urteil dem geschichtlichen Sachverhalt schwerlich gerecht. Wenn man nämlich feststellt (und diese Feststellung ist sicher unabweisbar), daß die ottonische Reichskirche in die Machtsphäre des Königtums einbezogen war, so muß man hinzufügen, daß dies in einer Welt, in der Religion und Herrschaft noch ungeschieden ineinander übergingen, auch gar nicht anders sein konnte; denn auch das Diesseits und das Jenseits waren ja, wie man bei dem großen Geschichtschreiber Thietmar von Merseburg fast auf jeder Seite erfahren kann, eng miteinander verquickt. Gerade deshalb hat aber auch die Reichskirche sich nicht im Dienst der Macht erschöpft — einer Macht, die zudem selbst in Reich und Kirche einer höheren Ordnung zu dienen hatte. In den Augen der Zeitgenossen war jedenfalls die Zuordnung von König und Kirche selbstverständlich und ihre wechselseitige Hilfe in rechtlicher wie in geistlicher Hinsicht legitimiert.

Wir wissen durch die Forschungen von Ulrich Stutz, wie stark selbst das Kirchenrecht des frühen Mittelalters im Bereich der germanischen Völker von vorchristlich-germanischen Auffassungen mitbestimmt war. Stutz hat dies vor allem für die Niederkirchen gezeigt, die einfachen Gotteshäuser, die ein Grundherr auf seinem eigenen Grund und Boden errichtete und die eben dadurch, daß sie sich auf seinem Boden erhoben, in ihrer Gesamtheit in sein Eigentum übergingen. Wir nennen sie deshalb mit Stutz „Eigenkirchen". Das Eigenkirchenrecht schloß ein, daß der Grundherr auch den Geistlichen ein- und absetzen konnte, da man der Auffassung war, daß der Geistliche die Kirche und sein Amt nur für den Eigenkirchenherrn verwaltete. Diese Vorstellungen galten in dieser Form jedoch nur für die Niederkirchen. Sie hatten zwar die Tendenz, auch auf die Hochkirchen überzugreifen, konnten sie aber nicht mehr erfassen. Das ist in unserem Zusammenhang von Gewicht, weil es uns noch einmal unter anderen Aspekten zeigt, daß man die Bistümer nicht einfach als Eigenkirchen des Reiches ansehen darf. Das sind sie im mittelalterlichen Deutschland zweifellos nicht gewesen. Sie waren, wie wir sahen, nicht Eigentum, sondern Pertinenz, Glieder des Reiches — ein wesentlicher Unterschied!

Noch wichtiger als dieser rechtliche Aspekt ist aber der geistliche, der sich aus der Natur des Gottesgnadentums ergab. Der König konnte nicht zuletzt deshalb über die Kirche verfügen, weil seine Person auch nach christlichem Denken geheiligt war. Die Salbung hob ihn über die Schar der Laien empor. Daß Königtum und Priestertum, Regnum und Sacerdotium, einander zugeordnet sind, wie Ruotger in seiner Vita Brunonis betonte, ist die Grundüberzeugung des ganzen Zeitalters gewesen. Und einige unter den ottonischen und salischen Herrschern haben diesen Einheitsgedanken sogar bis zur priesterlichen Auffassung ihres Königtums gesteigert, so vor allem Heinrich III., der die Ansätze Ottos des Großen gleichsam zur Vollendung gebracht hat. Selbst ein kirchlicher Reformer wie Petrus Damiani hat in ihm den priesterlichen König gesehen und anerkannt, daß er „mit seinen Bischöfen gemäß den heiligen Canones über den Stand der Seelen entscheidet" (cum suis episcopis super animarum statu ... decernat). Daß dies der Auffassung Heinrichs III. selbst entsprach, geht unter anderem aus seinen berühmten Predigten hervor, in denen er z.B. auch die Bischöfe aufforderte, nach seinem Beispiel zu handeln. Damit ging Heinrich III. freilich über seine Vorgänger hinaus, und so mag man in ihm einen Sonderfall sehen, eine gesteigerte Ausprägung des Gedankens, daß der König „Gesalbter des Herrn" (Christus Domini) sei. Dieser Grundgedanke aber war allen Ottonen und Saliern gemein. Der Bischof Thietmar von Merseburg hat ihn im 1. Buch seiner Chronik (cap. 26) auf eine gültige Formel gebracht, wo er erklärt, daß das Recht der Bischofseinsetzung allein den Königen und Kaisern zustehe, weil sie allein „auf unserer Pilgerfahrt als Stellvertreter für den Höchsten Herrn bestellt" sind und nur sie — so fährt Thietmar fort — „stehen zu recht über allen Hirten; denn es wäre sehr unpassend, wenn Männer, die Christus um seinetwillen als die Ersten auf Erden eingesetzt hat (d. h. die Bischöfe), einer anderen Herrschaft unterständen als derer, die „wie der Herr durch den Glanz der Weihe und der Krone alle Sterblichen überragen" (qui exemplo Domini benediccionis et coronae gloria mortales cunctos precellunt). Dies sind die Könige in ottonischer Zeit.

Erst der Investiturstreit hat ihnen diese Erhabenheit streitig gemacht, als die Reformer den König in die Schar der Laien herabdrückten und Regnum und Sacerdotium, bis dahin eng aufeinander bezogen, auseinandertraten.

Im 10. Jahrhundert war eine solche Entwicklung noch nicht vorauszusehen. Es war für die Ottonen und ihr Reich die Zeit des großen Aufstiegs — eines Aufstiegs, der vielleicht am eindrucksvollsten in ihren außenpolitischen Erfolgen gegenüber Slawen und Ungarn zum Ausdruck kam, denen wir uns im folgenden zuwenden müssen; denn durch sie haben sie ihrem Reich die Vormachtstellung in Europa errungen.

III.

Die Ausweitung des Reiches im Osten und im Norden

Das junge deutsche Reich hatte nach dem Zerfall des Karolingerreiches dessen Ostgrenze geerbt. Das bedeutete, daß es im Osten an kulturell andersartige Nachbargebiete grenzte, während es im Westen an eng verwandte Zonen stieß. Die deutsche Westgrenze, so hat Hermann Aubin diesen Sachverhalt formuliert, war eine Binnengrenze, während die Ostgrenze eine echte Außengrenze war. Und da unter den Karolingern das großfränkische Reich mit Europa zusammengefallen war, wirkte sich auch jetzt noch ein Vorschieben der deutschen Ostgrenze zugleich als eine Ausweitung des abendländischen Kulturraumes aus. Das Abendland ist dann freilich schon bald über die deutsche Ostgrenze hinausgewachsen und dies weist darauf hin, daß in einer zweiten Phase seines Wachstums slawische Völker und an ihrer Spitze besonders Polen dieser Bewegung entgegenkamen, indem sie sich von sich aus der römischen Kirche und damit dem westlichen Kulturraum anschlossen.

Zunächst allerdings stand das junge deutsche Reich im Osten in einem harten Verteidigungskampf. Der gefährlichste Gegner, der nicht wenig dazu beigetragen hat, daß die ostfränkischen Karolinger den Niedergang ihrer Herrschaft nicht aufhalten konnten, waren die Ungarn, ein berittenes Nomadenvolk finno-ugrischen und türko-tatarischen Ursprungs, das nicht nur Deutschland, sondern auch Frankreich, Italien und sogar Byzanz immer wieder in schrecklichen Überfällen heimsuchte. Als sich ihnen im Jahre 907 der bayerische Markgraf Liutpold an der Spitze des bayerischen Stammesaufgebots entgegenstellte, fiel er im Kampf; bald darauf unterlag ihnen auch Ludwig das Kind, der letzte ostfränkische Karolinger. Konrad I., sein Nachfolger, kam durch seine dauernden Kämpfe gegen die Stammesherzöge gar nicht dazu, sich gegen sie zu wenden. Er überließ ihre Abwehr den Herzögen, von denen Arnulf von Bayern auch tatsächlich erfolgreich war, ohne allerdings allein mit der Kraft seines Stammes die Ungarngefahr wirklich bannen zu können.

1. Heinrich I. im Kampf gegen Ungarn, Slawen und Dänen

Die Schwierigkeit der Ungarnabwehr lag darin, daß sie nicht als Eroberer, sondern als reine Beutekrieger kamen. Dem entsprach ihre Taktik. Ihr Erfolg lag in der Schnelligkeit von Einfall und Abzug. Gegen ihre Wendigkeit half weder der alte Grenzschutz mit seinen Fluchtburgen, noch konnte ihr der schwerfällige deutsche Heerbann wirkungsvoll begegnen.

So ist auch Heinrich I. gegen sie zunächst wehrlos gewesen. Aber er unterschied sich von seinem Vorgänger von vornherein dadurch, daß er, der ganz anders als der Franke Konrad auf den Grenzkampf eingestellt war, ihnen sofort bei der ersten Gelegenheit selbst entgegentrat. Als sie, wahrscheinlich im Jahre 926, in Thüringen und Sachsen plündernd einfielen, vermochte er allerdings nicht, sie aufzuhalten. Er mußte selbst vor ihnen zurückweichen und in der Burg Werla bei Goslar Schutz suchen. Widukind von Korvey schildert uns in einem berühmten Bericht, wie dem König in dieser Lage ein Glücksfall zu Hilfe kam: Ein vornehmer Führer der Ungarn fiel in seine Hand. Es kam zu Verhandlungen, und gegen die Auslieferung des Ungarn kam ein neunjähriger Waffenstillstand zustande, während dessen Dauer sich Heinrich noch zu einer jährlichen Tributzahlung verpflichten mußte. Aber es waren zunächst einmal neun Jahre Zeit gewonnen, die der König nutzte, sein Heer für den Grenzkampf und insbesondere für den Kampf gegen die Ungarn tauglicher zu machen.

Wir sind über diese Maßnahmen Heinrichs I. verhältnismäßig gut unterrichtet, weil Widukind von Korvey ihnen in seiner Sachsengeschichte breiten Raum einräumt und auch Liudprand von Cremona davon berichtet. So weiß Widukind, daß Heinrichs Heer anfangs wenig beweglich war, und daß der König sich erst entschloß, den Kampf gegen die Ungarn wieder aufzunehmen, als seine Krieger „für den Reiterkampf gerüstet" (equestri proelio probati) waren. Man darf Widukind glauben, daß Heinrich, durch sein erstes Zusammentreffen mit den Ungarn belehrt, konsequent daranging, sich neben dem Volksheer, dem exercitus, der zu Fuß kämpfte, auch eine eigene schlagkräftige Reiterei zu schaffen. In diesen Zusammenhang gehört sein berühmter Bericht im Kapitel 35 des 1. Buches seiner Sachsengeschichte über die sogenannten „agrarii milites". Seine Kernsätze lauten: „Als erstes bestimmte er (der König) aus den agrarii milites jeden Neunten und ließ ihn in einem befestigten Platz (lat. urbs) wohnen, damit er dort für seine anderen acht Genossen Unterkünfte schuf, dazu den dritten Teil der Ernte in Empfang nahm und ihn dort verwahrte. Die übrigen acht aber sollten säen und mähen und auch für den neunten Mann ernten und dann alles an seinem Platz verwahren. Das Thing, alle ihre Zusammenkünfte und Gelage sollten nach seinem Willen ebenfalls an jenen Plätzen gefeiert werden ..."

Man wird diesen Bericht wohl nicht zu buchstäblich nehmen dürfen, wenigstens was die strenge Systematik angeht, die Widukind in ihn hineinlegt. Aber an dem Sachverhalt selbst ist nicht zu zweifeln, zumal er durch Ergebnisse der frühgeschichtlichen Bodenforschung gestützt wird. Wenn wir auch nicht viele Burgen Heinrichs kennen und das Problem der sogenannten Heinrichsburgen noch keineswegs als geklärt gelten kann, so ist doch sicher, daß er die Burg Meißen gebaut hat und daß eine steinerne Ummauerung um Merseburg auf ihn zurückgeht. Einige weitere Burgen lassen sich mit Wahrscheinlichkeit in die Zeit Heinrichs I. datieren. Es versteht sich, daß daneben vor allem ältere Burgen weiterbenutzt, erneuert oder auch verstärkt worden sind; denn Burgen gab es schon längst: sie wurden nur mit neuartigen Funktionen bedacht, und es ist anzunehmen, daß die gegen die Dänen errichteten Burgen in England, zu dem von Sachsen aus gute Verbindungen bestanden, als Vorbilder dienten. Auch auf römische Befestigungen im Rheinland hat man als mögliche Vorbilder hingewiesen. Alles in allem wird Heinrich wohl mit Recht ein Burgenbauer, wenn auch nicht ein Städtebauer, wie man früher glaubte, genannt. Es ist heute allgemeine Auffassung der Forschung, daß die Burgenordnung, die im November 926 auf seine Veranlassung auf dem Reichstag in Worms erlassen wurde, für das ganze Reichsgebiet Gültigkeit hatte.

Weniger eindeutig ist die Stellung der agrarii milites, denen der Burgenbau aufgetragen war. Sie sind unterschiedlich gedeutet worden, z. B. als königliche Dienstmannen (Schäfer) oder auch als Königsfreie (Baaken), zwei Deutungen, die freilich hypothetisch blieben. Am wahrscheinlichsten ist wohl, daß es sich dabei um Bauernkrieger gehandelt hat, die an die königliche Grundherrschaft gebunden waren.

Die militärischen Maßnahmen König Heinrichs waren jedenfalls doppelter Art: Er verstärkte einmal durch den Neu- oder Ausbau von Burgen den Schutz der Bevölkerung gegen einfallende Feinde, insbesondere die Ungarn; zum anderen ergänzte er den alten exercitus durch eine schnelle Reitertruppe, die auch für den Angriff ausgebildet war.

Diese Truppe setzte ihn in die Lage, in den Jahren des Ungarnfriedens gegen die benachbarten Slawen vorzugehen, mit denen man in ständigen Grenzkämpfen lag, und die z. T. auch die Ungarn nach Sachsen weitergeleitet hatten.

Die Slawen waren seit der Mitte des 7. Jahrhunderts entlang der Linie Elbe-Saale-Böhmerwald bis hinein ins Pustertal zu Nachbarn der Sachsen, Franken und Bayern, d. h. zum guten Teil bereits des großfränkischen Reiches geworden, das damals sogleich ihrem weiteren Vordringen Halt geboten hatte. Wir sind über ihre innere Struktur nur dürftig unterrichtet, da unsere Kenntnis, soweit sie nicht aus Bodenfunden gewonnen ist, zumeist auf Mitteilungen fränkischer Quellen beruht. Sie lassen an der Elbe-Saale-Linie als die wichtigsten slawischen Stämme Obotriten, Sorben und Wilzen erkennen: Stammesverbände, die allem Anschein nach im wesentlichen genossenschaftlich strukturiert waren. Dagegen scheinen die Südslawen vorwiegend herrschaftlich orginisiert gewesen zu sein.

Aus diesen verschiedenartigen Gruppen haben sich in der Berührung mit dem jungen deutschen Reich im Laufe des 10. Jahrhun-

derts zwei größere Staaten gebildet: Böhmen und Polen. (Ungarn, das sich ebenfalls in dieser Zeit zum Reich verfestigt hat, gehört, wie wir sahen, nicht zu den slawischen Staaten.)
Zeitlich ging bei diesem Prozeß Böhmen voran, dessen Staatsbildung zur Zeit Heinrichs I. unter dem tschechischen Fürstenhaus der Přemsliden bereits weit vorangeschritten war. Dabei spielte von vornherein Prag als Sitz der Přemsliden eine Rolle – eine Besonderheit, die besondere Beachtung verdient, weil Prag damit als eine der ältesten „Hauptstädte" Europas erscheint. Als weitere Besonderheit kommt hinzu, daß Böhmen, wie wir noch sehen werden, als einziger slawischer Staat seit der Mitte des 10. Jahrhunderts unter Wahrung seiner nationalen und sozialen Substanz in das deutsche Reich hineingewachsen ist.
Zunächst ging Heinrich I. jetzt in den Jahren des Ungarnfriedens kriegerisch gegen seine slawischen Nachbarn vor. Widukind motiviert dieses Vorgehen mit der Absicht des Königs, die für den Ungarnkampf ausgebildeten Truppen erst einmal im Slawenkampf zu üben. Es ist nicht sehr wahrscheinlich, daß darin allein der Zweck der Slawenkriege lag, zumal wir wissen, daß auch in den früheren Jahren schon immer Kämpfe stattgefunden haben. Vor allem aber wird die Tatsache, daß sich der Grenzschutz während der Ungarneinfälle als unzureichend erwiesen hat, Heinrichs Vorgehen wesentlich mitbestimmt haben. Denn zum Grenzschutz gehörte, wie uns bereits aus der karolingischen Praxis bekannt ist, daß man auf das eroberte Gebiet sogenannte Marken vorschob, das heißt: erweiterte Grenzzonen, die die Funktion hatten, einen militärisch gesicherten Schutzgürtel vor das Binnenland zu legen.
Darauf liefen Heinrichs Kämpfe in der Tat hinaus. Sie setzten im Frühjahr 928 plötzlich in aller Stärke ein, in dem Heinrich sich bei größter Kälte gegen die Heveller an der Havel wandte, deren Burg Brennabor, die Dominsel des heutigen Brandenburg, seine erste Beute wurde. Von den Hevellern zog er sofort zu deren südlichen Nachbarn, den Daleminziern, weiter, eroberte die Burg Jahna bei Zeitz und errichtete zur Sicherung seiner Herrschaft die Burg Meißen.
Von da aus fiel er, ebenfalls im Jahre 929, nun in gemeinsamem Vorgehen mit dem Bayernherzog Arnulf, in Böhmen ein, wo Herzog Wenzel sich kampflos unterwarf. Damit schien das Ziel des Zuges erreicht zu sein, und Heinrich kehrte wieder um. Noch im gleichen Jahre 929 trat indessen ein Rückschlag ein. Es kam zu einem slawischen Aufstand, ausgehend von den Redariern im Norden, denen sich schnell weitere Stämme anschlossen. Es spricht für die Sicherheit Heinrichs, daß er sich jetzt nicht mehr selbst in die Kämpfe

einschaltete, sondern zwei Grafen an der Grenze beauftragte, die aufständischen Slawen niederzuwerfen, was in der Schlacht bei Lenzen gelang.
In der Folge sind dann auch die Redarier in Mecklenburg, die Urheber des Aufstandes, noch niedergeworfen worden. Damit war in wenigen Jahren nach karolingischem Muster ein östliches Vorfeld des Reiches geschaffen, das im Norden bis zur Oder reichte, im Süden die Lausitz und Böhmen einschloß.
Nach diesen Erfolgen fühlte Heinrich sich stark genug, nun auch den Kampf gegen die Ungarn aufzunehmen. Nachdem er sich auf einer Reichsversammlung der Unterstützung aller deutschen Stämme versichert hatte, kündigte er 933 den auf neun Jahre geschlossenen Frieden auf, indem er die Tributzahlung unterließ. Daraufhin stellten sich die Ungarn auch, wie erwartet, prompt wieder ein. Bei Riade, wahrscheinlich an der Unstrut, kam es zur Schlacht, die dank der sorgfältigen Vorbereitungen als Sieg Heinrichs I. über den gefährlichsten seiner Feinde endete.
Die Schlacht bei Riade war keine Entscheidungsschlacht. Dennoch ist sie die bedeutendste Tat Heinrichs I. gewesen, die sein Ansehen gewaltig gestärkt hat – auch bei den Ungarn selbst, die, solange er regierte, nicht mehr zurückgekehrt sind. Nicht weniger bedeutungsvoll war, daß Heinrich in der Ungarnschlacht zum erstenmal ein Heer aus allen deutschen Stämmen angeführt hat. Zum erstenmal hat sich damit das ganze deutsche Reich unter seiner Führung als eine überstammliche Gemeinschaft bewährt. 933 ist das Jahr, in dem es die Probe auf seine geschichtliche Lebensfähigkeit bestand.
Überblickt man die Maßnahmen Heinrichs, die zu dieser Bewährungsprobe beigetragen haben, so sieht man, daß es sich dabei wesentlich um militärische Sicherungen gehandelt hat. Das von den benachbarten Slawen bewohnte Vorfeld des Reiches wurde nun in Marken verwandelt, die Slawen selbst wurden bis zur unteren Oder und zur Lausitz tributpflichtig gemacht und, genau wie Böhmen, unter die Oberhoheit des Reiches gestellt. Die Absicht, die Heinrich I. bestimmte, war nach Widukind (cap. 36) lediglich, die Ruhe und den Frieden an der bedrohten Grenze zu sichern.

2. *Die Markenpolitik Ottos des Großen*

Das änderte sich unter Otto dem Großen, dessen Ostpolitik eine neue Dimension hinzugewann. Daß er sich mit den Maßnahmen seines Vaters nicht begnügte, lag freilich nicht nur daran, daß er in seiner

Herrschaft weitergehende Ziele verfolgte, sondern daß sich die rein militärische Grenzsicherung Heinrichs sofort bei seinem Tode als unzureichend erwies. Denn kaum verbreitete sich die Kunde, daß Heinrich gestorben war, als sich sogleich die Redarier erhoben, bald darauf Böhmen abfiel und sogar die Ungarn glaubten, nun ihre früheren Raubzüge wieder aufnehmen zu können. 937 konnten sie in der Tat ungehindert durch Süddeutschland ziehen. Es war deutlich, daß die geringste Machtschwankung im Reich genügte, die in militärischer Abhängigkeit gehaltenen slawischen Nachbarn zur Empörung zu reizen und die ganze Grenzsicherung wieder ins Wanken zu bringen.

Fürs erste begegnete auch Otto der Empörung mit militärischer Gewalt. Die Redarier wurden noch im Jahre 936 niedergeworfen. Gegen die Böhmen gelang es jedoch nicht, den alten Zustand ebenfalls gleich wieder herzustellen. Das deutsche Heer, das in dieser Absicht auszog, wurde 937 sogar empfindlich geschlagen, und es dauerte mehr als ein Jahrzehnt, bis man hier zu einer befriedigenden Lösung kam. Aber abgesehen davon hat Otto sonst die von Heinrich unterworfenen Gebiete nicht nur gehalten, sondern noch erweitert und zu einer weiträumigen Markenorganisation ausgebaut. Dafür war wesentlich, daß er in den Markgrafen Hermann Billung und Gero zwei Helfer fand, die für diese Aufgabe hervorragend geeignet waren. Ihrer Tatkraft ist es in hohem Maße zu danken, wenn es gelang, die Slawen bis zur Oder in das Reich einzugliedern.

Hermann Billung war die sogenannte transalbingische Mark anvertraut, d.h. die Mark, die sich von der Niederelbe nach Osten vorschob und etwa Holstein und Mecklenburg umfaßte. Sie war i. w. zum Schutz gegen die slawischen Abodriten und Redarier gegründet. Hermann Billung, der Otto persönlich nahestand und während der Italienzüge als Stellvertreter des Königs in Sachsen fungierte, hat die Mark in mehrjährigen Kämpfen erobert und bis zur Odermündung ausgedehnt. Seine Nachkommen, die Billunger, begegnen uns später als Herzöge von Sachsen.

Die zweite Mark ist die sogenannte Geronische Großmark. Sie schloß im Süden an die transalbingische Mark an, übertraf sie aber noch weit in ihrer Ausdehnung. Ihre Basis bildete die mittlere Elbe und Saale in einer Länge von mehr als 300 km; von ihr aus schob sich die Mark in den Osten vor, wobei es nicht möglich ist, ihre Grenze genauer zu bestimmen. Wie groß die Leistung des Markgrafen Gero war, der diese Riesenmark aufgebaut und zusammengehalten hat, sieht man am besten daran, daß Otto nach dem Tode Geros im Jahre 965 seine Großmark nicht wieder an einen einzelnen Mann ausgab, sondern sie unter mehreren Befehlshabern in eine

Reihe kleinerer Marken teilte, von denen die Nordmark und die sächsische Mark die Grundlage für die späteren Territorien Brandenburg und Sachsen abgeben sollten.
Von nicht geringerer Bedeutung ist die (Wieder-)Errichtung der Ostmark, auf die wir noch in anderem Zusammenhang zurückkommen werden. Man sieht jedenfalls, daß Otto der Große die Markenpolitik Heinrichs I. nicht nur wieder aufgenommen, sondern sie noch entschiedener fortgesetzt hat.

3. *Ottos Ungarnsieg und seine Bistumsgründungen*

Der eigentliche Unterschied zwischen der Ostpolitik Ottos und der seines Vaters Heinrich liegt jedoch darin, daß Otto nicht bei der militärischen Sicherung der Ostgebiete stehenblieb, sondern daß er den Osten zu gewinnen suchte, indem er — nach recht vereinzelten Missionsversuchen unter Heinrich I. — systematisch seine Christianisierung betrieb. Ostpolitik und Ostmission gingen damit eine enge Verbindung ein.
Symptomatisch dafür ist bereits Ottos erste Gründung, das Moritzkloster in Magdeburg, das von Anfang an als Lieblingsort Ottos des Großen zu erkennen ist. Er hatte den Ort bei seiner Hochzeit seiner Gemahlin Edith als Morgengabe übertragen und sich in der Folgezeit mit besonderer Vorliebe in seinen Mauern aufgehalten. In seinem Itinerar nimmt Magdeburg die erste Stelle ein. Als er hier im Jahre 937 ein Kloster gründete und es mit Mönchen aus dem Reformkloster St. Maximin bei Trier besetzte, kam diesem von vornherein eine Sonderstellung zu. Sie deutet sich schon in der Grundausstattung des Klosters und in seinem Patron, dem Kriegerheiligen Mauritius, an. Wie nämlich die reiche, auf die slawischen Nachbargaue übergreifende Grundausstattung verrät, daß das Kloster auf die Slawenmission ausgerichtet war, so weist der Kriegerheilige, den Otto als seinen specialis patronus verehrte, darauf hin, daß die Krieger den Missionaren den Weg bereiten sollten. Daß sie zusammengewirkt haben, ist in der Tat vielfach bezeugt. So hören wir von Hermann Billung, daß er bei der Einnahme einer slawischen Burg ein Götterbild zerstörte; von Markgraf Gero wissen wir, daß er bei der Unterwerfung der Slawen ihre Christianisierung im Auge hatte, und von gefangenen Slawenfürsten wird berichtet, daß sie als Christen zu ihren Stämmen zurückkehren konnten. Wahrscheinlich gingen bei den Slawen, wie vormals bei den Germanen, überhaupt die Fürsten ihren Stämmen in der Taufe voran. Wenn hier auch manches im dunkeln bleibt, so ist doch nicht

zu bezweifeln, daß das Christentum jenseits von Elbe und Saale zuerst im Zusammenhang mit kriegerischen Auseinandersetzungen Fuß gefaßt hat. Die Erfolge blieben jedenfalls nicht aus, und im Jahre 948 war man nach längeren Vorbereitungen so weit, daß man mit dem Aufbau einer eigenen kirchlichen Organisation für die Ostgebiete begann. Er setzte sofort mit der Gründung mehrerer Bistümer ein, nämlich in Brandenburg und Havelberg an der mittleren Elbe und wohl auch schon in dem erst später bezeugten Oldenburg in Holstein. Gleichzeitig wurde auch im Norden die Christianisierung der Dänen durch die Gründung der Bistümer Aarhus, Ripen und Schleswig auf eine organisatorisch gesicherte Grundlage gestellt, nachdem hier Heinrich I. bereits gegen Ende seiner Regierung durch die Unterwerfung und Taufe des in Haithabu residierenden Kleinkönigs Knuba wirkungsvolle Vorarbeit geleistet hatte. Die nordischen Bistümer wurden dem Erzbistum Hamburg-Bremen unterstellt, während Brandenburg und Havelberg zunächst zum Erzbistum Mainz geschlagen wurden.
Von der mittleren Elbe weitete sich das Missionsgebiet bald nach dem Südosten, insbesondere in die Gebiete östlich der Saale und nach Böhmen aus, zumal seit Otto der Große dieses im Jahre 950 wieder unter seine Oberhoheit hatte bringen können. Wie sehr Otto selbst an dieser Ausweitung beteiligt war, geht schon aus der Tatsache hervor, daß er im Jahre 955 auf dem Lechfeld vor der großen Ungarnschlacht dem Tagesheiligen Laurentius für den Sieg die Errichtung eines Bistumes in Merseburg gelobte. Sein bestimmender Anteil wird in der Folgezeit immer deutlicher erkennbar. So fügte sich der Merseburger Bistumsplan, wie sich jetzt zeigt, in noch weiterreichende Pläne ein, von denen wir zum erstenmal zum Jahre 954 hören, als Otto den Abt Hadamar von Fulda nach Rom sandte, um mit Papst Agapit zu verhandeln und seine Zustimmung zur Gründung neuer Bistümer bei den Slawen und zur Erhebung Magdeburgs zum Erzbistum für die neuen Ostbistümer zu erlangen. Aber obwohl Agapit die erbetene Zustimmung erteilte, zog sich die Verwirklichung dieser Pläne noch fast ein und ein halbes Jahrzehnt hin, weil der Erzbischof von Mainz, damals Ottos eigener vorehelicher Sohn Wilhelm, und der Bischof von Halberstadt in ihnen eine Beeinträchtigung ihrer Kirchen sahen und sie deshalb mit allen Mitteln zu verhindern suchten – freilich vergebens. Denn Otto verlor seine Pläne nun nicht mehr aus den Augen und setzte sie schließlich im Zusammenwirken mit Papst Johannes XIII. im Jahre 968 durch. Jetzt wurde das schon seit Jahren für diese Aufgabe vorbereitete Moritzkloster Metropolitankirche und Sitz des Erzbischofs; zum ersten Erzbischof wurde der

ehemalige Mönch von St. Maximin, Kapellan und Abt von Weißenburg Adalbert ernannt. Er schien dafür besonders geeignet, weil er ein Kenner des slawischen Ostens war und bereits eigene Missionserfahrungen besaß. Otto selbst hatte ihn im Jahre 960 nach Kiew gesandt, als die Großfürstin Olga ihn um einen Missionsbischof für ihr Reich gebeten hatte. Seine Mission war damals gescheitert, weil Olgas Sohn es vorzog, byzantinische Missionare ins Land zu rufen, so daß Rußland sich nicht der westlichen, sondern der östlichen Form des Christentums verband: eine Entscheidung von wahrhaft weltgeschichtlichem Rang.

Es wäre durchaus möglich gewesen, daß auch die Westslawen in ihren Sog geraten wären. Daß dies nicht geschah, ist nicht das geringste Verdienst Ottos des Großen und seiner Ostpolitik, in der dem Erzbistum Magdeburg und, wie wir noch sehen werden, dem Ungarnsieg auf dem Lechfeld die größte Bedeutung zukommt.

Es ist keine Frage, daß das Erzbistum Magdeburg machtvoll in den Osten ausgestrahlt hat, wenn es auch bei seiner Gründung einen engeren Rahmen erhalten hatte, als in der ursprünglichen Absicht Ottos gelegen war, da Papst Johannes, wohl in Einklang mit polnischen Wünschen, die Kirchenprovinz auf die bereits bekehrten und der Herrschaft Ottos unterworfenen Slawenstämme begrenzte. Es ist anzunehmen, daß diese Begrenzung mit der durch die im Jahre 966 erfolgte Taufe Miescos I. eingeleiteten Christianisierung seiner Herrschaft, die jetzt als Polen erscheint, ursächlich zusammenhing. Immerhin: das erste polnische Bistum in Posen mit einem deutschen Bischof namens Jordan an der Spitze war allem Anschein nach noch von Magdeburg aus gegründet worden. Begannen hier schon relativ früh die deutschen und die polnischen Interessen auseinanderzutreten, und suchte Miesco dem deutschen Einfluß an der Warthe eine Grenze zu ziehen, so ist jedoch für die Zukunft entscheidend geblieben, daß sein Land als ganzes mit seiner Christianisierung in den westlichen Kulturkreis eingetreten ist.

Mit der Gründung des Erzbistums Magdeburg folgte die Reichskirche gleichsam der Ausweitung des Reiches in den Osten nach, um dann über seine Grenzen hinaus zu wirken. Doch ist sie auch insofern bedeutsam, als sie die Reichskirche selbst erweitert hat. Sie schloß nämlich nicht nur die Angliederung der 948 gegründeten Bistümer Brandenburg und Havelberg und die Neugründung von drei weiteren Bistümern, nämlich Merseburg, Meißen und Zeitz-Naumburg ein, sondern bedeutete zugleich, daß die Reichskirche hinfort nicht mehr — wie bisher — fünf, sondern sechs Kirchenprovinzen umschloß. Sieht man von der Sonderstellung des im 12. Jahrhundert gegründeten Riga ab, so bilden diese sechs Erzbistümer

– Mainz, Köln, Trier, Salzburg, Hamburg-Bremen und Magdeburg – die großen Säulen, auf denen die Reichskirche bis zum Ende des alten Reiches ruht.

Otto der Große hat sich nach der Gründung des Magdeburger Erzbistums auch bereits um die kirchliche Organisation Böhmens bemüht, nachdem hier das Christentum besonders von Bayern aus schon seit längerer Zeit Fuß gefaßt hatte. Auch sonst lagen hier die Voraussetzungen dafür besonders gut, da Herzog Boleslaw I. seit seiner Unterwerfung im Jahre 950 gute Beziehungen zum Königshof unterhielt und Otto dem Großen z. B. für den Kampf gegen die Ungarn ein starkes Truppenkontingent zur Verfügung gestellt hatte. Sein Sohn Boleslaw II., der ihm 967 nachfolgte, kam Ottos Bestrebungen bereitwillig entgegen, und so gingen die Vorbereitungen zur Gründung des Bistums Prag gut voran, kamen allerdings erst kurz nach dem Tode des Kaisers zum Abschluß. Das Bistum Prag wurde dem Erzbistum Mainz unterstellt und blieb damit ein Glied der deutschen Reichskirche. Auf diese Weise wurde Böhmen von vornherein anders als Polen mit dem Reich verknüpft.

Schließlich ist unter Otto dem Großen auch dafür der Boden bereitet worden, daß nach Böhmen und Polen auch Ungarn für das Christentum gewonnen wurde und in den Bannkreis des christlichen Europa eintrat. Freilich geschah dies hier auf ganz andere Weise als bei den beiden slawischen Nachbarvölkern, nämlich als mittelbare Folge der größten historischen Tat Ottos des Großen, der Schlacht und dem Sieg auf dem Lechfeld.

Ein halbes Jahrhundert lang waren die Ungarn, wie wir hörten, der Prüfstein und der große Schrecken Europas gewesen: das Volk, das nicht zu ihm gehörte, sondern eine der größten Bedrohungen seiner Existenz bedeutete; es war die gens saeva schlechthin. Heinrich I. hatte ihre Gefährlichkeit zwar gedämpft, aber noch längst nicht beseitigt. Jede innere Gefahr rief sie aufs neue auf den Plan. So fielen sie gleich nach dem Tode Heinrichs I. wieder in Deutschland und Frankreich ein. Und mit Präzision erschienen sie, als sich der Königssohn Liudolf mit breitem Anhang gegen seinen königlichen Vater empörte. Diesmal allerdings wirkte sich die heraufziehende Ungarngefahr sofort zugunsten des bedrängten Herrschers aus. Der Aufstand wurde unter dem Druck der öffentlichen Meinung, die entschieden für den König und gegen die Empörer Partei nahm, beigelegt, und Otto der Große konnte den Ungarn, die darauf nicht gefaßt waren, die gesamte Streitmacht seines Reiches entgegenführen. Nachdem Bischof Ulrich von Augsburg sie durch die tapfere Verteidigung seiner Stadt aufgehalten hatte und Otto währenddessen mit einem Heer aus allen deutschen Stämmen herangerückt war, kam es am 10. August 955 auf dem Lechfeld südlich von Augsburg zur Schlacht, die sich in einen überwältigenden Sieg des Königs verwandelte.

Schon die Zeitgenossen haben in ihm Ottos größten Triumph gesehen, und der Historiker darf feststellen, daß die Schlacht auf dem Lechfeld zu den wenigen großen Entscheidungsschlachten gehört, durch welche die Geschichte eine neue Wendung genommen hat. Sie beendete nicht nur mit einem Schlag die Ungarngefahr für Deutschland wie für ganz Europa, sondern sie bewirkte zugleich, daß sich die Ungarn nach diesem großen Aderlaß im Bereich der mittleren Donau und der Theiß in ein seßhaftes Volk verwandelten. Otto der Große hat in Verbindung mit dem ihm nahestehenden Bischof Pilgrim von Passau auch schon ihre Christianisierung ins Auge gefaßt, die dann, wie wir noch sehen werden, unter seinem Enkel Otto III. und mit dessen Mitwirkung zum Abschluß gebracht wurde. Damit war um die Jahrtausendwende auch Ungarn, das ebensogut von Byzanz aus hätte erfaßt werden können, in den Kreis der abendländischen Völker einbezogen.

Noch in einer anderen Hinsicht gingen von der Schlacht auf dem Lechfeld folgenreiche Impulse auf eine Umgestaltung des Südostens aus. Sie bezogen sich auf die sogenannte Ostmark, die bekanntlich die Vorstufe des heutigen Österreich bildet.

Diese Ostmark hatte zwar in der awarischen Mark schon eine karolingische Vorgängerin, die sogar bis zur Raab und zum Plattensee gereicht hatte, dann aber nach dem Untergang der Awaren nicht weiter befestigt worden und daher unter dem Ansturm der Ungarn bereits Ende des 9. Jahrhunderts zusammengebrochen war. So bildete sie für mehr als ein halbes Jahrhundert lang ein Vorfeld des Schreckens und der Macht der Ungarn — bis eben die Schlacht auf dem Lechfeld den Dingen eine neue Wendung gab. Während die Ungarn jetzt am großen Donauknie seßhaft wurden, zeichnet sich im Südosten ebenso wie im Nordosten eine Neuordnung der politischen Verhältnisse durch Otto den Großen ab. Dabei entsprach der Billungischen und der Geronischen Großmark des Nordostens die sogenannte Ostmark im Südosten, in den Quellen auch regio orientalis oder Ostarrichi genannt. Die Mark erhielt festen Rückhalt am bayerischen Stammesgebiet an der Enns und schob sich von da zum Wiener Wald und zur March vor, blieb in ihrer Ausdehnung also hinter der alten awarischen Mark zurück. Aber sie hat diese schon bald an innerer Festigkeit weit übertroffen. Auf ihrem alten Boden, auf dem sich auch über die Ungarnzeit hinweg sicher noch Reste der früheren Kolonisten erhalten hatten, setzte nämlich, wie die Siedlungsgeschichte gezeigt hat, im Anschluß an den Sieg auf dem

Lechfeld eine systematische und intensive Rodungstätigkeit ein, die dem Land ein neues Gesicht gab. Der Adel und die großen Kirchen und Klöster gingen voran; sie zogen einen breiten Siedlerstrom nach, und zwar weit stärker als in den Marken im Nordosten. Freilich war dieses Gebiet auch kleiner. Aber Bayern muß doch in der zweiten Hälfte des 10. Jahrhunderts so gut konsolidiert gewesen sein, daß es große Bevölkerungsteile für den Landesausbau in der Ostmark freigeben konnte. Die Folge war, daß hier das neubesetzte Markengebiet bald dem bayerischen Ausgangsland völlig angeglichen war, so daß von ihm aus weitere Ausstrahlungen auf den Osten ausgehen konnten.

So ist das Ergebnis der Ostpolitik Heinrichs I. und besonders Ottos des Großen doppelter Natur: Es besteht zunächst in einer Erweiterung des deutschen Herrschaftsgebietes, das in einer groß angelegten Markenorganisation im Nordosten bis zur Oder, im Südosten bis zur March ausgriff. Allerdings war eine wirkliche Eindeutschung dieser Gebiete damit noch nicht erreicht und wohl auch gar nicht erstrebt; gelungen ist sie im 10. Jahrhundert im Nordosten nur bei den Elbslawen und in den Gebieten östlich der Saale; im Südosten hingegen hat sie die ganze Mark, das Ostarrichi, erfaßt, und zwar mit dauerndem Erfolg.

Die Christianisierung griff über diese Gebiete noch weit hinaus, und so stellt sich uns das zweite, nicht weniger wichtige Ergebnis dieser Politik, das freilich nicht auf sie begrenzt blieb, in der Ausweitung Europas dar, das im Norden in Dänemark, im Osten in Polen, Böhmen und Ungarn mit ihrer Christianisierung wichtige neue Glieder gewann.

IV.

Die Erneuerung des Kaisertums

Seit dem Sieg auf dem Lechfeld von 955 taucht in den Quellen für Ottos Königtum die Bezeichnung des „imperialen Königtums" auf – eines Königtums von kaiserlichem Rang. Sie setzte offenbar die Erfolge Ottos im Osten und im Süden und den sie krönenden Heidensieg voraus und weist dem König, indem sie ihn über seine Mitkönige erhebt, die Vormachtsstellung in Europa zu. Es ist bezeichnend, daß sie ihm diese Vormacht bescheinigt, indem sie gleichsam vorweisend das Kaisertum beschwört. In der Tat hat die Vormachtsstellung, die Otto dem Reich in Europa errungen hat, wenige Jahre später ihren sichtbaren Ausdruck in der Erneuerung des Kaisertums gefunden.

Diese Erneuerung stellt die folgenreichste Entscheidung der frühen deutschen Geschichte dar: Sie hat wie keine andere Gestalt und Schicksal des Reiches bestimmt. Man wird sagen dürfen, daß sie einerseits den Schlußpunkt unter den vorausgegangenen Prozeß der Entstehung des deutschen Reiches setzt, dessen Eigenständigkeit jetzt außer Frage steht – und daß sie andererseits diesem Reich fortan durch die Verbindung von Königtum und Kaisertum einen unverwechselbaren Charakter gibt, der es von allen anderen Reichen unterscheidet und der ihm immer eigentümlich bleibt: seit 962 sind deutsches Königtum und Kaisertum bis tief in die Neuzeit hinein, nämlich bis zum Jahre 1806, dem Ende des alten Reiches, miteinander verbunden. Dabei ist wesentlich, daß das alte Reich durch das Kaisertum in einen weiteren historischen Zusammenhang tritt, der es in internationale Bahnen weist. Sie werden ihm zur höheren Pflicht. Darin gründet seine Würde, aber auch seine Not, und Königtum und Kaisertum werden nicht selten zueinander in innerer Spannung stehen. Diese Spannung werden wir berücksichtigen müssen, wenn wir die deutsche Geschichte, zumal in ihren früheren Jahrhunderten, verstehen wollen.

1. Burgund- und Italienpolitik

Wir verfolgen zunächst in aller Kürze die Vorgänge, die allmählich zur Kaiserkrönung hingeführt haben, um darauf auf die Krönung selbst, ihre Bedeutung und vor allem auch auf die Bedeutung des Kaisertums einzugehen.

Ohne Zweifel war bei der Erneuerung des Kaisertums die karolingische Tradition im Spiel. Daß Otto der Große sich an das Vorbild Karls des Großen hielt, hatte er schon bei seiner feierlichen Wahl und Krönung in Aachen unmißverständlich zu erkennen gegeben. Nur von Karl dem Großen her gesehen konnte auch das Kaisertum noch ein erstrebenswertes Ziel darstellen, da seine tatsächliche Entwicklung in den Händen italienischer Magnaten in völliger Bedeutungslosigkeit ausgelaufen war. 924 war es mit dem Tode Berengars von Friaul, der nur noch ein Winkelkaiser war, sang- und klanglos untergegangen. In der Erinnerung an Karl den Großen aber lebte es, trotz seines kümmerlichen Endes, noch als die glänzendste Verkörperung aller Herrschaft fort. Die Anknüpfung Ottos des Großen an die karolingische Tradition war also sicher eine wesentliche Voraussetzung dafür, daß es im Jahre 962 zur Erneuerung des Kaisertums kam.

Aber sie allein vermag noch nicht den Vorgang als ganzen zu erklären, zumal wir durch Widukind von Korvey wissen, daß es in Deutschland zur Zeit Ottos noch andere Kaiservorstellungen gab, die mit der karolingischen nichts zu tun hatten. So hat es die Forschung viel beschäftigt, daß Otto der Große, wie Widukind (III, 49) berichtet, schon nach seinem Ungarnsieg auf dem Lechfeld von seinem Heer zum „pater patriae" und zum Imperator ausgerufen worden sei. Das gleiche hatte er allerdings auch schon für Heinrich I. nach dessen Ungarnsieg im Jahre 933 berichtet, und wir wissen genau, daß damals sowenig wie 955 ein solches Heerkaisertum wirklich entstanden ist; denn sowohl Otto wie auch Heinrich haben sich danach weiterhin einfach rex genannt. Doch ist damit die Nachricht Widukinds noch nicht abgetan. Man muß bedenken, daß er seine Sachsengeschichte Mitgliedern des Königshauses gewidmet hat. Es ist darum schwer vorstellbar, daß er so kundigen Zeitgenossen reine Fabeln aufgetischt haben soll. Schließt man dies aus, so bleibt als Kern der Nachricht, daß 955 wie 933 die Schlacht in einer Siegesfeier ausklang, in der das Heer dem Sieger akklamierte — allerdings nicht in lateinischer, sondern in germanischer Form. So darf man annehmen, daß sich hinter den Formeln „pater patriae" und Imperator germanische Ehrennamen verbergen, durch deren Zuruf das Heer dem König einen höheren Rang zusprach. Ein solcher ist aus den Quellen in der Tat bekannt: sie sprechen in diesem Falle vom imperialen Königtum. Es hat alle Wahrscheinlichkeit für sich, daß dies auf dem Schlachtfeld bekräftigt worden ist.

Wie hoch man aber immer Siegesfeier und Zuruf bewerten mag: sie konnten im Hinblick auf das Kaisertum nicht mehr als eine Vorstufe markieren; denn es bleibt entscheidend, daß Otto sich selbst jedenfalls erst „imperator augustus" nannte, seit er in Rom zum Kaiser gekrönt war: wie Karl der Große. An *sein* Kaisertum knüpfte er denn auch, wie wir noch deutlicher sehen werden, an, und wie bei Karl mußten zunächst auch noch ganz konkrete Anlässe eintreten, ehe er den Entschluß faßte, sich in Rom die Kaiserkrone zu holen.

Der Weg nach Rom führte durch Italien, dessen Herrschaft wie bei Karl so auch bei Otto und in Zukunft auch bei seinen Nachfolgern die Voraussetzung für die Erlangung der Kaiserkrone bildete. Dabei ist bemerkenswert, daß Otto zwar schon früh an die karolingische Tradition anknüpfte, daß es aber nicht eigentlich diese Tradition war, die ihn zuerst nach Italien führte. Er zog über die Alpen, als er von Italien aus zu Hilfe gerufen wurde.

Dabei spielte sein Verhältnis zu Burgund eine Rolle, dessen Thronerben Konrad König Otto nach dem Tode von dessen Vater, König

Rudolfs von Burgund († 937), an seinen Hof geholt und in seinen Schutz genommen hatte. Er hatte sich dazu veranlaßt gesehen, da König Rudolfs alter Rivale, Hugo von der Provence, die Hand nach dem benachbarten Königreich ausgestreckt hatte, indem er Rudolfs Witwe heiratete und gleichzeitig seinen Sohn Lothar mit dessen Tochter Adelheid verlobte. Der Schutz Konrads durch Otto, der jenem die Herrschaft über Burgund rettete, brachte Otto in Gegensatz zu Hugo von der Provence, und da dieser bereits die Krone des Königreiches Italien erworben hatte, wirkte sich die burgundische Gegnerschaft bald auch auf Hugos Vorgehen in Italien aus.

Italien, das von allen karolingischen Nachfolgestaaten am wenigsten geschlossen war, ist eben deshalb im 10. Jahrhundert von seinen sämtlichen Angrenzern im Norden erstrebt und umkämpft worden, von denen es aber keinem gelang, eine unangefochtene Herrschaft aufzubauen – auch Hugo von der Provence nicht. Im Gegenteil: seine Herrschaft war geradezu dadurch charakterisiert, daß er in Italien besonders viele Feinde besaß. Der mächtigste von ihnen war der Markgraf Berengar von Ivrea. Berengar erstrebte nicht weniger, als Hugo zu verjagen, um an seiner Stelle selbst die Herrschaft auszuüben. Da er sich nicht durchzusetzen vermochte, wandte er sich an Hugos mächtigsten Gegner, den deutschen König Otto den Großen, leistete ihm den Treueid und erkannte damit Ottos Oberhoheit an. Als er daraufhin 945 mit deutscher Unterstützung nach Italien zurückkehrte, konnte er tatsächlich bald Hugo verdrängen, der 947 starb, mußte es aber hinnehmen, daß Hugos Sohn Lothar, der sich jetzt mit seiner burgundischen Braut Adelheid vermählte, durch die Großen zum König erhoben wurde. Otto der Große sah offenbar noch keinen Grund, sich in diese inneritalienischen Kämpfe einzuschalten, solange sie nicht – wie bei den Versuchen Hugos in Burgund – das Gleichgewicht störten. Seine Haltung änderte sich erst, als König Lothar bereits im Jahre 950 starb und nun Berengar die junge Königswitwe Adelheid gefangennahm, um sich selbst zum König von Italien krönen zu lassen. Denn das bedeutete, daß Berengar seinen Treueid gegenüber Otto gebrochen, die Königskrone usurpiert und die als rechtmäßig anerkannte Königin eigenmächtig festgesetzt hatte. Als diese daraufhin aus ihrer Haft den mächtigen König im Norden um Hilfe anrief, war dies das Zeichen zum Eingreifen Ottos in Italien.

Sein (erster) Italienzug führte 951 zur Eroberung des langobardischen Königreiches, des „regnum Italiae", und zur Heirat Adelheids. Gestützt auf das Recht der Eroberung und zusätzlich legitimiert durch die Heirat der Königswitwe machte sich Otto in Pavia ohne

Wahl, aber wohl mit der Huldigung der Großen, zum König der Langobarden. Es ist bezeichnend, daß er sich in Pavia offensichtlich in Anlehnung an den alten Königstitel Karls des Großen „rex Francorum et Langobardorum" nannte. Der neue Titel kennzeichnet die neu gewonnene Basis als Vorstufe des Kaisertums.

Dem entspricht es, daß Otto tatsächlich im Anschluß an seine Selbsterhebung zum König der Langobarden mit dem Papst in Rom in Verbindung trat, um sich auch gleich die Kaiserkrone zu holen. Damals wies der Stadtherr Alberich die Anfrage Ottos zurück, und es ist höchst merkwürdig, daß der König sich mit der Ablehnung zufrieden gab. Man sieht: der Gedanke an das Kaisertum bot sich Otto wie selbstverständlich an, als er in Italien Fuß gefaßt hatte; er schickte sich auch an, ihn zu verwirklichen, gab ihn aber sofort wieder auf oder stellte ihn jedenfalls zurück, als er in Rom auf Ablehnung stieß. Hier wird ganz deutlich sichtbar, daß die karolingische Tradition allein noch nicht zur Erneuerung des Kaisertums geführt hat. Sie bildete eine Voraussetzung und blieb dies auch weiterhin: der Gedanke an das Kaisertum lag bereit, aber er bedurfte noch eines weiteren Anstoßes, einer konkreten Auslösung, um wirksam zu werden. Otto der Große hat ihn von sich aus in keiner Weise forciert. Er hat aber andererseits auch keinen Augenblick gezögert, als der Papst zehn Jahre später diesen Anstoß durch seinen Hilferuf gab, ihm Folge zu leisten. Der Hilferuf richtete sich gegen den gleichen Berengar von Ivrea, den Otto schon auf seinem ersten Italienzug in seine Grenzen zurückgewiesen hatte, der danach aber unter seiner Lehnsoberhoheit wieder als König von Italien fungiert, sich jedoch immer weniger um den König im fernen Norden gekümmert und schließlich erneut seinen Treueid gebrochen hatte, als er im Drang nach Erweiterung seiner Macht auf den Kirchenstaat übergriff. Jetzt schloß der Hilferuf des Papstes das Angebot der Kaiserkrone ein, und Otto zögerte nicht, die erbetene Hilfe zu leisten, um sich dafür die verheißene Krone zu holen. So haben das Vorbild Karls des Großen, die Herrschaft über Italien und der Hilferuf des Papstes zusammen zur Kaiserkrönung Ottos des Großen und damit zur Erneuerung des westlichen Kaisertums geführt.

2. *Kaiserkrönung Ottos*

Am 2. Februar 962, dem Fest Mariae Lichtmeß, wurde Otto der Große von Papst Johannes XII. in St. Peter in Rom zum Kaiser gekrönt, nachdem er ohne jeden Widerstand durch Italien gezogen war und, vom Papst vor der Stadt feierlich empfangen, diesem nach karolingischem Vorbild den üblichen Sicherheitseid geleistet hatte. Die Geschichtsschreiber, die der außerordentlichen Bedeutung des Ereignisses entsprechend in großer Zahl darauf eingehen, berichten, daß Otto und Adelheid in der Krönungsmesse gesalbt und gekrönt wurden, wobei die Römer dem Gekrönten als Kaiser akklamierten. Der Ritus der Weihehandlung ist nicht bekannt, doch besteht kein Zweifel, daß der Papst Otto die Kaiserkrone mit eigenen Händen aufgesetzt hat. Diese Krone – vielleicht die gleiche, die heute noch in der Schatzkammer der Wiener Hofburg erhalten ist – war ein sakrales Zeichen, das ebenso wie bereits die ältesten Krönungsordnungen die Vergeistlichung des Kaisertums widerspiegelt. Es erscheint als ein Amt, das Gott verliehen hat und das daher selbst sakralen Charakter besaß. Höchst aufschlußreich beziehen sich die vier Hauptgebete dieser Ordines auf die Weisheit, die Beständigkeit, Kraft und Gerechtigkeit des Kaisers, das heißt: auf die vier traditionellen Herrschertugenden, die hier religiös motiviert werden. Der Kaiser soll sie zudem in höherem Maße besitzen als die übrigen Könige, damit er, wie es in einem dieser Gebete heißt, „super omnia regna precellat".

Es überrascht nicht – und steht im übrigen durchaus in Einklang mit dem geistlich-sakralen Charakter des Kaisertums –, daß Otto selbst, wie wir noch sehen werden, sich am karolingischen Kaisertum orientierte und sich schon wenige Tage nach seiner Krönung programmatisch zu ihm bekannte. Zweifellos besteht zwischen seinem, dem erneuerten, und dem karolingischen Kaisertum auch manche Gemeinsamkeit. Freilich zeigen sich zwischen ihnen auch beträchtliche Unterschiede, die nicht weniger ins Gewicht fallen, wenn wir versuchen, die Eigenart des neuen Kaisertums zu erfassen, das schließlich durch das ganze Mittelalter und weit darüber hinaus fortbestand.

Der erste und wichtigste Unterschied lag darin, daß der neue Kaiser nicht mehr, wie Karl der Große, Herr des ganzen Abendlandes war. Er war der Herrscher *eines* Reiches neben anderen und konnte lediglich die europäische Vormacht für sich in Anspruch nehmen. Zur Vormacht kam durch das Kaisertum nun noch der Vorrang hinzu. Seine Herrschaft beruhte also – wie die Karls – auf dem Königtum, nicht eigentlich auf dem Kaisertum, das nur hinzukam und eine Steigerung bedeutete. Da aber das Ottonenreich, wie wir sahen, nur einen Teil des Karlsreiches umfaßte, ruhte sein Kaisertum auf einer bedeutend schmaleren Basis als jenes auf.

Charakteristisch ist ferner – und dies war ein weiteres Ergebnis der Entscheidung, die durch Otto fiel –, daß das Kaisertum fortan mit dem deutschen Königtum verbunden blieb und daß infolgedessen die Kaiserkrönung in Rom, das heißt: die Verbindung mit dem Papst, für seinen Fortbestand wesentlich wurde. Diese Doppelverbindung hat sein weiteres Geschick entscheidend mitbestimmt. Seit Otto dem Großen mußte jeder deutsche König nach Rom ziehen und Italienpolitik betreiben, wenn er in die Spur seiner Vorgänger treten und sich als Kaiser erweisen wollte. So war im Kaisertum von vornherein die Zuordnung und Spannung zum Papsttum angelegt — eine Erscheinung, die für den westlichen Kulturkreis charakteristisch ist. Sie setzt das Nebeneinander von geistlichem und weltlichem Oberhaupt voraus — im Unterschied zu Byzanz, wo beide im Kaisertum zusammenfielen. Außerdem deutet sich in der Bindung der Krönung an Rom an, daß das Kaisertum das deutsche Reich auf den Weg zum Imperium Romanum verwies.

Was die Gestalt seiner Herrschaft angeht, so beherrscht der Kaiser das deutsche und das italische (und seit Konrad II. auch das burgundische) Regnum; sein Imperium umspannt also Deutschland und Italien (und seit 1032 Burgund). Dabei gilt, wie bereits festgestellt, daß das Imperium als Herrschaftsgebilde nicht primärer, sondern sekundärer Natur ist. Staatsrechtlich gesehen ist der Kaiser primär König von Deutschland und König von Italien (wie dann auch von Burgund). Es sind selbständige Königreiche, deren Verbindung in der Personalunion dieser Reiche im Herrscher und nicht eigentlich im Kaisertum begründet ist. Selbst die Oberhoheit über andere Reiche wie Polen (bis zur Warthe) oder Böhmen war nicht imperial, sondern lehnrechtlich bestimmt und basiert auf dem deutschen Königtum. (Eine Ausnahme, auf die wir noch zurückkommen werden, wird uns in Otto III. begegnen, der aber gerade mit seinen imperialen Vorstellungen gescheitert ist.) Es ist also wesentlich, daß das Kaisertum nicht etwa die Regna aufhob, sondern daß es sie voraussetzte und überwölbte und dabei auf sie angewiesen blieb. Es hat von der Kraft der Regna, und vor allem von der des deutschen, gelebt, und dementsprechend erwuchsen die eigentlichen Herrschaftsrechte aus dem Königtum.

In einer Hinsicht hat Otto der Große mit der Kaiserkrone allerdings auch neue Rechte gewonnen. Diese neuen Rechte bezogen sich auf Rom. Wir besitzen noch eine berühmte Urkunde, die wenige Tage nach der Kaiserkrönung, am 13. Februar 962, ausgestellt worden ist und uns über diese Rechte Auskunft gibt. Es handelt sich um das sogenannte Ottonianum, eine Urkunde, die sich selbst pactum confirmationis nennt und damit zu erkennen gibt, daß sie sich in einen größeren Traditionszusammenhang einordnet. Es ist, wie zu

erwarten, die karolingische Tradition, die Otto darin aufnimmt und fortsetzt. Indem er sich ausdrücklich zu Pippin und Karl dem Großen, den „excellentissimi imperatores, predecessores videlicet nostri" bekennt, erneuert er im ersten Teil der Urkunde die alte Pippinische Schenkung und bestätigt damit den Besitzstand des Kirchenstaates. In diesem ersten Teil handelt es sich also um Rechte, die der neue Kaiser dem hl. Petrus und seinem Nachfolger, dem Papst, zuerkennt. Anders im zweiten Teil, in dem Otto dem Papst Verpflichtungen gegenüber Kaiser und Reich auferlegt, wobei er jedoch auch hier auf ältere karolingische pacta zurückgreift. Die entscheidende Bestimmung lautet, daß fortan jeder Papst nach seiner Wahl und vor seiner Weihe im Beisein der Königsboten oder des Sohnes des Kaisers einen Treueid zu leisten hat. Außerdem sollen päpstliche und kaiserliche Beamte eingesetzt werden, die dem Kaiser jährlich Rechenschaft ablegen müssen; für Rom soll also eine Art päpstlich-kaiserliche Doppelregierung geschaffen bzw. erneuert werden; denn auch diese Bestimmung lehnt sich an karolingische Verfügungen an. Otto der Große schaltet sich damit einerseits in die Papstwahl ein und verschafft sich andererseits gewisse Sicherheiten für die Wahrung der kaiserlichen Interessen in Rom.
Da sich bald herausstellte, daß diese Sicherungen noch nicht ausreichten, hat Otto sie im folgenden Jahre nach der Absetzung Papst Johannes' XII. noch dadurch verstärkt, daß er auch noch den Römern einen Eid abforderte, in dem diese sich bereits verpflichten mußten, keinen Papst ohne Zustimmung des Kaisers zu wählen.
Das Ottonianum besagt in unserem Zusammenhang also zweierlei: Es ist eine Urkunde, die durchweg ältere, karolingische Bestimmungen erneuert. Damit wird sie für uns ein wichtiges Zeugnis für die Anknüpfung Ottos des Großen an die karolingische Tradition. Ihre Grundtendenz zielt darauf, dem Kaiser einen dauernden Einfluß auf das Papsttum zu sichern. Diese Tendenz weist in die Zukunft. Und tatsächlich ist das Hauptproblem der Folgezeit im Verhältnis von Kaisertum und Papsttum beschlossen. Der Gang der weiteren Geschichte ist wesentlich von daher bestimmt.

3. Kaisertum, Papsttum und Byzanz in der Spätzeit Ottos des Großen

Die Einschaltung Ottos des Großen in Rom hatte noch weitere Folgen, die auch ihre Rückwirkungen auf die Geschichte des deutschen Reiches haben mußten.

Die erste Rückwirkung lag darin, daß Rom den Herrscher seinem heimischen Regnum für längere Zeit entzog, als vorauszusehen war. Dies hing damit zusammen, daß Ottos Herrschaft in Rom trotz Ottonianum noch ganz ungefestigt war. Weder der Papst noch die Römer waren wirklich für ihn gewonnen. So sah er sich gezwungen, schon nach kurzer Zeit Johannes XII., der mit Berengar, den Ungarn und Byzanz gegen ihn konspirierte, durch eine Synode absetzen und sich von den Römern den erwähnten Eid schwören zu lassen, fürderhin ohne seine oder seines Sohnes Zustimmung keinen Papst mehr zu wählen. Auch damit war jedoch noch keine wirkliche Sicherheit gewonnen; denn die Römer setzten sich, als sie den Kaiser fern genug glaubten, auch über ihren Eid hinweg und stellten dem neuen, kaisertreuen Papst Leo VIII. in Benedikt V. einen Gegenpapst entgegen. Erst als Otto auch diesen in seine Gewalt gebracht und ihn durch die Verbannung in das ferne Hamburg aus der Gefahrenzone entfernt hatte, war das Ziel des Zuges erreicht und Otto konnte in dem Bewußtsein, daß seine Herrschaft in Italien gesichert sei, nach Deutschland zurückkehren.
Es dauerte jedoch nicht lange, und neue Wirren riefen ihn schon wieder nach Italien zurück und diesmal für noch längere Zeit, nämlich für volle sechs Jahre, nachdem der Krönungszug schon mehr als drei Jahre erfordert hatte. Dies ist symptomatisch für die Italienpolitik überhaupt. Seit Rom und Italien in den Interessenkreis des deutschen Kaisers getreten sind, haben sie in einem sehr hohen Maße seine Kraft und seine Zeit in Anspruch genommen. Sie haben den Nachfolgern Ottos, wenn ihnen das Glück hold war, zu den höchsten Triumphen verholfen, freilich dafür auch stets einen hohen Preis gefordert.
Der dritte Italienzug Ottos, den er im Herbst 966 von Worms aus antrat, führte zunächst wieder nach Rom, wo der Kaiser jetzt ohne große Mühe die Verhältnisse in seinem Sinne regeln konnte. Eine eigentümliche Konsequenz, die sich schon auf ähnliche Weise im Vorgehen Karls des Großen gezeigt hatte, hat ihn dann über Rom hinaus nach Süditalien geführt, und es ist wesentlich, daß ihm auch darin alle seine Nachfolger gefolgt sind. Offenbar hat sich ihnen die Erfahrung Ottos (wie Karls) des Großen bestätigt, daß man Roms nur sicher sein konnte, wenn man auch den Süden der Halbinsel unter Kontrolle hatte. Dies galt um so mehr, als die Päpste selbst eine intensive Politik in Unteritalien praktizierten. So waren es denn auch ihre Partner, die Otto auf seine Seite zog, als er sich — auch hier auf den Spuren Karls des Großen — von den langobardischen Fürsten von Capua und Benevent huldigen ließ.

Ottos Vorstoß nach Unteritalien brachte ihn schließlich – auch darin zeigt sich die Parallele zu Karl dem Großen – in Konflikt mit Byzanz, und wiederum spielte dabei das sogenannte Zweikaiserproblem eine Rolle. Die Rivalität von Byzanz zeigt an, daß der Basileus seinen Vorrang durch die wachsende Macht des neuen Kaisers gefährdet sah. Otto hingegen ergriff in ihr die Gelegenheit, die Anerkennung seiner Gleichrangigkeit zu erzwingen. So wechselten in den folgenden Jahren immer wieder Kämpfe mit Verhandlungen, die schließlich 972 zu einem Frieden führten, der Apulien beim Basileus, Capua und Benevent jedoch beim deutschen Kaiser beließ. Das Hauptergebnis des Friedens aber war, daß er durch eine Heirat zwischen den beiden Kaiserhäusern besiegelt wurde. Es war einer der großen Tage in der Herrschaft Ottos des Großen und in der Geschichte des jungen deutschen Reiches, als der Kaisersohn Otto II., den sein Vater 967 bereits im Hinblick auf dieses Ziel vom Papst zum Mitkaiser hatte krönen lassen, acht Tage nach dem Osterfest, am 14. April 972, in der Peterskirche in Rom mit der byzantinischen Prinzessin Theophano vermählt wurde. Die Heirat schloß die erhoffte Anerkennung des jungen deutschen Kaisertums durch den byzantinischen Kaiser ein; sie brachte dem deutschen Reich eine ebenso hoheitsvolle wie überlegene Kaiserin, und sie eröffnete ihm den Zugang zur reichen Kultur von Byzanz.

Das Kaisertum Ottos überstrahlte das Reich, das bereits wenige Jahrzehnte, nachdem es zu seinem eigenen Dasein gelangt war, seinen ersten Höhepunkt erreicht hatte. Als der heimgekehrte Kaiser am Osterfest 973 einen Hoftag in Quedlinburg hielt, versammelten sich nicht nur die geistlichen und weltlichen Großen seines Reiches um ihn, sondern auch Gesandte aus seinem weiten Umkreis: aus Rom und Byzanz, Benevent, Rußland, Ungarn, Bulgarien, Böhmen, Polen und Dänemark. Bald danach traf auch noch eine Gesandtschaft aus Afrika ein. Indem sie sich um ihn scharten, bekundeten sie, daß der Kaiser in der Tat, wie es in den Krönungsgebeten hieß, „super omnia regna precellit".

Wenig später, am 7. Mai 973, ist Otto in seiner Pfalz Memleben gestorben. Seinem Wunsch gemäß wurde er in Magdeburg, seiner Lieblingsgründung, beigesetzt: der erste und einzige unter den deutschen Kaisern, dem schon die Zeitgenossen den Beinamen des Großen zuerkannten und dem die Nachwelt ihn beließ, da er, der Heidensieger und Erneuerer des Kaisertums, durch dessen Verbindung mit dem deutschen Königtum die Grundkonstellation der deutschen Geschichte bestimmt hat.

V.

Das Geistesleben im Ottonenreich

Es ist ein Kennzeichen der großen historischen Leistung, daß sie nicht nur den staatlichen Verhältnissen, sondern auch der Kultur der Zeit neue Anstöße gibt, sie bewegt und weitertreibt. Dies war bei Karl dem Großen der Fall, der sie sogar auf neue, für ganz Europa gültige Grundlagen gestellt hat. Es gilt in einem anderen Sinne aber auch für die geschichtliche Leistung Ottos des Großen.

Als das fränkische Großreich im Lauf des 9. Jahrhunderts mehr und mehr verfallen war, hatte der politische Niedergang auch im Bereich von Bildung und Kunst zu einer zunehmenden Verarmung und Verkümmerung geführt. Als dann aber seit der Mitte des 10. Jahrhunderts die Gefahr gebannt und an die Stelle von Unsicherheit und Not wieder eine neue Ordnung getreten war, die das Bewußtsein weckte, daß Otto der Große als „maximus regum Europae" (Widukind) seinem Reich die europäische Führungsstellung errungen hatte, blühten, getragen vom Hochgefühl der Zeit und ihrer Erfolge, auch Bildung und Kunst von neuem auf: der Aufstieg des Reiches hat offensichtlich den Aufschwung des geistigen Lebens nach sich gezogen.

Sieht man näher zu, so zeigt sich, daß bei diesem „ottonischen Neueinsatz" (K. Hauck) die alten Reichsklöster im Westen und Süden Deutschlands vorangegangen sind, daß ihnen dann die sächsischen Klöster und diesen die großen Bischofskirchen nachfolgten, und es ist auffällig, daß sie fast alle mit dem Königshof in enger Verbindung standen.

Diese gleichsam im Dreischritt erfolgende Ausweitung deutet auf wichtige Zusammenhänge hin: Wenn die großen Klöster des Westens und Südens vorangingen, so geht dies darauf zurück, daß sie, die einmal zu den Mitträgern der karolingischen Bildungsbestrebungen gehört hatten, dieses Bildungserbe nie ganz preisgegeben hatten. Mochten sie es in den Bedrängnissen der Zeit auch nur notdürftig gepflegt haben, so hatten sie es aber doch bewahrt; die Tradition war am Leben geblieben, und sie war es, die mit der Normalisierung der Verhältnisse die alten Klöster wieder zu neuer Produktion angeregt hat.

Dabei ist der Funke von ihnen auf die sächsischen Klöster übergesprungen. Sie standen dem König am nächsten; seine Erfolge erfüllten sie mehr als die anderen mit Stolz und Zuversicht, und dank seiner Verbindung mit der Kirche sahen sie sich angetrieben, ihm wetteifernd mit den übrigen Klöstern die Früchte ihres Geistes und Fleißes darzubringen — mit dem erstaunlichen Erfolg, daß der Schwerpunkt der aufblühenden Bildung und Kunst sich in das bisher bildungsärmste Land des Reiches verlagerte, eben nach Sachsen, die Heimat des Königsgeschlechtes.

In diesen ersten beiden Phasen der neuen Bildungspflege war der König, soweit wir sehen, nur indirekt im Spiel: er hat zunächst durch die Sicherung seines Reiches die materiellen Voraussetzungen geschaffen, hat damit den geistigen Aufschwung ermöglicht, ihn aber nicht unmittelbar bewirkt. Bewirkt wurde er vielmehr durch den glücklichen Umstand, daß das Hochgefühl der Zeit, das sich im Anschluß an die äußeren Erfolge des Herrschers einstellte, mit der in den Klöstern lebendig erhaltenen karolingischen Tradition zusammentraf und sie von neuem aktivierte. Am Anfang stand also die alte Tradition und nicht der König — aber diese Tradition, die von dem größten mittelalterlichen Herrscher ausging, wies sozusagen von selbst auf den König hin. Und so stellte sich auch von ihr aus sofort eine Beziehung der neu aufblühenden Bildung zum Herrscherhaus ein, gewissermaßen eine natürliche Orientierung, die darin zum Ausdruck kam, daß die ottonischen Autoren nach altem karolingischem Brauch ihre Werke wieder dem König oder Mitgliedern seines Hauses widmeten.

Es wird nun für den Fortgang der Dinge wichtig, daß der König und sein Hof diese Widmungen nicht nur akzeptierten, sondern daß sie die Bestrebungen, von denen sie zeugen, sich selbst zu eigen machten und sie weitergaben: der Hof hat dafür gesorgt, daß der Bildungsaufschwung der Klöster auf die für den König besonders wichtigen Bischofskirchen und in ihnen wiederum auf die Domschulen übertragen wurde. Damit trat die ottonische Bildungserneuerung in ihre entscheidende Phase ein, in der sie ihre charakteristischen Werke hervorgebracht, ihre Besonderheit entfaltet hat.

1. Neuanfänge im Schulwesen

Es kann kein Zweifel bestehen, daß am Königshof nicht anders als in den Reichsklöstern die karolingische Tradition beteiligt war, wenn man sich plötzlich wieder der Bildung und der Kunst annahm und ihre Förderung und Pflege als eine königliche Aufgabe betrieb. Man erkennt deutlich das Vorbild des großen Karl, wenn man beobachtet, wie Otto von seinem ersten Italienzug ebenfalls gelehrte Grammatiker mit nach Deutschland brachte — nämlich den Diakon Gunzo und Stephan von Novara — oder wie er für den

Bau des Magdeburger Doms, wie ehemals Karl für Aachen, antike Säulen aus Italien kommen ließ. Während aber Karl die fremden Gelehrten an seinem Hof behalten hatte, hat Otto sie bezeichnenderweise nicht in seine ständige Umgebung aufgenommen, sondern ihnen an einer der großen Reichskirchen andere, für seine eigenen Bemühungen höchst aufschlußreiche Aufgaben zugedacht. So nahm er die Tradition zwar auf, wandelte sie aber ab, indem er sie den eigenen Bedürfnissen anpaßte. Diese Bedürfnisse waren vor allem durch sein besonderes Verhältnis zur Reichskirche bestimmt, und dem entsprach es, daß weniger der König selbst als sein Vertrauensmann in allen kirchlichen Fragen, sein geistlicher Bruder Brun, als Förderer des geistigen Lebens am Hof hervortrat. Wie sein Biograph Ruotger berichtet, verstand er es als Ausfluß seines „regale sacerdotium", wenn er sich mit seiner Wirksamkeit als Kanzler um die Hebung der Litterae bemühte. Als er im Jahre 953 Erzbischof von Köln wurde, behielt er diese Interessen bei und baute die Kölner Domschule zu einer der führenden Schulen des Reiches aus. Er folgte dabei einer Tendenz, die allerdings schon seit Jahren vom Hofe aus verfolgt wurde. So hören wir, daß der ehemalige Mönch von St. Maximin, dann Abt von St. Moritz in Magdeburg Anno bereits vor 950 im Auftrag des Königs eine ebenso berühmte Schule in Magdeburg gegründet hatte. In Würzburg war Stephan von Novara von Otto mit der gleichen Aufgabe betraut, auch er mit bedeutendem Erfolg. Dann hören wir um 954 in Hildesheim, 956 in Trier, darauf in Bremen, Mainz, Worms und Paderborn von der Gründung oder Neubelebung von Domschulen, und jedesmal waren es Bischöfe, die dem König nahestanden, welche die Gründung bewirkten. Es ist unverkennbar, daß sie vom Hofe aus gefördert worden sind.

Dieser Zusammenhang ist um so auffälliger, als er bei den Klosterschulen, die jetzt ebenfalls eine neue Blüte erlebten, nicht in gleicher Weise erkennbar ist. Jedenfalls sind hier die Verbindungen zum Hof offensichtlich weniger eng. Und so ist denn auch das Ergebnis, daß jetzt zum erstenmal mehrere, z. T. neugegründete, jedenfalls vorher bedeutungslose Domschulen eine Berühmtheit erlangten, welche die der Klosterschulen, auch der berühmtesten, weit überstrahlte.

Dabei bleibt zwischen beiden Schularten ein charakteristischer Unterschied. Während nämlich die Klosterschulen wie unter den Karolingern nicht nur auf eine allgemeine Bildungspflege, sondern auch auf die literarische Produktion ausgerichtet waren und ihr Ruhm vor allem in den literarischen Werken ihrer Schüler bestand, haben Männer wie Brun, die Leiter und auch die Schüler der Domschulen viel weniger nach literarischer Tätigkeit gestrebt. Ihr Ziel war anderer Art. Wie Ruotger für Brun ausdrücklich bezeugt, hat er das praktische Ziel verfolgt, die Bildung für Reich und Kirche nutzbar zu machen, indem er in erster Linie Männer heranbildete, die als praktische Helfer des Königs, als Bischöfe und Staatsmänner „rem publicam fide et viribus tuerentur". Diese praktische Ausrichtung charakterisiert alle Domschulen; sie zeigt an, daß ihre planmäßige Förderung durch den ottonischen Königshof in den Zusammenhang des Ausbaus der ottonischen Reichskirche gehört.

Seit Otto der Große seine Herrschaft wesentlich auf der Verbindung von Königtum und Reichskirche aufgebaut hatte, mußte ihm an der Heranbildung eines königtreuen geistlichen Nachwuchses besonders gelegen sein. Er fand den wichtigsten Helfer dafür in seinem Bruder Brun und den wichtigsten Ansatzpunkt in seiner Hofkapelle. Die im Dienst des Reiches bewährten Kapelläne boten ja die sicherste Garantie, auch als Bischöfe die Interessen von Reich und Kirche im Sinne des Königshofes zu vertreten. Zugleich erschienen sie geeignet, die Heranbildung des Nachwuchses in diesem Sinne zu leiten und zu überwachen.

Sie haben diese Erwartungen voll und ganz erfüllt — und mehr als dies: viele von ihnen wurden, indem sie diesen Aufgaben nachzukommen suchten, so sehr vom Geist der aufblühenden Bildung und der Kunst ergriffen, daß sie sich selbst gedrängt sahen, sie wenn nicht durch eigene Werke zu bereichern, was immer nur Sache eines kleinen Teiles blieb, so aber sich ihrer als Mäzene anzunehmen und sie nach Kräften zu fördern. Auch hier ging wiederum der Königshof voran und die Reichsbischöfe folgten seinem Beispiel nach. Man kann sagen, daß die bedeutendsten Werke der Zeit ihrer Anregung zu verdanken sind. So stellt sich uns die Entstehung eines großen Mäzenatentums als eine wesentliche Erscheinung dar, die sich über Lehren und Lernen der Schulen erhebt und deren Rahmen sprengt. Das geistige und künstlerische Leben der Ottonenzeit ist zumindest in seinen Spitzenleistungen, die seine Eigenart bestimmen, ermöglicht und getragen von diesem großen Mäzenatentum.

2. *Theologie, Liturgie und Kunst*

Es war der Ottonenzeit durchaus bewußt, daß sie kulturell ebenso wie politisch der Karolingerzeit verpflichtet war. Ihr eigenes Geistesleben hat sich denn auch, wie wir bereits sahen und wie sich uns noch weiter zeigen wird, auf dem Boden der karolingischen Grundlagen entfaltet. Wenn es dementsprechend als eine Erneuerung und Fortsetzung der karolingischen Bildung und Kultur erscheint, so schließt dies jedoch nicht aus, daß es gleichwohl ein eigenes und unverwechselbares Gesicht gewonnen hat. Beides gehört zusammen.

Wie stark zunächst die karolingischen Grundlagen bestimmend bleiben, zeigt in erster Linie die gesamte formale Bildung, die nicht umgestaltet oder gar erweitert wird. Es werden auch kaum neue Schulbücher geschrieben, obwohl die Schulen in hoher Blüte stehen. Dies läßt erkennen, daß man auf diesem Gebiet in den überlieferten Werken gültige Ausprägungen sah, die keiner Erweiterung oder Korrektur bedurften.

Ähnlich traditionell erweist sich auch die Theologie der Ottonenzeit. Sie war nach wie vor die Königin der Wissenschaften, war unentbehrlich und wurde auch intensiv gepflegt. So wissen wir z. B. von Brun von Köln, daß er nicht nur selbst an theologischen Fragen außerordentlich interessiert war und daß er sie mit Gleichgesinnten oft und gern erörtert hat, sondern daß er vor allem auch dafür Sorge trug, daß seine Kleriker eine gute theologische Ausbildung erhielten. Wir sahen auch bereits, daß sein Beispiel unter den übrigen Bischöfen Schule machte. Die theologische Ausbildung befand sich zweifellos auf einem guten Stand.

Es ist daher doppelt auffällig, daß die Zeit überraschend arm an großen theologischen Werken bleibt. Und damit hängt offenbar zusammen, daß es auch nicht mehr zu theologischen Kontroversen kommt, wie sie in der Karolingerzeit so oft und lebhaft ausgefochten worden sind. Es gibt eigentlich nur einen Theologen, der sein Leben lang über theologische Fragen nachgegrübelt hat, der dabei aber als ein ausgesprochener Außenseiter erscheint: Rather von Verona, ein ebenso ruheloser wie streitbarer Geist, der nicht recht in den ottonischen Episkopat und unter die ottonischen Theologen paßt. Denn sie sind im allgemeinen rezeptiv: sie übernehmen die karolingische Theologie und pflegen sie weiter.

Es liegt auf der Hand, daß für diesen Traditionalismus Ähnliches wie für die formale Bildung gilt: auch er gründet in der Gültigkeit des karolingischen Erbes. Doch kommt hier noch etwas Wesentliches hinzu, das nicht übersehen werden darf. Man muß bedenken, daß es ein Riesenberg an Überlieferung war, den die karolingischen Theologen gesammelt und zusammengetragen hatten. Ihn zu verarbeiten, erforderte die ganze Kraft ihrer ottonischen Nachfolger. Darum schloß sich jetzt mit einer gewissen inneren Notwendigkeit an die karolingische Phase der Sammlung eine Phase der Sichtung und der inneren Aneignung an. Und es spricht nur für die ottonischen Theologen, wenn sie angesichts der Überfülle der Überlieferung sich zunächst sichtend und sondernd um eine Eingrenzung und Aneignung des für sie Wesentlichen bemühten. So hat es gute Gründe, wenn die Theologie zur Zeit der Ottonen (wie übrigens auch noch der frühen Salier) ganz karolingisches Gepräge trägt. Immerhin deutet sich in der Begrenzung und Konzentration zumindest ein neues Verhältnis der Zeit zur Überlieferung an.

Sieht man näher zu, so bleibt es nicht bei dieser Andeutung. Es treten in der Tat im ottonischen Geistesleben erst allmählich, dann immer eindeutiger eigene Züge hervor. Die Zeit wird auf bestimmten Gebieten, auf denen sie offenbar besondere Bedürfnisse und Interessen hat, produktiv. So zeichnen sich in ihren wichtigsten Hervorbringungen gegenüber den voraufgegangenen Zeiten zunächst neue Schwerpunkte ab.

Ein solcher Schwerpunkt liegt sogar innerhalb der Theologie. Unsere bisherigen Beobachtungen gelten nämlich für die großen Bereiche der Dogmatik, der Exegese und der Apologetik, auf denen traditionellerweise das Hauptgewicht der karolingischen Bemühungen lag; sie gelten aber nicht für die Liturgie. Auf ihrem Felde hat die Ottonenzeit sogar überragende Leistungen vollbracht, in denen ein solcher neuer und eigentümlicher Zug der Zeit zum Ausdruck kommt.

Was die ottonische Liturgie auszeichnet, ist zunächst die Tendenz zur feierlichen Ausgestaltung des Gottesdienstes. Dementsprechend sind es in der Hauptsache Sakramentare, Evangeliare und Perikopenbücher, die uns davon Kunde geben. Als eine weitere Gattung kommt noch die des sogenannten Pontifikale hinzu, das heißt eines für den Pontifex, den Bischof, bestimmten Buches, das den Ritus mit den dazugehörigen Gebeten für diejenigen kirchlichen Handlungen beschreibt, die dem Bischof vorbehalten waren. Diese Bücher wurden gern mit Bildern geschmückt und kostbar ausgestattet, und sie wurden genau wie das Kreuz oder wie die Reliquien hoch verehrt; denn es war ja das Wort Gottes, das sie enthielten. Darum war ihre Kostbarkeit im Grunde ein Ausfluß der Überzeugung, daß Christus selbst symbolisch in ihnen gegenwärtig war.

Es ist nun bezeichnend, daß unter den zahlreichen liturgischen Büchern, die im 10. Jahrhundert entstanden, das bedeutendste ein solches Pontifikale ist: das sogenannte Mainzer oder (nach dem Vorschlag Carl Erdmanns) das ottonische Pontifikale. Dieses Buch, das nach 950 und vor 962 in Mainz entstanden ist und das neben anderen liturgischen Handlungen vor allem Gebete für die Herrscherweihe enthält, ist für das Ottonenreich maßgebend geworden und hat darüber hinaus auch in Italien und in Rom selbst Aufnahme gefunden, wo man es später in das Pontificale Romanum eingearbeitet hat. Mit Recht hat deshalb Carl Erdmann betont, daß es als die wichtigste Repräsentation der ottonischen Reichskirche und ihrer Weltgeltung angesehen werden darf. Das in unserem Zusammenhang Bedeutsame liegt nun darin, daß in diesem Pontifikale die Strahlkraft des Hofes besonders spürbar ist; denn es sind vor allem Bedürfnisse des Königtums, denen es gerecht zu werden sucht, indem es für seine Weihe und für den herrscherlichen Gottesdienst angemessene Formen fixiert. Man sieht also, daß in der Theologie die produktivsten Kräfte sich offenbar den Aufgaben zuwandten, die aus den Bedürfnissen des Königtums und des höfisch-adligen Lebens erwuchsen.

Dies zeigt sich vollends in der künstlerischen Ausgestaltung dieser Bücher, auf die hier nur am Rande und nur im Hinblick auf ihre historische, nicht ihre künstlerische Bedeutung eingegangen werden kann. Es liegt auf der Hand, daß nicht alle liturgischen Bücher mit kostbaren Miniaturen und edelsteinbesetzten Einbänden geschmückt werden konnten. Solche Prachthandschriften mußten dem feierlichen Gottesdienst vorbehalten bleiben, und sie gingen in der Regel auf prominente Auftraggeber und Stifter zurück. Der wichtigste unter ihnen war wiederum der Herrscher selbst, dessen Bild als Stifterbild deshalb auch gerade in den kostbarsten dieser Handschriften zu finden ist. Es sei nur auf die bekannten Darstellungen Ottos III. und Heinrichs II. verwiesen, die den Herrscher sogar in der zuvor Christus vorbehaltenen Mandorla zeigen: sie dokumentieren, daß der herrscherliche Stifter sich damit als Abbild des herrschenden Christus in seiner Stiftung in dem wesentlichen Sinne verewigt, daß ihm die Stiftung das Tor zur Ewigkeit erschließt. Neben dem Herrscher kennen wir Erzbischöfe und Bischöfe, aber auch weltliche Große, die derartige kostbare Handschriften für den kirchlichen Gebrauch herstellen ließen. Wenn dabei besonders Klöster wie Echternach, die Reichenau, Fulda oder St. Emmeram in Regensburg eine führende Rolle spielten, so bleibt es jedoch wesentlich, daß sich überall die auslösende und anregende Wirkung des Königshofes bemerkbar macht.

Es ist daher kein Zufall, daß am Anfang der aufblühenden ottonischen Buchmalerei eine Prachturkunde Ottos des Großen steht: das berühmte Ottonianum vom 13. Februar 962 mit der grundsätzlichen Regelung des Verhältnisses von Kaiser und Papst — zehn Jahre später gefolgt von der noch prunkvolleren, in Wolfenbüttel verwahrten Urkunde, mit der Otto II. seiner byzantinischen Gemahlin Theophano die Morgengabe verbriefte. Es scheint, daß man

am sächsischen Hof Wert darauf legte, der byzantinischen Prinzessin mit diesem Prunkstück Eindruck zu machen. Prunkurkunden dieser Art hatte vorher nur der byzantinische Kaiser ausgestellt. So sah man sich darauf verwiesen, auch auf künstlerischem Gebiet seinem Vorbild nachzueifern. Wenn sich in der Folge in der ottonischen Kunst in verstärktem Maße byzantinische Einflüsse geltend machten, so kann man sagen, daß Bedürfnisse des Herrscherhauses dazu den Anstoß gegeben haben und daß die Kaiserin Theophano dabei sicher eine wichtige Vermittlerrolle gespielt hat. Denn es sind Otto II., ihr Gemahl, und vor allem Otto III., ihr genialer Sohn, die sich am meisten um die Förderung von Kunst und Gelehrsamkeit bemüht haben, Otto III. zudem auf eine ganz persönliche Weise: Er, der darauf brannte, sich die „griechische Feinheit" (Grescisca subtilitas) zu eigen zu machen, hat sie zweifellos auch in der Kunst zu schätzen gewußt. Allein die Kunstwerke, die er der Marienkapelle in Aachen zum Geschenk gemacht hat, weisen ihn als einen der größten Mäzene des ganzen Mittelalters aus.
Die Kunstwerke selbst aber zeigen, daß die Zeit in der Schule ihrer karolingischen und ihrer byzantinischen Vorbilder ihre eigene Sprache gefunden hat. Sie hat die durch die Antike vermittelte Wirklichkeitsnähe der karolingischen Kunst verloren, dafür aber Formen gefunden, die, Zeit und Zeitlosigkeit verbindend, eine transzendente Ordnung sichtbar machen, in der sie ihren Sinn begründet weiß. Ihre großen Werke sind nicht zufällig in den Rahmen der Liturgie eingefügt: sie sind ihr innerlich verwandt und sprechen die gleiche Sprache, die Erde und Himmel verbindet. Sie intendieren letztlich die visionäre Kunst des Gottesstaates. So weist die Ottonenzeit nach dem Zeugnis dieser Kunst, die eine absolute Sprache spricht, vielleicht mehr und unbedingter als jede andere Zeit über sich selbst hinaus.

3. Die Geschichtsschreibung

Bei aller Orientierung am sinnbestimmenden Goldgrund der Ewigkeit hat die Ottonenzeit (die, wie in der Kunst, so auch im Geistesleben nicht mit dem Erlöschen des Herrscherhauses im Jahre 1024 endet, sondern als geistige Einheit bis zum Ausbruch des Investiturstreites reicht) nicht den Boden unter den Füßen verloren. Ihr Blick war keineswegs nur dem Hintergrund des Jenseits zugewandt. Im Gegenteil: sie leitete mit Brun von Köln aus dem Glauben die Pflicht zum Handeln ab. So verband sich der Glaube mit der Politik, der

Kaiser mit dem Episkopat wie mit dem Adel, und die Erfolge, die sie gemeinsam errangen, haben das stolze Selbstbewußtsein der Zeit bestimmt.

Dieses Selbstbewußtsein hat seinen stärksten Ausdruck in der Geschichtsschreibung gefunden, die einen weiteren Schwerpunkt im Geistesleben der Ottonenzeit bildet, gegenüber von Liturgie und Kunst gleichsam das dem Diesseits zugekehrte Gegengewicht.

Dabei gibt es zwischen ihnen mancherlei Querverbindungen und Gemeinsamkeiten, vor allem in ihrer karolingischen Herkunft und ihrer durch das Königtum angeregten Erneuerung, die zugleich mit einer strafferen Begrenzung und ihrer völligen Eineignung verbunden ist.

Wir besitzen noch ein Werk aus dem deutschen Westen, das in seinen beiden Teilen, einer Chronik und deren Fortsetzung, geradezu exemplarisch die karolingische Grundlage, den Abbruch und die ottonische Wiederanknüpfung widerspiegelt: es ist die Chronik des Abtes Regino von Prüm und ihre Fortsetzung, die sogenannte Continuatio Reginonis. Die Chronik Reginos, die mit dem Jahr 906 abbricht, ist ganz getragen von dem Bewußtsein des Niedergangs der Zeit, die von der Höhe, die einst Karl der Große repräsentiert hatte, durch ihre innere Zwietracht wieder abgeglitten war. Das Auseinanderbrechen des großfränkischen Reiches erscheint Regino als Symbol und Wurzel allen Übels. Diese Chronik, deren Verfasser 915 in St. Maximin bei Trier gestorben ist, hat nach der Jahrhundertmitte eine Fortsetzung gefunden, die von einem ganz anderen Geist erfüllt ist: nicht mehr am zerfallenen fränkischen Großreich, sondern am machtvoll aufstrebenden deutschen Reich Ottos des Großen orientiert. Als Verfasser hat sich der ehemalige Mönch in St. Maximin, spätere königliche Kapellan, Russenmissionar und – seit 968 – der erste Erzbischof von Magdeburg Adalbert identifizieren lassen. Man spürt seiner Chronik die höfische Erfahrung ihres Verfassers an, der kurz, aber genau berichtet und einen weiten Überblick über die Ereignisse und ihre Zusammenhänge nicht nur in Deutschland, sondern auch in Italien besitzt. Es ist die beste Reichsgeschichte dieser Zeit und zugleich ein sprechendes Beispiel für die befruchtende Wirkung des Hofes auf die neu aufblühende Geschichtsschreibung.

Ähnliches läßt sich für die ganz andersartige Sachsengeschichte Widukinds von Korvey sagen – nur daß bei ihm außer König und Kirche besonders der sächsische Stamm, dem anzugehören den Mönch mit größtem Stolz erfüllt, das Urteil bestimmt. Er ist so stolz auf seine Zugehörigkeit zum sächsischen Stamm, weil er der Stamm des Königsgeschlechtes ist, und er bekennt, daß ihn die

Größe und der Ruhm Ottos und des durch ihn erhöhten Stammes zur Abfassung seines Werkes bewog, das er der Kaisertochter Mathilde, Äbtissin von Quedlinburg, gewidmet hat.

Es ist bezeichnend, daß selbst die erste Dichterin des Mittelalters, die vornehme Stiftsdame Hrotsvit von Gandersheim, sich auf Anregung ihrer Äbtissin, der Prinzessin Gerberga, der Geschichtsschreibung zugewandt und ein Epos über die „Taten Ottos" verfaßt hat, mit manchen guten Nachrichten, die ihr von Mitgliedern des Kaiserhauses selbst übermittelt waren, und dadurch charakterisiert, daß sie besonders stark antiken Vorbildern folgte und so z. B. auch das Kaisertum Ottos mit dem antiken römischen Kaisertum in Verbindung brachte. Sie hat ihr Werk sorgar dem Kaiser selbst überreicht.

Widukind und Hrotsvit waren die beiden stärksten Kräfte, die Sachsen im 10. Jahrhundert hervorgebracht hat, Korvey und Gandersheim nicht zuletzt durch sie die führenden Klöster. In ihren Werken hat das ottonische Schrifttum seine vielleicht bezeichnendste Ausprägung erhalten. Aber wie zwischen beiden, der antikisierenden Stiftsdame und dem alles Sächsische heroisierenden Mönch, nach Haltung und Stilwillen beträchtliche Unterschiede bestanden, so ist die Zeit überhaupt viel weniger uniform und weniger eng, als es zunächst erscheinen könnte. Vor allem wirken mit den karolingischen Grundlagen auch die europäischen Zusammenhänge fort.

Ein Musterbeispiel dafür ist der Lombarde Liudprand von Cremona, der das ottonische Geistesleben gleich durch mehrere, z. T. am Hofe selbst entstandene historische Werke bereichert hat: durch sein „Buch der Vergeltung" (Antapodosis), in dem er auf eine höchst persönliche Weise Rache an seinen Feinden nimmt, seine „Historia Ottonis", in der er Ottos Eingreifen in Rom behandelt und damit eine Art Rechtfertigung der Politik des Kaisers gegenüber Rom und dem Papsttum verbindet, und schließlich seinen Bericht über eine Gesandtschaft nach Konstantinopel im Jahre 968, auf der er im Namen des Kaisers für dessen Sohn Otto II. um eine byzantinische Prinzessin warb — zunächst ohne Erfolg, weshalb er seine Schilderung des byzantinischen Hofes denn auch mit entsprechend dunklen Anspielungen und spitzen Bemerkungen würzt.

Es wären noch weitere Werke zu nennen: etwa die bereits mehrfach erwähnte Vita Brunonis des Kölner Klerikers Ruotger, der bei der Schilderung seines Helden die klarsten Formulierungen für die Grundüberzeugung der Zeit gefunden hat, daß Reich und Kirche eine Einheit bilden, oder — eine Generation später — die bedeutende Chronik des Reichsbischofs Thietmar von Merseburg, eines geistigen Bruders des Verfassers der Continuatio Reginonis, Adalberts von Magdeburg, ebenso zahlreiche Bistums- und Klostergeschichten oder Viten, unter denen nur noch die „Gesta Chuonradi" des Kapellans Wipo hervorgehoben seien, eines Burgunders, der ähnlich wie der Lombarde Liudprand die weiterwirkende europäische Komponente in der ottonisch-salischen Historiographie bezeugt.

Alle diese Werke lassen im wesentlichen zwei Grundzüge erkennen: Einerseits bleiben in ihnen die karolingischen Grundlagen und das heißt zugleich: die europäischen Zusammenhänge wirksam. Sie werden durch die Aufnahme byzantinischer Einflüsse sogar noch verstärkt und zeigen sich im übrigen auch darin an, daß neben Deutschen ebenso Lombarden, Burgunder oder auch Franzosen wie der überlegene Gerbert von Reims sich, in der Regel im Dienst des Kaisers, am geistigen Leben in seinem Reich beteiligen.

Andererseits ist in den Werken eine stärkere Selektion und mit ihr eine Vereinfachung erkennbar. Während die karolingischen Gelehrten alles in ihre Scheunen gebracht hatten, was ihnen von der heidnischen und christlichen Antike zugänglich war, griffen die ottonischen zwar auf die karolingische Leistung zurück, wählten aber in ihr noch weiter aus. So sind die antiken Elemente, die sie übernahmen, jetzt stärker eingeschmolzen als in der Karolingerzeit. Gleichzeitig melden sich im lateinischen Gewande heimische — später wird man sagen: nationale — Besonderheiten an, besonders deutlich erkennbar etwa bei Widukind, auf andere Weise aber auch bei Thietmar von Merseburg und anderen. Es bahnt sich also innerhalb der karolingischen Einheitskultur eine Differenzierung an. Man ist sich seiner Mittel sicher geworden und nimmt aus der Vielfalt vorbildlicher Schöpfungen nur das auf, was man den eigenen Absichten und Zwecken dienstbar machen kann.

Ein Schlüssel für diese Selektion wie auch für die eigentümliche Konzentration auf die neuen Schwerpunkte der Geschichtsschreibung, der Liturgie und Kunst, liegt, wie sich uns wiederholt zeigte, in der Ausstrahlung und in den Bedürfnissen des jungen ottonischen Königtums, die sich bei seiner engen Verbindung mit der Reichskirche gleichsam von selbst auf die Kirche übertrugen. Wenn freilich aus allen Werken der Zeit ein neuer hochgestimmter Geist spricht, dem sich ein neuer Ordnungswille verbindet, so ist es zuletzt gewiß dieser Geist — ein Geist, den man beschreiben, aber nicht erklären kann —, den die Schöpfer dieser Werke in sich aufgenommen und dem sie in ihnen Gestalt gegeben haben.

Danach ist es das Signum der ottonischen Kultur, daß sie, erwachsen auf dem Boden der karolingischen Tradition, sich in den Rahmen der Einheit von Reich und Kirche einfügt und diese auf ihre Weise als innere Einheit von Gott und Welt, Glaube und Leben widerspiegelt – eine Einheit, die in Wirklichkeit gewiß nur relativ war, die aber weder früher noch später so überzeugenden Ausdruck gefunden hat.

VI.

Die Renovatio imperii Romanorum

Es ist bemerkenswert, daß Otto der Große seine Landsleute in seinen Urkunden bereits wiederholt Teutonici nannte, ebenso bemerkenswert, daß er nicht daran gedacht hat, auch sein Reich als Regnum Teutonicum, als deutsches Reich zu bezeichnen, obwohl diese Bezeichnung durchaus möglich gewesen wäre. Man erkennt die Macht der Tradition, wenn er mit seinen Großen Wert darauf legte, sein Reich weiterhin Regnum Francorum zu nennen. Dies schließt allerdings nicht aus, daß er in ihm ein eigenes und selbständiges Reich sah, das den Nachbarreichen überlegen war und dem diese Überlegenheit schließlich mit dem Kaisertum bestätigt wurde.
Es ist darum ein Trugschluß, wenn man gemeint hat, man könne unter Otto I. noch nicht von einer deutschen Geschichte sprechen, weil das Reich noch nicht eindeutig als deutsches deklariert sei. Ganz abgesehen davon, daß immerhin das deutsche Volk bereits in Königsurkunden mit diesem Terminus belegt ist, verkennt diese Unterstellung vor allem einen wesentlichen Sachverhalt, nämlich die Komplexität des Reiches, die auch sein Selbstverständnis bestimmt. Wenn es auch richtig ist, daß von Regnum Teutonicum erst seit Anfang des 11. Jahrhunderts häufiger gesprochen wird, so ist nicht nur zu beachten, daß dies zuerst in Italien, gleichsam von außen, geschieht, und zwar eindeutig, um das Reich in seine Grenzen zurückzuverweisen, sondern vor allem, daß die neue Bezeichnung keineswegs die ältere einfach ablöst. Es ist vielmehr wesentlich, daß dasselbe Reich mit mehreren Namen bedacht wird, und zwar noch für Jahrhunderte, wobei obendrein zur Bezeichnung Regnum Francorum und Regnum Teutonicum auch noch Imperium Francorum und Imperium Romanorum hinzukommt. Dabei war nie zweifelhaft, daß

das Regnum Francorum (oder genauer das „regnum orientale Francorum") mit dem Regnum Teutonicum identisch war. Darum bleibt es bei der Feststellung Ottos von Freising, daß das deutsche Reich („Francorum regnum orientale, quod Teutonicum dicitur") mit den Ottonen beginnt; denn — so können wir hinzufügen — unter ihnen hat es seine Eigenständigkeit erlangt, die nie mehr in Frage gestellt worden ist, wie auch die Identität des Reiches seitdem bei jedem Herrscherwechsel als selbstverständlich galt.

Die Frage war nie, ob das Reich fränkisch oder deutsch war: Daß es sich sowohl als fränkisch wie als deutsch verstand, macht vielmehr zu einem guten Teil gerade die Eigenart des Reiches aus. Wenn dann im Laufe der Zeit die fränkische hinter der deutschen Bezeichnung zurücktrat, so hängt dies mit einer ganz anderen Verschiebung zusammen, die viel spannungsreicher war. Sie vollzog sich auf der Ebene des Imperiums, das uns ebenfalls als Imperium Francorum, aber auch als Imperium Romanorum begegnet, und dessen Doppeldeutigkeit sich nun aber als ein echtes Problem erwies. Als Otto der Große das Kaisertum erneuerte, knüpfte er, wie wir sahen, bewußt an das Imperium Karls des Großen, das Imperium Francorum, an. Er mußte aber auch, wie schon Karl, erfahren, daß das Kaisertum, da es in Rom begründet war, damit auch stets die römische Deutung nahelegte, diese aber auf den Widerstand des traditionsbewußten Kaisertums in Byzanz stieß. Da Otto, wie schon Karl, die byzantinische Anerkennung wichtiger war als das römische Attribut, fiel es ihm nicht schwer, auf dieses zu verzichten, und so betonte er den fränkischen Charakter des Imperiums. Dabei blieb aber immer die Möglichkeit bestehen, daß neue Spannungen mit Byzanz den Kaiser und seinen Hof veranlaßten, dem Byzantiner den Alleinanspruch auf das römische Imperium wieder streitig zu machen, indem er das eigene Reich und Kaisertum als römisch deklarierte.

Daneben kündigt sich in der gelehrten Beschäftigung mit dem Reich die Tendenz an, das eigene Imperium auf das alte Imperium Romanum zurückzuführen, so unter Otto dem Großen im Werk der Stiftsdame Hrotsvit von Gandersheim. Und da diese Tendenz um sich griff, mußte auch sie die Neigung verstärken, dem Reich der deutschen Kaiser den Titel des „Imperium Romanorum" zu vindizieren. Von hier aus war es dann nur noch ein kleiner Schritt, in diesem Titel den Ausdruck einer ehrwürdigen Tradition zu sehen — einer Tradition, die damit neben die fränkische trat, die ihrerseits aus dem Titel „Imperium Francorum" sprach. Es ist charakteristisch, daß beide in Spannung zueinander standen und sich gegenseitig zu verdrängen suchten. Tatsächlich hat es zwischen beiden Formen zunächst lange Schwankungen gegeben, bis sich dann bekanntlich

die römische Bezeichnung für das Reich durchgesetzt hat, zuletzt bezeichnenderweise in Verbindung mit der ergänzenden Formel „deutscher Nation". (Es mag nicht unwichtig sein festzustellen, daß dieser Ausklang in einer merkwürdigen Kongruenz dem Beginn entspricht, an dem auch noch nicht vom deutschen, sondern vom fränkischen Reich, aber vom deutschen Volk berichtet wird.)
Hier haben wir es zunächst mit dem ersten Vordringen des römischen Gedankens zu tun, der mit einem Rückschlag endet, dennoch aber weiter wirksam bleibt. Dabei sind ganz konkrete politische Momente im Spiel, weshalb es angebracht ist, von ihnen auszugehen.

1. Krise unter Otto II.

Auf Aufstieg und Höhe des Reiches unter Otto dem Großen folgt eine Zeit der Krise und der Bewährung unter seinem Sohn Otto II. Die Krise setzt im Innern nach dem Vorspiel eigennütziger Machenschaften einer süddeutschen Adelsopposition, die Otto in ihre Grenzen zurückverwies, mit dem Aufstand des Herzogs Heinrich des Zänkers von Bayern ein. Der Aufstand griff schnell um sich und dehnte sich durch die Aktivität des Zänkers nicht nur auf Schwaben und Lothringen, sondern auch auf Böhmen und Polen aus. Er wurde nach schweren und wechselvollen Kämpfen 978 niedergeworfen; anstelle Heinrichs des Zänkers, der bereits 976 abgesetzt worden war, erhielt des Kaisers Neffe Otto, ein Sohn des ehemaligen Herzogs Liudolf von Schwaben, zusammen mit Schwaben auch das bayrische Herzogtum. Bei dieser Gelegenheit wurde der bayrische Südosten als Herzogtum Kärnten abgetrennt und die alte bayrische Ostmark reorganisiert. Sie wurde dem Babenberger Liutpold anvertraut, mit dem das Geschlecht der Babenberger seine große Zukunftsaufgabe im Südosten übernahm.
Noch während der inneren Kämpfe kündigten sich Krisenzeichen auch im Westen an. Hier war es Otto dem Großen gelungen, die westfränkischen Versuche, Lothringen wieder zurückzugewinnen, nicht nur abzuweisen, sondern sich auch in die inneren Thronkämpfe einzuschalten und dabei zwischen den beiden Rivalen, mit denen er verschwägert war, die Rolle des Schiedsrichters zu übernehmen, die er bis zu seinem Tode behauptet hat.
Jetzt setzten unter König Lothar die westfränkischen Rückeroberungsversuche Lothringens von neuem ein, und zwar mit einem Überfall auf die Pfalz Aachen, dem Otto II. mit knapper Not ent-

kam. Sein Gegenangriff führte bis vor die Tore von Paris, wo er jedoch steckenblieb und Otto sich wegen Mangel an Nahrung bald wieder zur Umkehr gezwungen sah. Auf dem Rückzug mußte er noch eine Schlappe einstecken. Da aber auch König Lothar wieder innere Schwierigkeiten bekam, stellten beide Seiten ihre Feindseligkeiten zurück und schlossen notgedrungen im Mai 980 Frieden. Otto II. hatte so die Stellung des Reiches im Westen – wie übrigens auch im Norden und im Osten – zu behaupten vermocht, aber es war auch bereits zu sehen, daß Westfranken nicht mehr bereit war, die deutsche Vormacht noch wie unter Otto dem Großen länger anzuerkennen.

Otto II. aber sah sich jetzt in der Lage, seine eigene Politik zu betreiben, deren Ziel in Italien lag. Zunächst schien es, daß er ganz der Spur seines Vaters folgte, als er sich 980 nach Rom wandte, um hier dem bedrängten Papst gegen die Adelspartei der Crescentier den Rücken zu stärken, was ihm schon durch sein bloßes Erscheinen gelang. Als er dann aber weiter nach dem Süden zog, griff er entschlossen über Otto den Großen hinaus, der sich im Süden der Halbinsel bewußt mit Byzanz in die Herrschaft geteilt hatte, um sich dadurch mit ihm zu arrangieren. Diese Absicht lag Otto II. fern. Da Italien gerade von den Sarazenen bedroht war, die seit 976 von Sizilien auf die Halbinsel übergegriffen hatten, hätte Otto sich auf ihre Bekämpfung konzentrieren und versuchen können, sie sogar im Bunde mit den Byzantinern zu bekämpfen, zumal diese den Kampf gegen die neuen Eindringlinge bereits aufgenommen hatten. Statt dessen wandte er sich jedoch gleich gegen beide, Sarazenen und Byzantiner – mit dem stolzen Ziel, mit ihrer Vertreibung nun endlich ganz Italien unter seiner Herrschaft zu vereinigen. Dieses Ziel war grundsätzlicher Natur; es wies vor allem Byzanz in seine Grenzen, und um dies zu betonen, nahm Otto II. seit 982 den neuen Kaisertitel „Romanorum imperator augustus" an.

Dem Anspruch des Titels mußten die Waffen Nachdruck verleihen. So richtete sich Ottos Angriff zunächst gegen das byzantinische Apulien, das bald erobert war. Dann stieß er im benachbarten Kalabrien am 15. Juli 982 am Cap Colonne südlich von Cotrone auf die Araber. Die Schlacht, die mit dem Tod des Sarazenenführers Abul Kassim schon gewonnen schien, endete durch das überraschende Eingreifen eines sarazenischen Reservekontingents mit einer vollständigen Niederlage des kaiserlichen Heeres. Der Kaiser selbst entkam im letzten Augenblick auf ein griechisches Schiff, von dem er sich unerkannt in Rossano schwimmend zu den Seinen in Sicherheit bringen konnte.

Der Feldzug war gescheitert. Obwohl die Sarazenen sich nach dem Verlust ihres Führers wieder nach Sizilien zurückzogen, behaupteten sich jedoch die Byzantiner im Süden Italiens. Der Kaiser gab freilich nicht auf. Er leitete vielmehr sofort neue Rüstungen ein, und die Fürsten waren auch bereit, ihm zu folgen, forderten dafür jedoch auch ihren Preis: auf ihr Drängen wurde auf dem Reichstag von Verona im Mai 983 der dreijährige Otto III. zum König gewählt und vereinbart, daß er nach der Krönung in Aachen in Deutschland bleiben und dem Erzbischof von Köln zur Erziehung anvertraut werden sollte. Offenbar rechnete man damit, daß der Kaiser noch längere Zeit an Italien gebunden bleiben werde und sicherte sich auf diese Weise zumindest einen gewissen Einfluß auf den jungen König.
Wenn man sich in Verona über die Zukunft des Reiches Sorgen machte, so waren sie in der Tat angebracht. Während man noch beriet, traf die Schreckensnachricht ein, daß das Reich nach Cotrone von einem zweiten, schweren Schlag betroffen war: die Slawen hatten sich, das Fernsein des Kaisers nutzend, in einem mächtigen Aufstand erhoben, der das gesamte Aufbauwerk Ottos des Großen östlich der Elbe zerstörte. Dazu setzten auch noch im Norden Einfälle der Dänen ein.
In dieser Situation, in der dem Reich von seinen Rändern im Norden, Osten und Süden her die größten Gefahren drohten, traf es innerhalb von knapp zwei Jahren der dritte und vielleicht schwerste Schlag, als der Kaiser am 7. Dezember 983, erst achtundzwanzig Jahre alt, als Opfer der Malaria verschied.
Anders, als er geträumt haben mag, hat er sein Ziel in Rom gefunden: Otto II. ist der einzige deutsche Kaiser, der in St. Peter in Rom bestattet worden ist.

2. Otto III., Aachen und Rom

Im selben Monat, als sein Vater starb, ist Otto III. in Aachen gekrönt worden: Er hat es nie vergessen, daß seine Herrschaft von Aachen ihren Ausgang genommen hat — in Rom, so hat er schon früh erkennen lassen, sollte sie sich erfüllen. Freilich: auch bei ihm, der sich bald noch höher als sein Vater über die Wirklichkeit erhob, um sie nach seinem großgeschauten Ideal zu verwandeln, hat sich zuletzt die Wirklichkeit über seine Träume und Wünsche hinweggesetzt. Und so sollte sein letztes Ziel doch nicht Rom, sondern wieder das Aachen seines Anfangs sein, das Aachen Karls des Großen.

Dem Aachener Anfang folgten zunächst schwere Jahre des Beginns, in denen andere für den jungen König handeln mußten. Es war die große Leistung der vormundschaftlichen Regierung und an ihrer Spitze der Kaiserin Theophano, daß es gelang, die schlimmsten Gefahren vom Reich abzuwenden und dem unmündigen König die Herrschaft zu bewahren. Dabei bewies Theophano, unterstützt vor allem vom Erzkanzler Willigis von Mainz und dem Kanzler Hildibald von Worms, im Innern wie nach außen Tatkraft und Augenmaß. Wenn es auch nicht gelang, im Osten die großen Verluste, die durch den Aufstand von 983 eingetreten waren, wieder rückgängig zu machen, so konnten doch die zeitweilig stark bedrohte Nordmark und die Mark Meißen gesichert und die Verhältnisse insgesamt durch den Frieden mit Miesco von Polen und Boleslaw von Böhmen stabilisiert werden. In Italien, wo Theophano als „imperator augustus" urkundete, trat sie betont als Platzhalterin ihres Sohnes auf, und im Westen, wo durch die erneute Empörung Heinrichs des Zänkers und dessen Bündnis mit dem westfränkischen Karolinger Lothringen gefährdet war, vermochte sie durch ihre kluge Politik während der Thronablösung der Karolingerkönige Lothar († 986) und Ludwig V. († 987) durch Hugo Capet diesen zum Verzicht auf Lothringen zu bewegen. Sie hat im übrigen in richtiger Einschätzung der Verhältnisse zwar dem karolingischen Rivalen Hugos, Herzog Karl von Niederlothringen, die Unterstützung versagt – und zwar deshalb versagt, weil Karl als König Lothringen wohl mit Gewißheit dem Reich entfremdet haben würde –, sie hat aber nicht versucht, sich in der Weise Ottos des Großen noch in die inneren Kämpfe selbst oder nach deren Entscheidung gar in die Regierung des Kapetingers einzuschalten. Dafür war schon seit Otto II. die Zeit vorbei. So vollzog sich die Ablösung der Karolinger durch die Kapetinger in Frankreich, das damit im Jahre 987 endgültig seinen eigenen Weg betrat, im Einvernehmen mit dem deutschen Nachbarn und vor allem: in völliger Unabhängigkeit. Erst als es sich nicht nur der karolingischen Herrschaft, sondern auch der kaiserlichen Oberhoheit entzogen hatte, beginnt seine eigene Geschichte, die durch die einzigartige Kontinuität des kapetingischen Königsgeschlechtes geprägt worden ist.

Während so die vormundschaftliche Regierung unter der Leitung Theophanos und nach deren Tod im Jahre 991 der alten Kaiserin Adelheid nach Kräften bemüht blieb, dem unmündigen König die Herrschaft seiner Väter möglichst unverkürzt zu erhalten, bahnten sich gleichzeitig im übrigen Europa allenthalben starke Veränderungen an: neben dem entscheidenden Wechsel in Frankreich, der

bereits von Miesco eingeleitete, seit 992 von Boleslav Chrobry mit ungewöhnlicher Energie vorangetriebene Aufstieg Polens und im Norden die Ausweitung des dänischen Reiches zu einer skandinavischen Großmacht, die Sven Gabelbart in die Wege leitete.
Inmitten von so viel Veränderung drohte der Stillstand im Reich zuletzt in Rückschritt umzuschlagen. Da änderte sich plötzlich die Situation, als der fünfzehnjährige Otto III. auf der Reichsversammlung in Sohlingen im Solling im September 994 mit der Mündigkeit die Herrschaft selbst in die Hand nahm. Bereits in Sohlingen meldete er mit dem Blick auf Rom und Byzanz sofort die höchsten Ansprüche hat. So wurde als erstes ein Romzug beschlossen, dessen Ziel die Erlangung der Kaiserkrone war; nach Byzanz ging eine Gesandtschaft ab, die für den künftigen Kaiser um eine Prinzessin werben sollte, das heißt: um eine Angehörige des vornehmsten aller Herrscherhäuser. Und um den Anspruch auch den gebührenden Nachdruck zu geben, wurde auch gleich eine praktische Maßnahme getroffen, die sich auf Italien bezog: Otto setzte seinen Kapellan Heribert als Kanzler von Italien ein — ein erster Hinweis darauf, daß er die deutsche und die italienische Kanzlei enger miteinander zu verbinden gedachte.
Könnte man bei diesen ersten Entschlüssen noch zweifelhaft sein, ob sie wirklich auf den jungen König selbst und nicht vielmehr auf seine Umgebung zurückzuführen sind, so mehren sich bald immer deutlicher die Anzeichen dafür, daß die treibende Kraft in allen wesentlichen Dingen tatsächlich der junge König selber war.
Der frühreife junge König entfaltete den Zauber einer ungewöhnlichen Persönlichkeit. Aus den zeitgenössischen Schilderungen spricht noch die große Faszination, die von ihm auf alle ausging, die mit ihm in Berührung kamen. Selbst hochgebildet und offen für alles, was seine Zeit bewegte, bestimmt von einem hohen Selbstgefühl und ganz erfüllt von der Würde, die ihm aus sächsischen und byzantinischem Erbe zugewachsen war, brannte er darauf, den größten Vorbildern nachzueifern und alles, was ihm als ideal und groß erschien, in seiner Herrschaft zu verwirklichen.
Dabei schien die Wirklichkeit selbst ihm entgegenzukommen. Als er — nach einem ersten Feldzug gegen die Abodriten — 996 in Italien erschien, fügte sich das Land sofort seiner Herrschaft und huldigte ihm in der alten Königsstadt Pavia. Papst Johannes XV. harrte sehnsüchtig seiner Hilfe gegen seinen Bedränger, den Patricius und Stadtherrn von Rom Crescentius. Als der Papst, die sichere Hilfe vor Augen, plötzlich starb, schien es den Römern geraten, dem heranrückenden König und künftigen Kaiser die Nominierung des neuen Papstes anzubieten. Otto muß in diesem Angebot einen

Wink des Schicksals gesehen haben. Er hat es jedenfalls als eine einzigartige Chance genutzt und noch in Pavia einen seiner engsten Vertrauten, seinen Kapellan und Vetter Brun, einen Sohn des Herzogs Otto von Kärnten und Urenkel Ottos des Großen, als neuen Papst nominiert. Er durchbrach damit die Praxis seines Großvaters, der nur Römer zu Päpsten erhoben hatte, und entzog auf diese Weise das Papsttum nicht nur den stadtrömischen Parteiungen. sondern leitete eine neue Phase seiner Geschichte ein: die Phase seiner engsten Verbindung mit dem Kaisertum. Es ist symptomatisch, daß Brun, der sich als Papst Gregor V. nannte, und der im übrigen der erste Deutsche auf dem Papstthron war, als erste feierliche Handlung am Himmelfahrtstag 996 in St. Peter die Kaiserkrönung seines Vetters Otto III. vornahm, und daß der neue Kaiser und der neue Papst auf der anschließenden Synode in St. Peter gemeinsam den Vorsitz führten. In der Eintracht von Kaiser und Papst sollten Reich und Kirche auf eine neue Weise vereinigt sein. Sie hatte Leo von Vercelli vor Augen, als er in einem berühmten Rhythmus die kaiserlich-päpstliche Konkordanz unter Otto und Gregor als Zeichen einer neuen Weltzeit besang.

Der Italiener Leo, ein Rhetor von großen Gaben und ein besonderer Kenner des römischen Rechts, gehört zu den Männern, die der Kaiser auf diesem ersten Romzug in seine engste Umgebung und in sein Vertrauen zog. Dieser Umgebung gehörten bereits sein ehemaliger Erzieher und Kapellan Bernward, der kunstsinnige Bischof von Hildesheim, und der Kanzler Heribert an. Jetzt kamen außer dem Italiener Leo noch der vornehme Tscheche Adalbert von Prag, den seine asketisch-frommen Neigungen von seinem Bistum nach Rom geführt hatten, und der Franzose Gerbert von Reims hinzu, der größte Gelehrte seiner Zeit, der dem jungen Kaiser nicht nur wegen seiner einzigartigen und vielbestaunten naturwissenschaftlichen Kenntnisse, sondern vor allem auch wegen seiner nicht weniger ungewöhnlichen geistigen Nähe zur Welt der Antike besonders nahetrat.

Es besteht kein Zweifel, daß Otto III. selbst diese so unterschiedlichen Geister um sich versammelt hat. Es war sein Interesse, das ihre Neigungen und Fähigkeiten miteinander verband und das sie auf seine Ebene, die Ebene des Imperiums, hob. Dabei verstand es sich für ihn von selbst, daß dieses Imperium nur das römische sein konnte. Wie er sich, über seinen Vater hinausgehend, seit seiner Kaiserkrönung stets betont „Romanorum imperator augustus" nannte, so gab er auch schon von Anfang an zu verstehen, daß dieser Titel ein neues und engeres Verhältnis zu Rom einschloß. Er hat deshalb von vornherein davon Abstand genommen, das traditionelle Kaiserprivileg für die römische Kirche, das Otto der Große zuletzt im Ottonianum feierlich erneuert hatte, zu bestätigen: ein deutliches Anzeichen dafür, daß er von den kaiserlichen Rechten in Rom andere Vorstellungen als seine Vorgänger hatte. Bald sollte es sich zeigen, daß es ihm gerade nicht, wie in dem alten Privileg, um eine Abgrenzung zwischen Imperium Romanum und Ecclesia Romana ging, sondern genau umgekehrt: um ihre engere Verquickung.

Diese Vorstellungen des Kaisers haben sich in der Folgezeit im Austausch mit seinen Freunden präzisiert und eine geistige Form gefunden, die Ideal und Programm in einem war. Es waren ebenso religiöse wie politische Überzeugungen, die der Konzeption Ottos zugrunde lagen, und es bestätigt sich von Jahr zu Jahr mehr, daß Aachen und Rom die beiden Zentren bildeten, aus denen sie ihre Kräfte zog.

Aachen war als Pfalz Karls des Großen *die* Kaiserpfalz nördlich der Alpen, und ihre Pfalzkapelle mit dem Säulen-flankierten Karlsthron stellte das überzeugendste Monument der kaiserlichen Kirchherrschaft dar. Otto III. hat sich deshalb nach seinem ersten Romzug nicht nur mit Vorliebe in Aachen aufgehalten, sondern hier noch besonders die imperialen Züge von Pfalz und Pfalzkapelle betont. So wurden bei der Pfalz kirchliche Neugründungen ins Leben gerufen, die bestimmt waren, gleichsam eine heilige Zone um den Kaisersitz zu legen, und die Pfalzkapelle selbst wurde in wahrhaft kaiserlicher Freigebigkeit mit kostbaren Reliquien und Kunstwerken beschenkt, die noch heute die Prunkstücke ihrer Schatzkammer bilden. Ihre Besonderheit wurde dadurch noch unterstrichen, daß Otto der Pfalzkapelle von Papst Gregor V. „zur Erhöhung der kaiserlichen Ehre" das sonst nur auserwählten Bischofskirchen vorbehaltene Recht des Kardinalates erwirkte. In allem ging es ihm darum, zu bekennen, daß er die Herrschaft des Großen Karl in seiner eigenen Herrschaft fortsetzen und weiterführen werde.

Die Weiterführung wies freilich über Aachen hinaus: sie stand für Otto im Zeichen der Verbindung von Aachen und Rom. Die Frage war nur, ob sich beide so, wie es Otto mit seinen Freunden erträumte, verbinden ließen. Es gab Zeitgenossen wie etwa den Reichsbischof Thietmar von Merseburg, die dies für unmöglich hielten. In der Tat lag hier das zentrale Problem der Herrschaft Ottos III. Denn es war nicht nur vorauszusehen, daß Rom der Kaiserherrschaft in seinen Mauern auch in Zukunft Schwierigkeiten in den Weg stellen werde. Man mußte vor allem auch befürchten, daß die erstrebte Verbindung selbst und gerade dann, wenn es gelingen sollte, Rom wirklich zu gewinnen, sich auf die Dauer nicht realisieren ließe, weil die ungeheure Zugkraft Roms von Aachen wegführen werde. Das aber würde bedeuten, daß das deutsche Regnum im Imperium Romanum unterzugehen drohte.

Otto III. selbst hat Bedenken dieser Art gewiß als Kleinmütigkeit abgetan. Er vertraute auf die sieghafte Kraft der Idee des Imperium Romanum, das er erneuern wollte. Er hat sich deshalb nicht irritieren lassen, als Rom sich tatsächlich schon bald nach seinem Abzug wieder gegen seine Herrschaft erhob, sein alter Widersacher Crescentius Papst Gregor V. wieder vertrieb und Johannes Philagatos, einer seiner alten Erzieher, sich sogar im Bunde mit Byzanz als Johannes XVI. zum Gegenpapst erheben ließ. Auf seinem zweiten Romzug schlug er die Empörung im Frühjahr 998 mit unnachsichtiger Härte nieder: Crescentius wurde hingerichtet, der Gegenpapst verstümmelt und zu lebenslänglicher Haft verbannt. Darüber hinaus ging Otto jetzt dazu über, Rom systematisch zum Mittelpunkt seiner Herrschaft auszubauen. Zu diesem Zweck hat er auf dem Palatin, dem alten Kaiserberg, einen Palast errichten lassen, um fortan an derselben Stelle wie die alten Imperatoren zu residieren. Er besaß die erstaunliche Freiheit, sich damit über die seit der Karolingerzeit allgemein anerkannte Konstantinische Schenkung hinwegzusetzen, nach der Rom, die Stadt des Martyriums der Apostelfürsten, den Päpsten vorbehalten sein sollte. Es war die Konsequenz seiner Idee der kaiserlich-päpstlichen Konkordanz, die ihn diese alte Barriere durchbrechen ließ, und es ist denn auch bezeichnend, daß die berühmte Urkunde (DO III 389), in der er später, im Jahre 1001, die Konstantinische Schenkung noch ausdrücklich als Fälschung erklärte, nicht nur unter Mitwirkung Leos von Vercelli, sondern vor allem auch des Empfängers Gerbert-Silvester zustande gekommen ist. Die Konkordanz von Kaisertum und Papsttum bildete unverkennbar das Kernstück seiner neuen Herrschaftskonzeption, die ihren sichtbaren Ausdruck eben darin fand, daß der Mittelpunkt des Imperiums Romanum und das Zentrum der Ecclesia Romana auch in Rom zusammenfielen, ohne freilich miteinander identisch zu sein. Es schien besonders sinnvoll, daß das Ideal, für das jetzt die Formel „Renovatio imperii Romanorum" aufkam, zuerst in Rom selbst konkrete Formen annahm. Von hier aus sollte es den ganzen „orbis Romanus", den weiten Kreis von Reich und Kirche durchdringen. Dabei bleibt wesentlich, daß die „Renovatio imperii Romanorum", wie eine neue Bullenprägung erkennen läßt, die römische mit der karolingischen und der ottonischen Tradition zusammenfaßt, und wie die Einführung eines betont römischen Hofzeremoniells, die Neuerrichtung römischer Ämter und die feier-

liche Erweiterung des Kaisertitels (servus Jesu Christi und servus apostolorum) zeigen, schließt die Betonung des Römischen antikisierende und betont christliche Elemente ein.
Als Gregor V. bereits nach dreijährigem Pontifikat im Jahre 996 starb, trat für das Fortschreiten der Renovatio kein Rückschlag ein. Im Gegenteil: da der Kaiser wieder, wie im Jahre 996, freie Hand in der Besetzung des Stuhles Petri hatte, hat er auch diesmal wieder die Gunst der Stunde genutzt und den Mann zum neuen Papst erhoben, in dem er wohl den engsten Vertrauten seiner politischen Ziele sah: den Gelehrten Gerbert, den er erst ein Jahr zuvor zum Erzbischof von Ravenna berufen hatte. Es war zweifellos im Sinne Ottos III., wenn der neue Papst sich Silvester II. nannte. und damit jedem Kundigen zu verstehen gab, daß er im Kaiser einen neuen Konstantin sah, mit dem er gemeinsam das große Werk der „Renovatio imperii Romanorum" verwirklichen werde. Tatsächlich stellt das Zusammenwirken des deutschen Kaisers mit dem französischen Papst, das den übernationalen Charakter dieser Gemeinsamkeit besonders sichtbar macht, den Höhepunkt der Renovatiopolitik Ottos III. dar.

3. Gnesen und Gran

Es lag im Wesen der neuen Renovatiopolitik, daß sie sich grundsätzlich auf das Imperium bezog. Otto III. hat dieser Tatsache selbst in der Verwaltung des Reiches Rechnung getragen: Als 998 der deutsche Kanzler Hildebald (von Worms) starb, hat Otto das deutsche Kanzleramt mit dem italischen vereinigt und es dem bisherigen italischen Kanzler Heribert übertragen, das heißt: er hat das Kanzleramt von der Bindung an die Regna, die bisher üblich gewesen war, gelöst und es in erweiterter Form auf die Ebene des Imperiums gehoben. Das Imperium stellte die höhere Ordnung dar; darum mußten die Regna hinter ihm zurücktreten. So ergab sich die Tendenz zu einem Zentralismus, der imperial begründet war.
In noch stärkerem Maße als im Innern kam der Vorrang des Imperiums in Ottos Politik nach außen zur Geltung. Man sieht dies in aller Deutlichkeit bei seinen Bemühungen, seine Beziehungen zum Osten neu zu regeln. In diesen Bemühungen, die ebenso religiös wie politisch motiviert waren, hat die Renovatiopolitik ihren reinsten Ausdruck gefunden. Man kann direkt sagen, daß die Neuregelung des Verhältnisses zu Polen, mit der sie im Jahre 1000 einsetzen, darin bestand, daß der Kaiser in Verbindung mit dem

Papst Polen in die „Renovatio imperii Romanorum" mit einbezog. Dafür war von Bedeutung, daß Ottos ehemaliger Freund Adalbert von Prag 997 als Preußenmissionar den Märtyrertod erlitten hatte und inzwischen von Boleslaw von Polen nach Gnesen überführt worden war. Darum brach Otto nach sorgfältigen Vorberatungen mit dem Papst, an denen auch Adalberts Bruder Gaudentius teilnahm, Ende 999 zu einem Zug nach Gnesen auf. Hatte der Zug dadurch zunächst den Charakter einer Wallfahrt zum Grabe Adalberts, so erwies er sich gleichzeitig als eine hochoffizielle politische Aktion, die kirchlich wie staatlich neue Verhältnisse schuf: Indem Otto Gnesen zum Erzbistum erhob und es dem bereits in Rom zum „archiepiscopus S. Adalberti" geweihten Gaudentius anvertraute; indem er ferner dem neuen Erzbistum die Suffraganbistümer Kolberg, Breslau und Krakau unterstellte, löste er Polen aus dem Zuständigkeitsbereich der deutschen Kirche heraus und gab ihm eine eigene kirchliche Organisation, durch die es der Ecclesia Romana unmittelbar verbunden wurde. Dieser kirchlichen Neuregelung entsprach die neue politische Ordnung, die mit ihr Hand in Hand ging. Der Polenherzog wurde zum „frater et cooperator imperii" und zum „amicus populi Romani" erhoben, wobei ihm eine Nachbildung der heiligen Lanze überreicht wurde. Die Überlieferung ist hier nicht ganz eindeutig, doch spricht alle Wahrscheinlichkeit dafür, daß Otto den Herzog damit zum Patricius, das heißt zum Stellvertreter des Kaisers in Polen ernannt hat. Das Wesentliche ist auch hier, daß Polen von der Bindung an das deutsche Regnum gelöst, dafür aber enger in die höhere Ordnung des Imperium Romanum einbezogen wurde. Eben dies weist die neue polnische Lösung als eine Frucht der von Kaiser und Papst gemeinsam betriebenen „Renovatio imperii Romanorum" aus.

Im gleichen Sinne hat sich Otto, wiederum in Verbindung mit dem Papst, auch Ungarn zugewandt, und es war kein anderer als Adalbert von Prag, der hier in der Missionierung des Landes wichtige Vorarbeit geleistet hatte. Er hatte anscheinend auch die Hand im Spiel gehabt, als Waik, der Sohn Herzog Geisas von Ungarn, sich 996 taufen ließ, wobei der Kaiser, der als sein Taufpate bezeugt ist, ihm anscheinend ebenfalls – wie Boleslaw von Polen – eine Nachbildung der Heiligen Lanze übergeben hat. Waik, der sich als Christ Stephan nannte, seit 997 mit Gisela, der Schwester Herzog Heinrichs von Bayern, vermählt und seinem Vater als Herzog nachgefolgt war, hat seitdem zielstrebig die Christianisierung seines Landes durchgesetzt und sich dabei als seines wichtigsten Helfers eines Schülers Adalberts namens Ascherius bedient. Dieser Ascherius wurde bereits während der Gnesenfahrt des Kaisers zum

Erzbischof geweiht; seine Weihe ging also, ähnlich wie bei Gaudentius, der Errichtung des Erzbistums voraus. Doch waren darüber bereits Verhandlungen zwischen Stephan, dem Kaiser und dem Papst im Gange, und im April 1001 genehmigten Kaiser und Papst auf einer Synode in Ravenna die Errichtung des Erzbistums in Gran und unterstellten es dem anwesenden Ascherius. Stephan aber erhielt von Otto eine Krone übersandt, mit der Ascherius ihn als päpstlicher Legat zum König krönte.

Man sieht: wie Polen wurde auch Ungarn in die Renovatio einbezogen, und es waren ganz ähnliche Formen, in denen dies geschah: hier wie da wirkten Kaiser und Papst zusammen, griffen Reich und Kirche, Imperium Romanum und Ecclesia Romana, gemeinsam in den Osten aus und drängten damit den Einfluß von Byzanz zurück.

Während das Imperium nach außen weit um sich griff, mehrten sich freilich im Innern die Zeichen der Unzufriedenheit mit einer Politik, in der die Regna kaum noch eine Rolle spielten. Aber der Kaiser, der sich nach dem Gnesenzug durch die Öffnung des Karlsgrabes noch auf eine ganz ungewöhnliche Weise der Hilfe des größten seiner Vorgänger zu vergewissern gesucht hatte, vertraute darauf, daß dies vorübergehen werde, und die deutsche Kirche hat ihm auch die Fürsorge, die er ihr hatte angedeihen lassen, durch Anhänglichkeit gelohnt. So schlug die Unzufriedenheit nicht in Deutschland, sondern in Italien, vor allem in Rom in offene Empörung um: für Otto III. ein Schlag, der ihn am tiefsten traf und mit dem er auch durch seinen frühen Tod nicht mehr fertig geworden ist. Als er am 24. Januar 1002 auf der Burg Paterno am Soracte, noch keine 22 Jahre alt, starb, war ihm selber klar, daß seine Politik der Renovatio imperii Romanorum in ihrem Zentrum Rom gescheitert war. Dem letzten Wunsch des sterbenden Kaisers, in Aachen neben Karl dem Großen bestattet zu werden, liegt die bitter erfahrene Erkenntnis zugrunde, daß das Imperium auf die Grundlage des deutschen Regnum angewiesen blieb. Und so war es konsequent, daß Ottos Nachfolger Heinrich II. seine Herrschaft unter die Devise der Renovatio regni Francorum stellte.

Die Geschichte, so scheint es, ging über die so groß konzipierte Renovatio-Idee Ottos III. hinweg, und mit ihr hatte der Romgedanke einen schweren Schlag erlitten. Aber wie dieser damit aus der deutschen Geschichte nicht überhaupt verschwunden ist, so ist auch Ottos Renovatio imperii Romanorum trotz ihres Scheiterns nicht so spurlos versunken, wie es auf den ersten Blick erscheint. Muß sie uns schon als eine der größten europäischen Herrschaftskonzeptionen von Interesse bleiben, so zeigt der Versuch ihrer Verwirklichung eine Möglichkeit der deutschen Geschichte auf, die immer wiederkehren kann: ihre Versuchung durch das reine Ideal, das die Verbindung mit seinen realen Voraussetzungen verliert. In solchen Fällen schlagen Ideale leicht in ihr Gegenteil um. Unter Otto III. ist dies nicht geschehen: sein Ideal, das erneuerte Imperium Romanum, hatte tiefe Wurzeln. Aber dieses Imperium verlor den Zusammenhang mit den Regna, auf die es angewiesen blieb. An ihre Stelle trat gleichsam Rom. So sank es in sich zusammen, als sich ihm ausgerechnet Rom als Grundlage entzog. Es sind nur noch dürftige Reste, die in Rom noch an Otto III. erinnern. In Deutschland hat man sich schnell auf die Notwendigkeiten des Regnums besonnen. Aus seiner Perspektive endet die Herrschaft Ottos III., wenn man von der Kirchenpolitik absieht, negativ. Aber die mittelalterliche deutsche Geschichte ist auch in Zukunft nicht nur eine Geschichte des Regnums. Ihre großen Zeiten sind dadurch charakterisiert, daß Regnum und Imperium miteinander in Einklang standen. Wenn unter Otto III. das Imperium geradezu absoluten Vorrang besaß, so kann eine positive Nachwirkung auch nur von ihm aus erwartet werden. Sie erwuchs im wesentlichen aus seiner Ostpolitik. Dabei ist bezeichnend, daß die Ergebnisse im Bereich des Regnums und dem des Imperiums völlig voneinander differieren. Während sich Polen und Ungarn, die beiden großen Hauptfelder der Renovationsbemühungen Ottos III. im Osten, mit ihrer Verselbständigung dem Einfluß des deutschen Regnum entzogen, sind beide — und dies wird man in diesem Zusammenhang nicht übersehen dürfen — kirchlich und kulturell dem Westen verbunden geblieben. Dies aber ist die dauernde Frucht der Renovatiopolitik Ottos III., die, indem sie den Einfluß von Byzanz zurückdrängte, ganz Europa zugute kam.

VII.

Das Reich als Trias von Deutschland, Italien und Burgund

Rex und Regnum, Imperator und Imperium sind korrespondierende Begriffe; der eine war auf den anderen angewiesen. Darum war die Sicherung der Nachfolge im Königtum gleichbedeutend mit der Sicherung der Kontinuität des Reiches. Beides war am einfachsten und besten garantiert, wenn, wie in Frankreich, innerhalb des Königsgeschlechts die Sohnesfolge von vornherein feststand.

Es gehört zu den Besonderheiten der deutschen Geschichte, die wie die Bürde einer Hypothek auf ihr liegen, daß ihre Königsgeschlechter sich relativ früh verbrauchten und ausstarben oder zumindest die direkte Filiation vom Vater zum Sohn häufig abriß, so daß ihr Kontinuität nur in immer neuen Anläufen erreichbar war. So ist nach dem frühen Tod Ottos II. sein Sohn Otto III. in noch jüngeren Jahren gestorben — er kinderlos. Und obwohl das Geschlecht der Ottonen in seiner bayerischen Linie noch fortbestand und deren Haupt, Herzog Heinrich (IV.) von Bayern, der Sohn Heinrichs des Zänkers, auch sogleich seinen Anspruch auf den Thron geltend machte, hat die Erschütterung beim Tod Ottos III. genügt, daß weitere Bewerber hervortraten, gegen die Heinrich sich freilich dank seiner zupackenden Art — er bemächtigte sich sofort der Königsinsignien — relativ schnell durchgesetzt hat. Er setzte die Linie der Ottonen fort, und zwar im genealogischen wie im politischen Sinne. Als er 1024 starb, war gleichsam der Anschluß an die Politik Ottos des Großen wiederhergestellt.
Gleichzeitig wiederholte sich aber auch die Situation von 1002, und zwar sogar in verstärktem Maße; denn Heinrich starb nicht nur kinderlos, mit ihm erlosch auch sein Geschlecht im Mannesstamm. Trotzdem ist die Gefahr eines echten Bruches diesmal noch weniger eingetreten als nach dem Tod Ottos III., da jetzt nur zwei Prätendenten auftraten, die sich beide in weiblicher Linie auf die Ottonen zurückführen konnten. Man orientierte sich also bei der Wahl noch immer am alten Königsgeschlecht — was sicher nicht zuletzt der erfolgreichen Herrschaft des letzten Kaisers, Heinrichs II., zu verdanken war.
Dennoch ist die Tatsache, daß 1024 das Königsgeschlecht im Mannesstamm ausgestorben war, nicht ohne Auswirkung geblieben: sie hat schon deshalb, weil Heinrich II. keinen Nachfolger designiert hatte und die beiden Prätendenten das gleiche Recht für sich in Anspruch nehmen konnten, den Wahlgedanken gestärkt. So kündigt sich 1024 bereits die Spannung zwischen Wahl- und Erbkönigtum an, die sich in der weiteren deutschen Geschichte immer gewichtiger und folgenreicher bemerkbar machen sollte. 1024 blieb sie noch verdeckt, da die Wahl des Saliers Konrad (II.) in Kamba gegenüber Oppenheim am Rhein dem Geblütsgedanken vollauf Rechnung trug, so daß sich bei ihr Wahl- und Erbprinzip gleichsam das Gleichgewicht hielten.
Dem entspricht es, daß Konrad II. dann auch in die Bahnen Heinrichs II. eingetreten ist, um dessen Herrschaft in der seinen noch zu steigern. Er hat darüber hinaus auch für ihre Sicherung Sorge getragen, indem er rechtzeitig die Wahl seines Sohnes Heinrich III.

in die Wege leitete, der seine Herrschaft wiederum ganz im Sinne Ottos des Großen verstanden hat. So waren die Salier echte Erben der Ottonen: sie haben den Reichsbau der Ottonen zur Vollendung gebracht.

1. Die Renovatio regni Francorum unter Heinrich II.

Nachdem beim Tode Ottos III. sein kühner Versuch der Renovatio imperii Romanorum zusammengebrochen war, zog sich das Reich, in seinen Außenpositionen gefährdet, unter Heinrich II. auf seine deutschen Grundlagen zurück. Darin lag eine Einschränkung und zugleich eine Korrektur der Politik seines Vorgängers. Insofern war der Herrscherwechsel von Otto III. zu Heinrich II. zweifellos auch ein Wechsel in der Politik. Doch bedeutet dieser Wechsel noch keine Zäsur; denn neben den wechselnden Faktoren gab es auch Konstanten, die für Heinrich sogar besonders wichtig geworden sind. Sie lagen im wesentlichen in der Innen- und vor allem in der Kirchenpolitik, das heißt: im Bereich der karolingischen und der ottonischen Tradition. Heinrich II. hat in einer großen Zahl von Urkunden bekannt, daß er in diesem Bereich die Politik Ottos III. fortgesetzt hat — wie es überhaupt auffällt, mit welcher Achtung, ja Bewunderung er in diesen Urkunden von Otto, seinem senior divae memoriae, dem tantus imperator und talis caesar sprach. Indem er sich der tragfähigen Grundlagen des Reiches zu vergewissern suchte, folgte er einem Gebot der Notwendigkeit. Er lenkte damit unter der Devise der Renovatio regni Francorum wieder in die sicheren Bahnen Ottos des Großen zurück. Dementsprechend verzichtete er auch nicht auf das Kaisertum, aber er band es erneut an die deutsche Königsmacht, die zuerst gestärkt werden mußte, wenn das Kaisertum wieder Kraft und Geltung erlangen sollte. Das schloß ein, daß der Schwerpunkt seiner Herrschaft nicht mehr in Rom liegen konnte, sondern nur dort, wo seine reale Macht am stärksten war: in der Heimat des deutschen Königtums.

Heinrich hat, nachdem er die größten Anfangsschwierigkeiten überwunden hatte und von Willigis von Mainz, seinem gewichtigsten Helfer, im Hohen Mainzer Dom gesalbt und gekrönt worden war, sich zunächst auf einem Umritt durch das Reich die Anerkennung aller deutschen Stämme verschafft. Auch wenn er damit im Innern noch nicht alle Widerstände aus dem Weg geräumt hatte (vor allem die Grafen von Lützelburg, die Brüder seiner Gemahlin Kunigunde, haben ihm noch lange Zeit sehr zu schaffen gemacht), so war doch bereits erkennbar, daß dank seiner Tatkraft und Zähigkeit die Grundlagen des Königtums wieder spürbar gefestigt waren. Dabei ist bedeutsam, daß diese Grundlagen sich schon mit seinem Regierungsantritt auf eine höchst folgenreiche Weise erweitert haben.

Wir haben gesehen, daß das Schwergewicht des Königtums unter Heinrichs Vorgänger in erster Linie in Sachsen gelegen war. Daneben spielte Franken eine wichtige Rolle, das den Ottonen bereits mit dem Aussterben der Konradiner unmittelbar verfügbar war. Aber das alte Reichsgut im Süden hatte sich ihnen weitgehend entzogen, vor allem in Bayern, dessen Herzöge zwar selbst dem ottonischen Hause angehörten, aber seit drei Generationen ebenso wie ihre bayrischen Vorgänger mit dem Herzogtum verwachsen waren. Indem nun mit Heinrich der bayrische Herzog als Erbe der Ottonen den deutschen Königsthron bestieg, verband er wieder den Norden mit dem Süden, und Bayern wurde politisch im gleichen Maße wie Sachsen und Franken zum tragenden Grund des deutschen Königtums. Heinrichs Itinerar zeigt in aller Deutlichkeit, wie sich die Machtzentren des Königtums unter ihm erweitert haben. Deutlich treten als Hauptorte, das heißt als Orte mit den häufigsten Aufenthalten des Königshofes Merseburg, Magdeburg, Mainz, Frankfurt, Aachen, Bamberg und Regensburg hervor. Das Gebiet der intensivsten Königsmacht läßt sich also als ein Kräftedreieck umschreiben, dessen Scheitelpunkte Magdeburg, Aachen und Regensburg bildeten: eine sächsische, eine lothringische und eine bayrische Pfalz. Es lag in der Natur der Sache, daß in einer solchen Verbindung von Sachsen, Lothringen und Bayern gleichsam notwendig Mainfranken eine verbindende Funktion zufiel, und man versteht, daß Heinrich II. seine Lieblingsgründung im Gebiet am Obermain, in Bamberg, ins Leben rief. Sie wird uns im Rahmen seiner Kirchenpolitik, in der er besonders erfolgreich war, noch genauer beschäftigen.

Wir kehren zunächst noch einmal zu den Anfängen Heinrichs II. zurück, um in Kürze zu verfolgen, wie er der außenpolitischen Veränderungen Herr zu werden suchte. Hier ist charakteristisch, daß er erst, nachdem die Lage im Innern hinreichend gefestigt war, überhaupt versucht hat, die schlimmsten Schäden an den Außenfronten des Reiches einzudämmen. Sie zeigten sich sowohl im Osten wie im Süden: hier wie da hatte der Tod Ottos III., zu einer radikalen Wendung, der Abschüttelung der deutschen Herrschaft, geführt.

Heinrich hat in der Regelung der Ostprobleme die vordringliche Aufgabe gesehen und sich deshalb zuerst dem Osten zugewandt.

Hier hatte Boleslaw von Polen die Wirren nach dem Tode Ottos III., der ihn so sehr begünstigt hatte, rücksichtslos zu seinem Vorteil ausgenutzt und mit der Mark Meißen und der schlesischen Ostmark, der Lausitz, eindeutig Reichsboden besetzt. Heinrich hat ihm mit Rücksicht auf seine bedrängte Lage die Lausitz gegen Lehenshuldigung belassen, ihm aber die Mark Meißen vorenthalten, auf die Boleslaw jedoch seinen Anspruch weiter aufrechthielt. Und nicht genug damit: als es gleichzeitig in Böhmen zu Thronwirren kam, brachte er unbekümmert um die Lehensoberhoheit des deutschen Königs auch noch Böhmen an sich. Damit war gewissermaßen über Nacht an der deutschen Ostgrenze ein slawisches Großreich entstanden, das von der Warthe und Weichsel fast bis zur Donau reichte. Das bedeutete bei der erklärten Feindschaft des Herzogs Boleslaw eine unübersehbare Gefahr für das Reich – allerdings auch eine Gefahr für die Stämme der Erbslawen, die sich im Aufstand von 983 zwischen Deutschland und Polen unabhängig gemacht und seitdem ihre Selbständigkeit mit Erfolg verteidigt hatten. Diese gemeinsame Bedrohung durch den Herzog von Polen und Böhmen, der sich schon mit dem Gedanken trug, sich zum König aufzuschwingen, bewirkte, daß diese Stämme, die Liutizen und Redarier, mit Heinrich in Verbindung traten, seine Oberhoheit wieder anerkannten und mit ihm ein Bündnis gegen Polen eingingen. Dieses Bündnis, dessen politische Zweckmäßigkeit außer Frage stand, hat jedoch die Kritik vieler Zeitgenossen hervorgerufen, und zwar deshalb, weil die Liutizen nicht nur Heiden waren, sondern sich auch ausbedungen hatten, es weiterhin zu bleiben. So hatte sich König Heinrich mit heidnischen Stämmen gegen ein christliches Volk verbündet. Das war in der Tat eine noch nicht dagewesene Kombination – eine Kombination, die mit den überkommenen Vorstellungen der Aufgaben eines christlichen Königs unvereinbar war. Nicht nur viele Zeitgenossen – auch Heinrich selbst hat dies stark empfunden und an dem Bündnis, das von politischer Notwendigkeit diktiert war, schwer getragen. Noch bei der Gründung des Bistums Bamberg bewegte ihn der Wunsch, sie möge die Schuld sühnen, die er dadurch auf sich geladen hatte.

Der Zwiespalt des Königs, die Problematik seines Bündnisses hat mehr als nur persönliche Bedeutung. Sie zeigen deutlicher als alle Kämpfe, wie grundlegend sich die Verhältnisse im Osten in kurzer Zeit verändert hatten. Seit Karl dem Großen war es nicht anders vorstellbar gewesen, als daß der christliche König ein Schützer des Glaubens, defensor ecclesiae und propagator fidei war. So war man gewohnt, daß Herrschaft und Mission zusammengingen. Aus dieser

Überzeugung hatte noch Otto III. sein Programm der Renovatio imperii Romanorum in den Dienst der Verchristlichung der Welt gestellt. Es ist kein Zweifel, daß Heinrich II. nicht anders als seine Vorgänger diesem christlichen Endziel dienen wollte. Nicht seine Absicht hatte sich geändert, sondern eine wesentliche Voraussetzung, die ihre Verwirklichung ermöglichte. Solange das Reich nämlich im Osten auf heidnische Nachbarn stieß, stand seine Ausbreitung im Einklang mit der Ausbreitung des Christentums. Herrschaft und Mission entsprachen einander. Dieser Einklang war mit dem Tode Ottos III. im Osten gestört. Polen wie auch Ungarn, die beide von Deutschland aus für das Christentum gewonnen waren, stellten jetzt christliche Staaten dar, die sich dem Reich entzogen hatten. Die deutsche Ostgrenze war keine Heidengrenze mehr. Damit entfiel die Möglichkeit, den Kampf gegen sie noch weiter als einen Missionskrieg zu führen. Die Verbindung von Ostpolitik und Mission konnte nicht länger aufrecht erhalten werden. Die besondere Problematik des unvermeidlichen Polenkrieges Heinrichs II. ergab sich daraus, daß die slawischen Gruppen zwischen Polen und Deutschland noch Heiden waren, die man nur auf seine Seite ziehen konnte, wenn man ihnen ihre alten Götter beließ, und die man auf seine Seite ziehen mußte, wenn man dem polnischen Angreifer nicht selbst in die Hand arbeiten wollte. Die Nachbarschaft zweier christlicher Herrscher, die einander verfeindet waren, ermöglichte es den Liutizen, sich einem von ihnen anzuschließen und sich gleichzeitig dem Christentum zu versagen. Man sieht, wie problematisch plötzlich das Erbe war, das Otto III. hinterlassen hatte.

In dieser Lage hat Heinrich II. die Sache des Reiches so gut verfochten, wie es nur möglich war. Auf zwei Dinge mußte es ihm vor allem ankommen: Er mußte versuchen, die Marken, auf die Boleslaw übergegriffen hatte, zu behaupten und außerdem Böhmen wieder aus der Verbindung mit Polen zu lösen. Mit diesem Ziel hat Heinrich mehrere Feldzüge geführt. Dabei ist es ihm zwar bereits auf dem ersten Feldzug gelungen, Böhmen wieder von Polen zu lösen und auch die Lausitz zurückzugewinnen, doch hat Boleslaw sich damit nicht abgefunden und schon bald wieder neue Kämpfe eröffnet, die 1013 in einem Frieden zu Merseburg ausklangen, der Boleslaw jetzt die Lausitz als Reichslehen beließ. Da er sich aber seinen Lehenspflichten entzog, kam es erneut zu Kämpfen, die schließlich 1018 im Frieden von Bautzen beigelegt wurden. Thietmar von Merseburg hat von diesem Frieden gesagt, daß er geschlossen sei: „nicht wie es sich gehörte, sondern wie es damals möglich war“ (non ut decuit, sed sicut tunc fieri potuit). Er lief

praktisch auf eine Wiederholung der Merseburger Friedensbestimmungen vom Jahr 1013 hinaus. Boleslaw behielt die Lausitz, die deutsches Lehen blieb. Zwölf Jahre später hat dann Konrad II. auch die Lausitz dem Reich wieder unmittelbar eingegliedert.
Welch gefährlicher Gegner Boleslaw Chrobry von Polen war, ist daran zu erkennen, daß er im Anschluß an diese Kämpfe das Russische Reich von Kiew niederzuwerfen vermochte. Angesichts dieser Riesenmacht, die er sich selbst geschaffen hatte und die nach seinem Tod freilich auch wieder zerfiel, war es schon ein Erfolg, daß größere Verluste vermieden wurden und das von Boleslaw bereits eroberte Böhmen wieder unter einem eigenen Herzog in das alte Abhängigkeitsverhältnis zum Reich gebracht werden konnte.
Anders lagen die Verhältnisse in Italien, das Heinrich scheinbar zunächst seine eigenen Wege gehen ließ, um dann jedoch die frühere Kaisermacht in ihrem vollen Umfang wiederherzustellen. Man kann dabei die Eigenart seiner Herrschaftspraxis besonders deutlich erkennen: die nüchterne Einschätzung seiner Möglichkeiten und ein entsprechendes Vorgehen, das sein Ziel Schritt für Schritt und jeweils nur so weit verfolgt, wie es ohne Überspannung der eigenen Macht möglich ist. So begann er seinen ersten Italienzug im Jahr 1004 erst, als die Lage im Innern und im Osten einigermaßen gesichert war, und begnügte sich damit, den einheimischen Gegenkönig Arduin von Ivrea, der sich als alter Gegner Ottos III. zu seinem italienischen Erben aufgeworfen hatte, in die Alpen zurückzudrängen und sich selbst in Pavia zum König der Langobarden krönen zu lassen. Dann kehrte er wieder um. Der zweite Italienzug, zehn Jahre später und wiederum zu einem wohlbedachten Zeitpunkt unternommen, führte ihn nach Rom, wo er den Streit zwischen Tusculanern und Crescentiern zugunsten der Tusculaner entschied und sich von ihrem Papst Benedikt VIII. in St. Peter zum Kaiser krönen ließ. Als am Tage nach der Kaiserkrönung in Rom ein von den abgewiesenen Crescentiern geschürter Aufstand ausbrach, hat Heinrich ihn noch mit größter Härte erstickt, um darauf ebenfalls unverzüglich nach Deutschland zurückkehren. Er überließ es seinen Anhängern, seinem oberitalienischen Gegenkönig Arduin, der sich nur noch in einem engen piemontesischen Gebiet halten konnte, vollends den Boden zu entziehen. Arduin hat schließlich auch 1015 seinem zuletzt fast unbeachteten Königtum selbst ein Ende gemacht, indem er der Krone und der Welt entsagte, um sein Leben als Mönch in Fruttuaria zu beschließen. Nach ihm hat es über 800 Jahre lang bis hin zu Victor Emmanuel keinen einheimischen König Italiens mehr gegeben.

Der dritte Italienzug Heinrichs hat schließlich im Jahre 1022 über Rom hinaus nach Süditalien geführt, wohin er von dem Langobarden Melus aus Bari und dem Papst gegen die Griechen zu Hilfe gerufen worden war. Heinrich schlug die Griechen in die Grenzen zurück, die ihnen einst die Karolinger gezogen hatten, und nahm Capua und Salerno wieder ans Reich zurück. — Es verdient hier in Paranthese vermerkt zu werden, daß an diesen Kämpfen im Sold des Melus eine Schar normannischer Ritter teilgenommen hat, die angeblich als Pilger zum Michaelsheiligtum am Monte Gargano gekommen waren. Obwohl sie — es sollen 40 Ritter gewesen sein — an den Kämpfen wenig ändern konnten, sind sie bemerkenswert, weil sie bald weiteren Nachschub aus der Normandie nach sich zogen, unter ihnen den Ritter Tancred von Hauteville mit seinen Söhnen, die in ganz anderem Sinne, als Melus ahnen konnte, tatsächlich die alte Stellung von Byzanz in Süditalien zerschlagen sollten. Die normannischen Söldner des Melus sollten die Wegbereiter der künftigen Eroberer des Landes werden, der Gründer des Normannenreiches von Sizilien und Neapel. Doch dies gehört, von Heinrich II. her gesehen, noch einer fernen Zukunft an.
Kehren wir daher zunächst noch einmal zu den Italienzügen Heinrichs zurück, um sie noch im ganzen zu überblicken. Was dabei auffällt, ist eine erstaunliche Ähnlichkeit mit den entsprechenden Aktionen Ottos des Großen in Italien. Auch Otto der Große hatte sich zuerst nur in Oberitalien, dann in Rom und zuletzt in Süditalien eingeschaltet; auch er hatte die langobardische Krone mit der deutschen verbunden; auch er hatte sich damit begnügt, das Papsttum aus dem Streit der römischen Parteien herauszuziehen; auch er hatte schließlich in Süditalien nach der Rückgewinnung der alten Marken Capua, Salerno und Benevent Halt gemacht. Die Übereinstimmung zeigt unübersehbar, wie bewußt Heinrich II. in die Spur Ottos des Großen getreten ist.
Dem entspricht es, daß er als Kaiser schließlich auch das Privileg Ottos des Großen für die römische Kirche erneuert hat. Es ist das Privileg, durch das Otto sich 962 selbst zur Tradition der karolingischen Rompolitik bekannt hatte, indem er die pippinische Schenkung bestätigt und erneuert hat— das gleiche Privileg, das dann Otto III. als Fälschung erklärte, weil er im Gegensatz zu allen seinen Vorgängern Rom eben nicht der Kirche überlassen, sondern zur gemeinsamen Hauptstadt von Reich und Kirche erheben wollte, zum Zentrum der Renovatio imperii Romanorum — ein Privileg also, das zu den entsprechendsten Dokumenten der Geschichte des mittelalterlichen Kaisertums gehört. Es war nur konsequent, daß Heinrich II. seinen Rückgriff und seine Anknüpfung an die trag-

fähige Politik Ottos des Großen, die Politik der Renovatio regni Francorum, auch dadurch zum Ausdruck brachte, daß er das Ottonianum, ohne weiter auf die Ablehnung durch seinen Vorgänger einzugehen, bestätigt und erneuert hat.

Auch gegenüber einem anderen Nachbarn, Burgund, zeigt sich das gleiche Einlenken in die ottonische Bahn, und hier wird deutlich, wie zukunftsträchtig eine solche, so stark an der Tradition orientierte Politik sein konnte.

Das Königreich Burgund war, wie wir früher sahen, durch den Schutz Ottos des Großen dem jungen König Konrad erhalten worden, und durch die Heirat Ottos mit Adelheid, der Schwester König Konrads, hatte das enge Bündnis der beiden Herrscher noch einen starken verwandtschaftlichen Rückhalt bekommen. Seitdem fungierte der deutsche Herrscher als eine Art Schutzherr von Burgund. Seine Anlehnung an Deutschland erlitt auch in der Zeit der vormundschaftlichen Regierung, als Frankreich sich für immer dem deutschen Einfluß entzog, keine Störung, zumal die Burgunderin Adelheid selbst längere Zeit an ihrer Spitze stand. Es war auch noch zu weiteren verwandtschaftlichen Beziehungen zwischen Angehörigen des ottonischen und des burgundischen Königshauses gekommen. So hatte Herzog Heinrich der Zänker, der Vater Kaiser Heinrichs II., die burgundische Prinzessin Gisela geheiratet, die Schwester König Rudolfs III. von Hochburgund, der nun gleichzeitig mit seinem Neffen Heinrich II. die Krone trug. Da Rudolfs Ehe kinderlos blieb, erwuchs für Heinrich die Aussicht, die herkömmliche Schutzherrschaft dereinst in eine direkte Herrschaft umzuwandeln. König Rudolf hat seinen Neffen 1006 sogar ausdrücklich als seinen Erben nominiert und ihm zum Zeichen dafür die Grenzstadt Basel abgetreten. Basel sollte das Pfand für die ganze Erbschaft sein. Als sich im burgundischen Adel dagegen Widerstände bemerkbar machten, hat Heinrich sich seinen Anspruch von seinem Oheim in den Jahren 1016 und 1018 noch besonders bestätigen lassen und sich sogar auf zwei Feldzügen im Lande selbst gezeigt, wobei ihm sein gutes Verhältnis zu König Robert von Frankreich sehr zustatten kam. Heinrich hat die Früchte seiner Bemühungen in Burgund freilich nicht mehr ernten können, weil er noch vor seinem Oheim gestorben ist. Aber es bleibt sein Verdienst, den Anspruch auf Burgund zäh verteidigt zu haben, dessen Einlösung dann sein nicht weniger tatkräftiger Nachfolger Konrad II. mit Erfolg durchsetzen konnte. So hat Heinrich II., nachdem er das deutsche Regnum gefestigt und seine Verbindung mit dem Regnum Italiae wiederhergestellt hat, bereits die Möglichkeit eröffnet, die von Otto dem Großen begründete Zweiheit von Deutschland und

Italien um ein weiteres Glied zu bereichern: das Königreich Burgund.
Aber auch schon das faktisch Erreichte: die Festigung des Reiches und die Sicherung der Verbindung mit Italien, stellt eine außerordentliche Leistung dar. Sie geht nicht zuletzt auf die Kirchenpolitik des Kaisers zurück.
Die Kirchenpolitik bot ihm den sichersten Grund und die besten Voraussetzungen, und dies deshalb, weil Heinrich in ihr direkt an die Praxis Ottos III. anknüpfen und sie fortsetzen konnte. Es ist wesentlich, daß in ihr die ottonische Tradition nie abgerissen war. Hier hat Otto III. sogar bereits die Steigerung eingeleitet, die Heinrich II. dann voll durchgesetzt hat. So hat Otto insbesondere bei der Besetzung der Bischofsstühle seinen Willen entschieden zur Geltung gebracht und den Kreis der Bistümer, die in enger Verbindung mit dem Hof standen, noch erweitert. Heinrich hat diese Verbindung übernommen und sie bei jeder sich ihm bietenden Gelegenheit weiter ausgebaut. Daß er die Bistümer politisch beherrschte, hat ihm dann noch die Möglichkeit gegeben, sie auch noch wirtschaftlich zu nutzen. Darin lag eine Neuerung, die man am besten an Heinrichs Itinerar erkennt. Während seine Vorgänger in der Hauptsache von Pfalz zu Pfalz gezogen waren und nur gelegentlich einmal eine der großen Kirchen zum Zwecke der Gastung aufgesucht hatten, rangierten bei Heinrichs Zügen durch das Reich die Bischofskirchen durchaus neben, zum Teil sogar *vor* den Pfalzen. Er hat die Kirchen reich beschenkt, sie aber dafür auch entsprechend stark in Anspruch genommen. Dabei ist nicht zu übersehen, daß Heinrich nicht weniger darauf drang, daß sie auch ihren religiösen Aufgaben gerecht wurden. Unter den Bischöfen, die er erhob, sind Männer wie Burchard von Worms, Meinwerk von Paderborn, Godehard von Hildesheim u. a.: Bischöfe, die zu den glänzendsten Gestalten ihres Bistums wie der Reichskirche gehören – echte Kirchenfürsten im Sinne Bruns von Köln.
Wie sehr sich in der Reichskirchenpolitik Heinrichs religiöse, politische und wirtschaftliche Motive durchdrangen, zeigt sich besonders deutlich im engeren Bereich seiner Klosterpolitik. Auch hier springt zunächst die robuste Art in die Augen, mit der der Kaiser Reichsklöster dem Nutzen des Reiches dienstbar gemacht hat. Sie geht weit über die Praxis Ottos des Großen hinaus. So hat er z. B. – ganz abgesehen davon, daß er die Einsetzung wie gegebenfalls auch die Absetzung der Äbte ganz selbstverständlich für sich in Anspruch nahm – bedeutenden Reichsklöstern wie etwa der Reichenau, Fulda, Hersfeld oder Murbach Besitz entzogen, um ihn statt dessen Bischofskirchen zu übertragen, die höhere Leistungen zu erbringen

hatten. Man sieht: er hat das Reichskirchengut nicht anders als das allgemeine Reichsgut behandelt, was nur unsere früheren Beobachtungen bestätigt, daß der Königshof jetzt ebenso vom einen wie vom anderen lebte. Dies ist jedoch nur die eine Seite von Heinrichs Klosterpolitik; die andere ist mit der gleichen Entschiedenheit auf das innere, religiöse Leben der Klöster gerichtet, die klösterliche Zucht; beide gehören wesentlich zusammen. Dabei spielt eine Erscheinung eine Rolle, die vor mehr als einem Jahrhundert in Burgund und Lothringen als Klosterreform ihren Ausgang genommen, sich in der Zwischenzeit mächtig entfaltet hatte und eben in diesen Jahren im Begriff war, sich zu einer europäischen Bewegung auszuweiten. Sie hatte Deutschland längst erreicht, und der Kaiser, der selbst einmal zum Kleriker erzogen und persönlich von einer kernigen Frömmigkeit erfüllt war, hat sie auch nach Kräften gefördert, allerdings dabei die Richtung, die vom lothringischen Gorze ausging, entschieden bevorzugt, weil sie den Bedürfnissen der Reichskirche am besten entsprach. Ihm ging es darum, die klösterliche Zucht mit dem Reichsdienst zu verkoppeln und sie gemeinsam zu intensivieren. Zu diesem Zweck hat er bedeutende Reformer wie Godehard von Niederaltaich und den lothringischen Mönch Poppo aus St. Vaast in seinen Dienst gezogen und sie in einer Reihe von Klöstern mit der Durchführung der Reform betraut. Sie haben sich dank seiner Unterstützung auch gegen den widerstrebenden Konvent durchgesetzt, so z.B. Godehard in Hersfeld, Poppo in Stablo und in St. Maximin bei Trier, und jedesmal wurden dabei mit der klösterlichen Zucht zugleich die wirtschaftlichen Verhältnisse des Klosters im Sinne des Königs stabilisiert, das heißt: da der Abt die Servitien an den König zu leisten hatte, wurde das Abtsgut auf Kosten des Konventsgutes gestärkt. Insgesamt machte die Reform gute Fortschritte, zumal auch die Bischöfe sich im allgemeinen im Sinne Heinrichs dafür eingesetzt haben. Und wie in ihr religiöse, politische und wirtschaftliche Absichten zusammentrafen, so hat sie auch in ihrem Ergebnis die Erwartung Heinrichs erfüllt, daß sie sowohl dem Reich wie den Klöstern selbst zugute kam.

Was für Heinrichs Kirchenpolitik im ganzen gilt, läßt sich schließlich geradezu beispielhaft an seiner Lieblingsstiftung, der Gründung des Bistums Bamberg, erkennen, die er gegen den Widerstand des benachbarten Bischofs von Würzburg dank der Zustimmung des Papstes und der Unterstützung des deutschen Episkopates unter Führung des Erzbischofs Willigis von Mainz schließlich im Jahre 1007 durchsetzen konnte. Das Protokoll der Frankfurter Synode, das die entscheidenden Beschlüsse festhält, nennt als Motiv der

Gründung das eigene Seelenheil: der kinderlose König habe in ihr Gott zu seinem Erben erwählt — und er hebt als Zweckbestimmung des neuen Bistums die Slawenmission hervor. Die neuere Forschung hat in diesem Zusammenhang besonders auf die Rednitzslawen hingewiesen, die im 11. Jahrhundert noch heidnisch waren. Sie hat jedoch daneben mit guten Gründen auch politische und wirtschaftliche Motive der Gründung einsichtig gemacht: sie werden vor allem durch die außerordentliche Ausstattung des Bistums und durch Heinrichs Itinerar gestützt. So treffen auch hier religiöse, politische und wirtschaftliche Motive zusammen; ihre Verbindung weist Bamberg als Gründung Heinrichs II. zugleich als eine echte Gründung der ottonischen Reichskirche aus, deren Grundlage, wie wir sahen, die Einheit von König, Reich und Kirche war.
Die persönliche Beziehung des Kaisers zu „seinem" Bistum, dessen Domkapitel er als „Königskanoniker" angehörte, ist schließlich dadurch besiegelt worden, daß er sich in ihm sein Grab bereiten ließ. Bamberg hat dem toten Kaiser, von dem übrigens als besonderer Zug sein Humor bezeugt ist, seine Fürsorge gedankt, indem es ihm im 12. Jahrhundert zum Ruhm der Heiligkeit verhalf. Sein irdischer Ruhm aber gründet darin, daß er, wie er es in seinem Programm der Renovatio regni Francorum verkündet hatte, wahrhaftig ein Wiederhersteller des Reiches war.

2. *Konrad II. und die Angliederung von Burgund*

Wir haben bereits vorgreifend festgestellt, daß der erste Salier die Politik der Ottonen mit Nachdruck fortgesetzt hat. In dieser Weiterführung der ottonischen Tradition liegt ein bedeutsamer Sachverhalt, der sowohl der inneren wie der äußeren Entfaltung des Reiches außerordentlich förderlich war. Wir sehen indessen davon ab, diese „ottonische Politik" Konrads II. im Innern wie besonders auch im Osten im einzelnen zu verfolgen, und fragen uns statt dessen nach den Veränderungen, die sich unter seiner Herrschaft im Reich bemerkbar machen. Sie gehen z.T. schon weiter zurück, treten jetzt aber deutlich hervor, so kommt jetzt zum Beispiel eine versachlichte Vorstellung der Herrschaft zur Geltung, die stärker als früher zwischen dem König und seiner Herrschaft, dem Reich, unterscheidet. Sie ist uns durch einen berühmten Ausspruch Konrads II. bezeugt, der in den Zusammenhang seiner Italienpolitik gehört, aber keineswegs auf ihn beschränkt ist.
Als die Bewohner von Pavia, die nach dem Tod Heinrichs II. die dortige Kaiserpfalz zerstört hatten, sich noch vor dem Aufbruch Konrads zu seinem ersten Italienzug, um einer etwaigen Bestrafung

zu entgehen, durch eine Gesandtschaft zu entschuldigen suchten, indem sie vorbrachten, daß mit dem Tode Heinrichs das Königtum erloschen sei, hielt Konrad ihnen scharf entgegen: „Wenn der König gestorben ist, so ist doch das Reich geblieben, so wie das Schiff bleibt, dessen Steuermann untergeht" (Si rex periit, regnum remansit, sicut navis remanet, cuius gubernator cadit). Der Ausspruch ist deshalb berühmt, weil er ein helles Schlaglicht auf die Entwicklung transpersonaler Staatsvorstellungen (H. Beumann) wirft. Er bezeugt denn auch eindeutig, daß Konrad – und er gewiß nicht allein – im Unterschied zu den Pavesen klar zwischen König und Reich unterschied. Es ist allerdings mit Recht betont worden, daß diese Vorstellungen bereits ältere Wurzeln haben. Sie reichen auf jeden Fall bis zu den Anfängen des deutschen Reiches wie auch Frankreichs zurück, als man den alten fränkischen Teilungsbrauch zugunsten der Nachfolge eines Königssohnes aufgab; denn dies schloß ein, daß man das Königsgeschlecht fortan der Einheit des Reiches unterordnete. Das Prinzip der Unteilbarkeit des Reiches, das damit in die Geschichte eintrat, setzt bereits die Unterscheidung zwischen dem König und seiner Herrschaft voraus. Inzwischen haben diese Vorstellungen sich wesentlich durch den Bezug zu Krone, Thron und Land weiter verfestigt, um in der Folgezeit, insbesondere im Investiturstreit, noch zu gesteigerter Bedeutung zu gelangen. Konrad II. selbst hat mit seinem Ausspruch offensichtlich ein Bekenntnis zur Kontinuität des Reiches abgegeben. Er begründete damit praktisch die Forderung, daß ihm als König die Herrschaft seines Vorgängers in dem Umfang gebühre, wie dieser sie besessen habe – also auch in Italien.

Zwar hatte sich nach dem Tode Heinrichs II. erneut Widerstand gegen die deutsche Herrschaft eingestellt, jedoch in veränderter Form: Da sich kein einheimischer Adliger zutraute, sich gegen den deutschen König zu behaupten, suchte der italienische Adel diesmal Rückhalt am französischen König zu gewinnen. Er bot die Krone deshalb dem Sohn König Roberts II. von Frankreich und, als dieser ablehnte, einem Sohn Herzog Wilhelms von Aquitanien an – freilich ohne Erfolg, da der italienische Episkopat an der deutschen Herrschaft festhielt und dem Aquitanier den Zugang nach Oberitalien verwehrte.

Darauf fand Konrad II. nun keinen Widerstand mehr: Als er im Frühjahr 1026 nach Süden aufbrach, konnte er in einem einzigen großen Unternehmen zusammenfassen, was Heinrich II. (allerdings unter schwierigeren Bedingungen), in drei Feldzügen erstritten hatte: die Herrschaft im Königreich Italien, die Kaiserkrone und die Anerkennung seiner Oberhoheit in den süditalienischen Marken von Capua, Benevent und Salerno. Die Kaiserkrönung in St. Peter, die am Osterfest 1027 den Höhepunkt des Zuges bildete, wurde durch die Anwesenheit zweier Könige: Knuts von Dänemark und England und Rudolfs III. von Burgund, zu einem Ereignis von europäischem Rang. Mit ihr war Konrad II. gleichsam an die Seite seiner großen Vorgänger getreten.

Dabei stand sein größter und nachhaltigster Erfolg erst noch bevor; er war freilich bereits eingeleitet, und es ist bezeichnend, daß Konrad ihn wiederum mit dem Grundsatz begründet hat, den er schon in Italien zur Geltung gebracht hatte: daß die Rechte eines Herrschers bei seinem Tod nicht erlöschen, sondern mit der Herrschaft auf seinen Nachfolger übergehen. Der Anspruch bezog sich auf Burgund, und Konrad hatte ihn als Nachfolger Heinrichs II. von diesem übernommen. Ihm hatten allerdings unter Berufung auf ihre dynastischen Rechte andere Mitbewerber, unter ihnen sein eigener Stiefsohn Ernst von Schwaben, das burgundische Erbe streitig zu machen gesucht. Als König Rudolf sogar auf ihre Seite getreten war, hatte Konrad 1029 kurzerhand Basel besetzt und Rudolf gezwungen, ihm als dem rechtmäßigen Nachfolger des verstorbenen Kaisers dessen Anspruch auf sein burgundisches Reich zu bestätigen. Die anschließenden Erfolge Konrads in Italien taten ein übriges, daß König Rudolf nun auch tatsächlich zu seinem erzwungenen Versprechen hielt.

Herzog Ernst aber wurde von Konrad schroff in seine Grenzen zurückgewiesen und, als er sich damit nicht abfinden wollte, als Empörer gegen das Reich erbarmungslos in den Tod getrieben.

Als Rudolf II. dann im September 1032 starb, durfte Konrad II. sich zwar als den rechtmäßigen Erben von Burgund betrachten, da ihm der verstorbene König nicht nur die Anwartschaft auf sein Reich vertraglich zugesichert, sondern ihm auch noch die Insignien der Herrschaft, Krone und Lanze, zugesandt hatte. Dennoch fiel ihm das Erbe, um das schon Heinrich II. gekämpft und das er selbst fast ein Jahrzehnt lang zäh verteidigt hatte, auch jetzt nicht kampflos zu. Denn Odo von der Champagne, sein gefährlichster Mitbewerber, hatte trotz der gegenteiligen Entscheidung König Rudolfs seinen Anspruch nicht aufgegeben; er fiel sofort auf die Nachricht von dessen Tod, während der Kaiser gerade in Sachsen weilte, in Burgund ein. Obwohl Konrad ihm seine überlegene Macht entgegenstellen konnte, brauchte er doch zwei Jahre, bis er im Bündnis mit dem französischen König und mit der Unterstützung italienischer Truppen unter Führung des Erzbischofs Aribert von Mailand seinen zähen Rivalen Odo zum Verzicht zu zwingen vermochte. Nachdem er sich im Februar 1033 im Kloster Peterlingen, einer Stiftung

der Kaiserin Adelheid, zum burgundischen König hatte krönen lassen, war endlich 1034 der Widerstand gebrochen und Burgund ein Teil des deutschen Reiches geworden.
Das neue Reich erstreckte sich von der Aare und dem Oberrhein bis zur Rhone und zum Mittelmeer. Es ist als Königreich Burgund zu unterscheiden vom Herzogtum Burgund, das sich im Westen an das Königreich anschloß und wie zuvor, so auch weiterhin zu Frankreich gehörte. Trotz seiner beträchtlichen Ausdehnung brachte das Königreich, in dem die Stellung des Königs nie stark gewesen war, dem deutschen Herrscher keinen großen Machtgewinn. Der burgundische Adel behauptete weiter seine nahezu unabhängige Position. Dennoch hatte es gute Gründe, wenn auch die Nachfolger Konrads darauf bedacht blieben, Burgund bei der deutschen Krone festzuhalten. Denn sein Wert für die deutsche Politik lag nicht in den geringen Machtmitteln, die es dem König bot — sie fielen auch in Zukunft kaum ins Gewicht —, sondern er lag in seiner geographischen Lage, die es zu einem natürlichen Verbindungsglied zu Italien machte. Burgund war politisch wichtig im Hinblick auf die Verbindung mit Italien, das heißt: im Hinblick auf die deutsche Kaiserpolitik. Sein Besitz stellte eine Sicherung dieser Verbindung dar. Mit Burgund waren auch die westlichen Alpenpässe in deutscher Hand.
Diese politische Bedeutung hat bei der Eroberung und Behauptung des Landes sicher im Vordergrund gestanden. Sucht man indessen auch ihre Auswirkung zu berücksichtigen, so wird man wohl die kulturelle Bedeutung nicht weniger hoch zu bewerten haben, wenn sie auch weniger deutlich zu erfassen ist. Es ist jedoch in unserem Zusammenhang nicht zu übersehen und macht ja auch den eigentlichen Ruhm des Landes aus, daß es als ein kultureller Kernraum von ungewöhnlicher Fruchtbarkeit immer wieder Ausgangspunkt weit ausstrahlender geistiger Bewegung geworden ist, die ganz Europa erfaßt haben: die monastische Reform, die Gottesfriedensbewegung, darauf die ritterlich-höfische Kultur wie auch noch ihre feinste Spätblüte im sogenannten Herbst des Mittelalters. Sie alle haben auch auf Deutschland ausgestrahlt. So ist Burgund für die kulturelle Entwicklung Deutschlands zu einer wichtigen europäischen Kontaktzone geworden — wichtig vor allem als Land der Vermittlung zwischen Frankreich und Deutschland, wo seine Auswirkung besonders im habsburgischen Österreich noch bis in die Neuzeit spürbar bleibt.
Nicht zuletzt aber hat der Erwerb des burgundischen Königreiches dem mittelalterlichen deutschen Reich eine neue, durch Jahrhunderte beständige und charakteristische Gestalt gegeben. Es wurde wie

Italien in Personalunion mit Deutschland verbunden, so daß die Herrschaft des deutschen Kaisers hinfort die drei Regna im Imperium zur Trias von Deutschland, Italien und Burgund zusammenschloß.

3. *Konrad II., die Reichskirche und der Aufstieg der Reichsministerialität*

So bedeutsam wie der äußere Gewinn, den die deutsche Geschichte unter Konrad II. zu verzeichnen hat, sind auch die inneren Wandlungen, die sich während seiner Herrschaft angebahnt haben. Sie beziehen sich auf zwei Bereiche, die allerdings weit auseinander liegen, aber durch die Person des Kaisers — in seinen letzten Jahren — in eine sonderbare Beziehung zueinander treten. Im einen dieser Bereiche deuten sich die Wandlungen auch nur aus weiter Ferne an, im anderen treten sie bereits in ein entscheidendes Stadium ein: der eine ist die Reichskirche, der andere die neue Schicht der kleinen Lehnsleute und der Reichsministerialität.

Was die Reichskirche angeht, so ist Konrad ihr zunächst in der gleichen Weise wie sein Vorgänger gegenübergetreten. Von ihm hat er die Praxis übernommen, sich bei der Besetzung der Bischofsstühle in Deutschland wie in Italien wirkungsvoll einzuschalten. Genau wie Heinrich hat er auch als Eigenkirchenherr über das Gut der Reichsklöster verfügt. Und vor allem hat er mit diesen Maßnahmen, wiederum im Sinne Heinrichs, auch die Durchführung der Klosterreform im Auge behalten. Als 1031 Erzbischof Aribo von Mainz gestorben war, hatte er die Absicht, den Kanoniker Wazo von Lüttich, einen führenden Reformer, in Mainz, dem vornehmsten der deutschen Bistümer, als Erzbischof einzusetzen. Da Wazo ablehnte, hat er das Erzbistum einem Verwandten der Kaiserin Gisela, dem Abt Bardo von Fulda, übertragen. Wazo blieb aber weiter hoch in seiner Gunst und einige Jahre später bot er ihm dann sein heimisches Bistum Lüttich an. Ähnlich ist er noch in einigen weiteren Fällen verfahren. Es besteht also kein Zweifel, daß Konrad II. die Reform nicht weniger und nicht anders als Heinrich II. gefördert hat.

Um so auffälliger ist daher, daß es Stimmen von Reformern gab, die Konrad unkirchliche Gesinnung und sogar „Simonie"* vorgeworfen

* Unter Simonie verstand man kirchenrechtlich das Vergehen der Verleihung eines kirchlichen Amtes gegen Geld, so genannt nach dem Zauberer Simon, der nach dem Bericht der Apostelgeschichte dem hl. Petrus Geld angeboten hatte, damit er ihm die Gaben des Heiligen Geistes vermittle.

haben. Doch hat sich herausgestellt, daß diese Vorwürfe in keinem Fall von Reformern, mit denen Konrad zusammengearbeitet hat, und vor allem daß sie durchweg erst nach dem Tod Konrads erhoben worden sind. Sie sprechen also erst für eine spätere Zeit, für die verschärfte Begriffe und strengere Reformforderungen charakteristisch wurden. Es sind Symptome, in denen sich das Auseinandertreten der mittelalterlichen Welt ankündigt, das dann im sogenannten Investiturstreit Wirklichkeit geworden ist. Konrads II. Verhältnis zur Reform blieb durch sie noch völlig ungestört.

Merkwürdigerweise trat aber statt dessen in seinen letzten Regierungsjahren eine Störung in seinem Verhältnis zu den bisher engsten Bundesgenossen der Krone, den Reichsbischöfen Italiens, ein, und es war Konrad selbst, der sie durch eine überraschende Wendung in seiner Italienpolitik heraufbeschworen hat. Diese Wendung wurde durch einen Konflikt ausgelöst, der zu den frühesten und folgenreichsten sozialen Kämpfen des Mittelalters gehört.

Wir hören von kleinen ritterlichen Lehnsleuten, sogenannte Valvassoren, die in den Quellen auch milites gregarii oder milites secundi genannt werden. Sie waren als Aftervasallen abhängig von den milites primi oder capitanei, das heißt, den Großvasallen, die grafengleiche Rechte besaßen. Während nun die großen Lehen längst erblich waren, war dies bei den kleinen noch nicht der Fall. Das Streben der Valvassoren ging deshalb dahin, die Erblichkeit ihrer kleinen Lehen ebenfalls durchzusetzen. Darüber kam es 1035 zum Aufstand, der sich in erster Linie gegen Erzbischof Aribert von Mailand richtete, da dieser sich den Wünschen der Valvassoren am entschiedensten widersetzte. Der Aufstand breitete sich rasch aus; es kam zum offenen Kampf, bei dem der Erzbischof mit weiteren Bischöfen und Herren unterlag. Daraufhin riefen nicht nur Aribert und seine Freunde, sondern auch ihre Gegner, die Valvassoren, den Kaiser um Hilfe an, und Konrad hat sich in dieser Lage von vornherein nicht auf die Seite seiner alten Helfer gestellt, sondern sich für die kleinen Lehnsleute entschieden. Es hat seine Entscheidung belastet, daß er sie nicht, wie man es vom Kaiser erwarten durfte, als Schiedsrichter getroffen, sondern daß er selbst Partei ergriffen hat. Als er dementsprechend auf seinem zweiten Italienzug selbst in die Kämpfe eingriff, blieb ihm in Mailand der Erfolg versagt; Aribert ist der einzige Gegner, mit dem er nicht fertig geworden ist. Wenn er indessen mit den Waffen nicht zum Ziele kam, so hat er dennoch den Valvassoren auf eine zukunftsträchtige Weise zu dem von ihnen begehrten Recht verholfen. Es geschah dies am 28. Mai 1037 in seiner berühmten Constitutio de feudis, einem Lehnsgesetz, das nun auch die Erblichkeit der kleinen

Lehen rechtlich sanktionierte und die Valvassoren darüber hinaus durch die Bindung an ihr Genossenschaftsgericht gegen eine willkürliche Entziehung dieser Lehen schützte.

Das Gesetz stellt einen Markstein in der Geschichte der kleinen, ritterlichen Lehnsleute dar, deren Aufstieg mit ihm beginnt; Konrad II. hat ihnen den Weg nach oben frei gemacht. Daß es zugleich einen Bruch mit der bisherigen bischofsfreundlichen Italienpolitik der deutschen Kaiser markiert, lag jedoch nicht in der Natur der Sache, sondern ging auf eine ganz persönliche Entscheidung Konrads II. zurück, die sein Sohn Heinrich III. denn auch sofort nach seinem Regierungsantritt wieder rückgängig gemacht hat, ohne sich damit gegen die kleinen Lehnsleute zu stellen.

Das Gesetz ist für uns vor allem aber auch deshalb bedeutungsvoll, weil es über Italien hinausweist. Die Entwicklung, die wir in Italien in den Jahren 1035 bis 1037 gleichsam auf ihrer ersten Höhe fassen, hat sich nämlich auch in Deutschland vollzogen. Auch hier zeigt sich das gleiche Phänomen, daß sich zwischen Adel und Bauerntum eine neue Schicht einschiebt, die mit Macht nach oben drängt. Doch treten dabei charakteristische Unterschiede gegenüber Italien wie im übrigen auch gegenüber Frankreich zutage. Sie liegen darin, daß der Prozeß in Deutschland langsamer und weniger eruptiv vor sich ging, vor allem aber, daß es hier weniger das Lehnswesen als der Herrendienst war, welcher der neuen Schicht zu ihrer Existenz verhalf. Die Stelle der italienischen Valvassoren nahmen in Deutschland ungefähr die Ministerialen ein, das heißt: Dienstleute, die rechtlich unfrei waren, sich aber durch ihren Dienst allmählich dem Adel anzunähern vermochten.

Wir können diesen Prozeß der Bildung eines eigenen Ministerialenstandes und seines Aufstieges an einer Reihe von Hof- und Dienstrechten ablesen. Das früheste dieser Hofrechte, das des Bischofs Burchard von Worms, noch der Frühzeit Konrads II. angehörend und für die Dienstleute der Wormser Kirche bestimmt, läßt die Ministerialen noch nicht als einen geschlossenen Stand erkennen. Aber bereits wenig später geht aus dem Limburger Hofrecht von 1035 hervor, daß sie nicht mehr zu knechtischen Leistungen, sondern nur mehr zu Hof- und Kriegsdiensten herangezogen wurden. Die Folge war, daß sich die Pflichten in Rechte verwandelten, alsbald zusammengefaßt zum sogenannten Dienstrecht, das alle, die ihm unterworfen waren, zu einer eigenen Rechtsgemeinschaft, einem Stand, zusammenschloß. So erscheinen die Ministerialen im Bamberger Dienstrecht aus der zweiten Hälfte des 11. Jahrhunderts denn auch als eine bevorrechtete Schicht, über die der Grundherr nicht mehr beliebig verfügen kann, da sie einen Anspruch auf Hof- und

Kriegsdienste gewonnen hat. Wo sie den Ministerialen nicht gewährt wurden, hatten sie das Recht, sie sich bei einem andern Herrn zu suchen. Der ritterliche Dienst gliedert sie darauf in das aufstrebende Rittertum ein, die große Bewegung der Stauferzeit, die sich mit dem alten Adel verbindet und ihnen schließlich selbst den Zugang zum Adel erschließt. Sie bilden jetzt seine untere Schicht: den niederen Adel. Wenn ihre große Zeit damit auch erst unter den Staufern folgen sollte, so ist es doch ein entscheidender Vorgang, daß ihr Aufstieg eben unter Konrad II. begann. Mit ihnen ist eine neue, zukunftsträchtige Kraft in die Geschichte eingetreten, und es ist nicht das geringste Verdienst der Salier, daß sie ihnen den Weg geebnet, ihren Aufstieg gefördert haben.

Konrad II. hat schließlich sich selbst und seinem ganzen Geschlecht im Dom von Speyer noch ein großartiges Denkmal gesetzt. Sein Haus war bestellt, als er, noch keine 50 Jahre alt, im Juni 1039 in Utrecht starb. Er wurde in dem Bau, den er begonnen, den sein Enkel aber erst vollenden sollte, beigesetzt: dem salischen Kaiserdom, der seitdem die Grablege der deutschen Kaiser geworden ist. Ihre lange Reihe verdeutlicht gleichsam die innere Spur der deutschen Geschichte, die von den Saliern zu den Staufern führt.

AUSBLICK

Das Reich am Vorabend des Investiturstreites

Es ist aufschlußreich und kennzeichnend für die deutsche Geschichte, daß das Reich, seit es Deutschland, Italien und Burgund umschloß, also seit Konrad II., sich wieder mit dem Romgedanken verbunden hat, der grundsätzlich über sie hinauswies. Im Romgedanken sprach sich die übernationale Seite des Imperiums aus. Wenn man die Bedeutung des frühmittelalterlichen Reiches zu umschreiben sucht, so wird man demgemäß sagen dürfen, daß in ihm zwar nicht räumlich, aber ideell die Einheit der mittelalterlichen Welt am reinsten verkörpert war. Man braucht diese Einheit nicht zu idealisieren. Sie war in Wirklichkeit nie vollkommen und schloß zu allen Zeiten starke innere Spannungen ein. Aber die Wirklichkeit richtete sich an einer Ordnungsvorstellung aus, die alles auf eine letzte Einheit bezog und die die Einheitlichkeit der Welt in der Zuordnung und Eintracht ihrer beiden Häupter, Kaiser und Papst, verbürgt und sichtbar verkörpert sah.

In der Herrschaft Kaiser Heinrichs III., des zweiten und wohl größten unter den Saliern, hat sie auch nach außen hin einen überzeugenden Ausdruck gefunden. Sein Kaisertum stellt den Gipfel und in gewisem Sinne die Vollendung des ottonischen Reiches dar. Es ruhte jetzt sicher auf der Macht der drei Regna Deutschland, Italien und Burgund und strahlte weit darüber hinaus. Das Kaisertum war die spezifische Form der Sonderstellung des deutschen Königs im mittelalterlichen Europa geworden. In ihm besaß es seit Otto dem Großen die faktische Hegemonie. In der wechselvollen Politik der Nachfolger Ottos blieb es doch fraglos, daß das deutsche Kaisertum die Führung der abendländischen Welt innehatte. Obwohl die letzte imperiale Steigerung, die Otto III. erstrebt hatte, sich als undurchführbar erwies, gelang doch seinen Nachfolgern von der Basis des deutschen Regnums aus nach innen und nach außen eine ständige Steigerung seiner Macht. Sie ist nicht nur dem Reich, sondern zu einem guten Teil auch Europa zugute gekommen; denn die Kaiserpolitik griff stets über das deutsche Regnum hinaus.

So war die Abwehr der äußeren Feinde wie der Ungarn und der Sarazenen bereits in den Augen der Zeitgenossen eine europäische Tat, und die Christianisierung des Ostens steht als eine Hauptaufgabe bereits an der Schwelle zur Erneuerung des Kaisertums. Die Kaiser entsprachen in ihr alten christlichen Forderungen, die in der Vorstellung des Imperium christianum ihren Niederschlag gefunden haben. Dementsprechend ist es nicht zuletzt ihr Verdienst, daß Polen, Böhmen und Ungarn für das Christentum gewonnen worden sind. Indem sie christlich wurden, traten sie in die Gemeinschaft des Abendlandes ein. So geht es letztlich auf die Kaiserpolitik zurück, daß das Christentum und Europa sich so weit nach Osten ausdehnen konnten. Für Heinrich III., der mehr als alle bisherigen Kaiser Ideal und Macht zu vereinen verstand, wurde die Lehnshuldigung, die er von Polen, Böhmen und Ungarn erzwang, ein Mittel zur Friedenssicherung.

Auch im Innern hat sich die Herrschaft seit Heinrich II. zunehmend konsolidiert. So ist bezeichnend, daß sich beim Regierungsantritt Heinrichs III., der längst vorbereitet war, nirgends mehr Unruhen zeigten. Die Machtsteigerung im Innern erkennt man deutlich an der gefestigten Stellung, die das Königtum gegenüber den Herzogtümern gewonnen hat. Und ganz klar tritt sie zutage im Verhältnis des Herrschers zur Kirche. Hier haben die Kaiser die bereits von Otto dem Großen eingeschlagene Politik stets konsequent fortgeführt. Sie bleibt auch unter Heinrich III. gekennzeichnet durch reiche Schenkungen an die Kirche, aus denen entsprechend hohe Forderungen und Leistungen resultieren. Es ist selbsverständlich geworden, daß der Herrscher das Recht für sich in Anspruch nimmt, die Bischöfe und Äbte im Bereich der Reichskirche einzusetzen. Königtum und Reichskirche sind eine so enge Verbindung eingegangen, daß die Konkordanz zwischen Regnum und Sacerdotium das Wesen des ganzen Zeitalters bestimmt. Der König und der Reichsbischof bilden in ihrer wechselseitigen Bezogenheit die Schlüsselfiguren der Zeit.

Folgte Heinrich III. hier im wesentlichen dem Beispiel seiner Vorgänger, so erfüllte er es indessen mit einem neuen und strengeren Geist. Es war der Geist der großen Ideen seiner Zeit, der Friedens- und der Reformidee, die er in seine Herrschaft aufnahm, um in ihr ihrer Verbreitung und Anerkennung zu dienen. Er hat damit zugleich den religiös-geistlichen Charakter der Herrschaft stärker als je zuvor zum Ausdruck gebracht.

Symptomatisch dafür ist, wie er sich als König zum Wegbereiter der Friedensbewegung machte. Es war ein ungewöhnliches Schauspiel, wie der König während des Gottesdienstes in Konstanz und Trier

und sogar bei der tiefreligiösen Friedensfeier nach der Schlacht bei Menfö (1044) für den Frieden warb, indem er öffentlich seinen Schuldnern vergab und alle Anwesenden beschwor, seinem Beispiel zu folgen. Heinrich hat seine Aufforderung zum Frieden auch danach noch wiederholt. Es ist zu beachten, daß die Quellen dabei nicht von „indulgentia" sprechen, sondern von „pax, lex und treuga". Das heißt: es handelt sich um königliche Friedensgebote. Heinrich fordert nicht nur zur Vergebung und zum Frieden auf, sondern macht den Frieden auch zum Gesetz. Befriedung heißt bei ihm zugleich Intensivierung der Herrschaft und Erfüllung seines christlich verstandenen Herrschaftsauftrags. So sprechend indessen diese Bemühungen für den Geist der Herrschaft Heinrichs sind, so hat die Friedensidee doch ihre größten Wirkungen erst in der Folgezeit und vor allem in anderer Form, nämlich in der Form der Landfrieden, hervorgebracht.
Anders die Reformidee, die aus ihren Ursprungsländern Burgund und Lothringen schon längst in Deutschland eingedrungen und von den Königen aufgegriffen worden war. Jetzt verstand es sich für Heinrich III. von selbst, daß er als König und Kaiser an die Spitze der kirchlichen Reformbewegung trat. Er stand in enger Verbindung mit den beiden großen Reformzentren im burgundischen Cluny und dem lothringischen Gorze (bei Metz). Der mächtige Abt Hugo von Cluny war der Pate seines Sohnes Heinrich IV. Reform und Reichskirche schlossen sich nach seiner Überzeugung nicht aus, und Heinrich III. besaß auch bei den Reformern eine so hohe Autorität, daß sie sich ihm anschlossen. Ihr Zusammenwirken kam unter seiner Herrschaft in der Tat beiden Seiten zugute. Heinrich sorgte dafür, daß nur sittlich einwandfreie Geistliche die kirchlichen Ämter erhielten, ohne daß er sich deshalb seine königlichen Rechte verkürzen ließ. Mit besonderem Nachdruck bekämpfte er die Simonie, die einen Hauptangriffspunkt der Reformer bildete. Der damit bezeichnete Mißbrauch, daß ein geistlicher Würdenträger sein Amt gegen eine Geldzahlung erhielt, war weit verbreitet und hatte auch in Rom einen fruchtbaren Nährboden gefunden. Hier war das Papsttum, das nach dem Tode Ottos III. bald wieder unter den Einfluß stadtrömischer Parteiungen geraten war, selbst in hohem Maße reformbedürftig, was in den vierziger Jahren für jedermann offenkundig wurde, als plötzlich drei Päpste hervortraten und sich gegenseitig den Papstthron streitig machten. Es ist das Verdienst Heinrichs III., daß diese Mißstände beseitigt wurden. Er ist es gewesen, der der Reform Eingang in Rom erzwang. Er hat sie erst auf das Papsttum übertragen und es damit endgültig über die stadtrömischen Verstrickungen hinausgehoben. Es geschah im

Interesse seiner hohen Auffassung von Kaisertum und Papsttum, als Heinrich im Jahre 1046 die drei römischen Gegenpäpste von den Synoden in Sutri und Rom absetzen ließ und als Patrizius einen neuen Papst einsetzte: seinen Vertrauten Suidger von Bamberg, der sich als Papst Clemens IV. nannte. Ihm sind drei weitere deutsche Päpste gefolgt, auch sie von Heinrich III. eingesetzt, der wichtigste unter ihnen Leo IX. aus dem Hause der Grafen von Egisheim. Sie blieben stets in vollem Einklang mit dem Kaiser, als sie daran gingen, von Rom aus ihre eigene Reformtätigkeit zu entfalten. So ist, aufs Ganze gesehen, die Reform der Kirche primär eine Leistung des Kaisertums. Sie kam seinem Ansehen um so mehr zugute, als jeder sah, daß Heinrich III. sie wirklich lauteren Herzens durchgeführt hat. Er hatte eine so hohe Auffassung vom Kaisertum, daß er es sich versagte, die Reform auf irgendeine Weise machtpolitisch auszunutzen. Er diente wirklich der Kirche, als er sie reformierte, in der festen Überzeugung, daß ihr Gewinn auch ein Gewinn des Reiches sei. Der Erfolg — so schien es — gab dieser Überzeugung recht —, jedenfalls so lange Heinrich III. lebte. Das „ottonische System" hat in seiner Herrschaft seinen reinsten Ausdruck gefunden. Wenige Jahre später brach seine größte Krise herein.

Es ist einer der großen Umbrüche in der deutschen Geschichte, den der Tod Heinrichs III. markiert. War zu seinen Lebzeiten gerade in der Reform des Papsttums in Rom die Einheit der mittelalterlichen Welt als Einheit von Regnum und Sacerdotium besonders sichtbar in Erscheinung getreten, so brach wenig später eben diese Einheit auseinander, als das gerade reformierte Papsttum sich unter einer neuen Devise, dem Ruf nach der Libertas ecclesiae, gegen die alte Weltordnung wandte. Während sie sich gerade zu vollenden schien, strebte das neuerstarkte Reformpapsttum vom Kaisertum weg und suchte sich ihm überzuordnen. Der Kampf, der damit begann und den wir Investiturstreit nennen, hat wesentliche Grundlagen der alten, einheitlichen Welt zerstört und eine neue, spannungsreiche Zeit heraufgeführt.

Das Reich aber sah sich vor die Aufgabe gestellt, zwischen den alten und neuen Kräften eine Synthese zu finden, die ihm den Weg in die Zukunft ebnete und in seiner Geschichte Vergangenheit, Gegenwart und Zukunft verband.

ABKÜRZUNGSVERZEICHNIS

AKG = Archiv für Kulturgeschichte
Ann. = Annalen
AUF = Archiv für Urkundenforschung
Bll. = Blätter
DA = Deutsches Archiv für Erforschung des Mittelalters
HZ = Historische Zeitschrift
HJb. = Historisches Jahrbuch
HV = Historischer Verein
Jb. = Jahrbuch
Jbb. = Jahrbücher
MGH = Monumenta Germaniae Historica
MIÖG = Mitteilungen des Instituts für Österreichische Geschichtsforschung
MPI = Max-Planck-Institut
QFIAB = Quellen und Forschungen aus italienischen Archiven und Bibliotheken
SB = Sitzungsberichte
VjBll. = Vierteljahrsblätter
VSWG = Vierteljahrsschrift für Sozial- und Wirtschaftsgeschichte
ZdA = Zeitschrift für deutsches Altertum
ZGO = Zeitschrift für die Geschichte des Oberrheins
ZRG = Zeitschrift der Savigny-Stiftung für Rechtsgeschichte

BIBLIOGRAPHISCHE HINWEISE

Im folgenden kann keine *Bibliographie* zu den ersten Jahrhunderten der deutschen Geschichte und noch weniger zu ihrer Vorgeschichte geboten werden. Dafür sei ein für allemal verwiesen auf *Dahlmann-Waitz*, Quellenkunde der deutschen Geschichte, 10. Aufl., hrsg. im Max-Planck-Institut für Geschichte von *H. Heimpel* und *H. Geuss* (1965 ff.); für die in der 10. Auflage noch nicht erschienenen Abschnitte ist noch die 9. Auflage, hrsg. von *H. Haering* (1932 mit Registerband) zu benutzen. Im übrigen sei sowohl im Hinblick auf seine sorgfältige Bibliographie wie seine detaillierten inhaltlichen Angaben als unentbehrliches Hilfsmittel verwiesen auf: *B. Gebhardt*, Handbuch der Deutschen Geschichte, hrsg. von *H. Grundmann*, Bd. 1 (^{9}1970), dessen Beiträge z. Zt. auch als Taschenbücher (dtv) erscheinen; davon kommen hier in Betracht die Teilbände von *E. Wahle* (Vorgeschichte), *H. Löwe* (375–911), *J. Fleckenstein* (911–1002), *M. L. Bulst-Thiele* (1002–1056) und *K. Bosl* (Verfassungs- und Sozialgeschichte). Knapper als der „Gebhardt", jedoch mit den wesentlichen weiterführenden Literaturangaben der Band: Deutsche Geschichte im Überblick, hrsg. von *P. Rassow* (^{3}1973), daraus in unserem Zusammenhang die Beiträge von *G. Walser* (Völkerwanderung), *E. Ewig* (Franken), *H. Beumann* (Ottonen), *Th. Schieffer* (Salier). Dementsprechend auch das Handbuch der Deutschen Geschichte, hrsg. von *L. Just*, 1 (1957) mit den Beiträgen von *H. Steinacker* (Völkerwanderung), *F. Steinbach* (Franken) und *K. Jordan* (911–1056).

Als Standardwerke von bereits klassischer Geltung seien genannt: *G. Waitz*, Deutsche Verfassungsgeschichte (nur Mittelalter), 1–8 in 9 Bänden, 1.–3. Auflage (1876–1896, Neudruck 1955); *H. Pirenne*, Histoire économique et sociale du Moyen Age, nouvelle édition revue par H. Van Werveke (1963); *A. Hauck*, Kirchengeschichte Deutschlands (nur Mittelalter), 5 Bde ($^{3-4}$1911–1929, Neudruck 1953).

Von den *allgemeinen Darstellungen* können nur wenige hervorgehoben werden. Da jede Auswahl an Willkür grenzt, nennt Verf. – in chronologischer Folge – diejenigen, denen er sich besonders verpflichtet fühlt: *S. Hellmann*, Frühes Mittelalter. In: Weltgeschichte in gemeinverständlicher Darstellung, hrsg. von *L. M. Hartmann*, Teil 4 (1924); *L. Génicot*, Les lignes de faîte du Moyen Age (^{2}1952); deutsch: Das Mittelalter. Geschichte und Vermächtnis (1957); *J. Le Goff*, La Civilisation de l'occident médiéval (1964), deutsch: Kultur des europäischen Mittelalters (1970); *G. Tellenbach*, Die Germanen und das Abendland bis zum Beginn des 13. Jahrhunderts. In: Saeculum Weltgeschichte 4 (1967).

Die Auswahl der Spezialliteratur muß sich, wie die bereits genannten Titel, auf das Allernötigste beschränken. Sie wird im folgenden in Anlehnung an die Gliederung unserer Darstellung aufgeführt.

Erster Teil

I: Zur Sozialgeschichte allgemein: *O. Brunner,* Inneres Gefüge des Abendlandes. In: Historia Mundi, hrsg. von *F. Kern,* 6 (1958); *ders.,* Neue Wege der Verfassungs- und Sozialgeschichte (²1968); *M. Bloch,* s. u. unter VII; *K. Bosl,* Staat, Gesellschaft, Wirtschaft im deutschen Mittelalter in: B. Gebhardt, Handbuch der deutschen Geschichte, hrsg. von *H. Grundmann,* 1 (⁹1970); *H. Pirenne,* wie oben unter Standardwerke; vgl. auch *ders.,* Sozial- und Wirtschaftsgeschichte Europas, UTB 33 (²1971); *F. Lütge,* Deutsche Sozial- und Wirtschaftsgeschichte (²1960).

I,1: Zur Sippe: *F. Genzmer,* Die germanische Sippe als Rechtsgebilde. In: ZRG Germ. Abt. 67 (1950); *K. Kroeschell,* Die Sippe im germanischen Recht. Ebd. 77 (1960); *W. Schlesinger,* Randbemerkungen zu drei Aufsätzen über Sippe, Gefolgschaft und Treue. In: Festschrift O. Brunner, Alteuropa und die moderne Gesellschaft (1963), Neudruck in: *Ders.,* Beiträge zur deutschen Verfassungsgeschichte des Mittelalters 1 (1963); weit ausgreifend: *K. Schmid,* Zur Problematik von Familie, Sippe und Geschlecht, Haus und Dynastie beim mittelalterlichen Adel. In: ZGO 105 (1957), für die Folgezeit: *G. Duby,* Structures de parenté et noblesse dans la France du Nord aux XIᵉ et XIIᵉ siècles. In: *Ders.,* Hommes et structures du moyen age (1973).

I,2: Zum Haus: grundlegend: *O. Brunner,* Land und Herrschaft (⁴1959), bes. S. 240 ff., ferner *K. Schmid* (wie I, 1) und *W. Schlesinger,* Herrschaft und Gefolgschaft in der germanisch-deutschen Verfassungsgeschichte. In: HZ 176 (1913), Abdruck in: *Ders.,* Beiträge zur deutschen Verfassungsgeschichte des Mittelalters 1 (1963).

I,3: Zur Gefolgschaft: *Schlesinger* (wie I, 2); auf die Einwände von *H. Kuhn* (Die Grenzen der germanischen Gefolgschaft. In: ZRG Germ. Abt. 73 [1956]) anwortet *Schlesinger,* Randbemerkungen zu drei Aufsätzen über Sippe, Gefolgschaft und Treue (wie I, 1).

I,4: Zum Stamm: Forschungsstand *R. Wenskus,* Stammesbildung und Verfassung (1961) mit ausführlicher Literatur; zum Stamm als Kultgemeinschaft: K. Hauck, Goldbrakteaten aus Sievern (Münstersche Mittelalter-Schriften 1, 1970).

II,1: Zum germanischen und frühmittelalterlichen Königtum: *O. Höfler,* Der Sakralcharakter des germanischen Königtums. In: Das Königtum. Vorträge und Forschungen 3 (1963); *K. Hauck,* Geblütsheiligkeit. In: Liber Floridus, Festschrift für Paul Lehmann (1950); *ders.,* Die geschichtliche

Bedeutung der germanischen Auffassung von Königtum und Adel. In: Rapports du XIe Congrès International des Sciences Historiques. Stockholm (1960); *J. M. Wallace-Hadrill*, The Longhaired Kings (1962); *K. Sprigade*, Abschneiden der Königshaare und kirchliche Tonsur bei den Merowingern. In: Welt als Geschichte 22 (1962); *W. Schlesinger*, Über germanisches Heerkönigtum. In: Das Königtum. Vorträge und Forschungen 3 (1963), Abdruck in: *Ders.*, Beiträge zur deutschen Verfassungsgeschichte des Mittelalters 1 (1963).

II,2: Zum frühmittelalterlichen Adel: *H. Dannenbauer*, Adel, Burg und Herrschaft bei den Germanen. In: HJb 61 (1951); *R. Sprandel*, Struktur und Geschichte des merowingischen Adels. In: HZ 193 (1961); *F. Irsigler*, Untersuchungen zur Geschichte des frühfränkischen Adels (1969); *H. Mitteis*, Formen der Adelsherrschaft im Mittelalter. In: Festschrift Fritz Schulz (1951) und abgedruckt in: *Ders.*, Die Rechtsidee in der Geschichte (1957); *L. Génicot*, La noblesse au Moyen Age dans l'ancienne Francie. In: Annales 17 (1962). Zusammenfassung mit dem Schwergewicht auf dem 9. bis 12. Jahrhundert: *G. Tellenbach*, Zur Erforschung des mittelalterlichen Adels in: XIIe Congrès International des Sciences Historiques, 29 Août – 5 Septembre 1965, 1 (1965).

II,3: Zu König und Volk: *Th. Mayer*, Königtum und Gemeinfreiheit im frühen MA. In: DA 6 (1943) und abgedruckt in: *Ders.*, Mittelalterliche Studien (1959).

II,4: Zum Problem der Christianisierung: *H. Kuhn*, König und Volk in der germanischen Bekehrungsgeschichte. In: ZdA 77 (1940); *K. D. Schmidt*, Die Bekehrung der Germanen zum Christentum II, 1 (1942); *H. Büttner*, Mission und Kirchenorganisation des Frankenreiches bis zum Tode Karls des Großen. In: Karl der Große 1, Persönlichkeit und Geschichte, hrsg. von *H. Beumann* (1965).
Zum Mönchtum: *F. Prinz*, Frühes Mönchtum im Frankenreich (1965).
Zum religiösen Leben: *C. A. Bernoulli*, Die Heiligen der Merowinger (1900); *F. Graus*, Volk, Herrscher und Heiliger im Reich der Merowinger. Studien zur Hagiographie der Merowingerzeit (1965).
Zur Eigenkirche grundlegend: *U. Stutz*, Die Eigenkirche als Element des mittelalterlich-germanischen Kirchenrechts (1895, Neudruck 1955); ferner *H. E. Feine*, Ursprung, Wesen und Bedeutung des Eigenkirchentums. In: MIÖG 58 (1950).

III,1: Das Königsgut und seine Voraussetzung: *H. Nesselhauf*, Die spätrömische Verwaltung der gallisch-germanischen Länder. In: Abh. d. Preuß. Akademie (1938), Phil.-hist. Kl. Nr. 2; *H. de Arbois de Jubainville*, Recherches sur l'origine de la propriété foncière et les noms de lieux habités en France (1890); vgl. auch *A. Bergengruen*, Adel und Grundherrschaft im Merowingerreich (Vierteljahrsschrift für Sozial- und Wirtschaftsgeschichte, Beiheft 41, 1958), ferner unten V, 3.

III,2: Zur Grundherrschaft ist an erster Stelle die von *G. Franz* herausgegebene Deutsche Agrargeschichte zu nennen, und zwar die Bände: *H. Jankuhn,* Vor- und Frühgeschichte vom Neolithikum bis zur Völkerwanderungszeit (1969); *W. Abel,* Geschichte der deutschen Landwirtschaft vom frühen Mittelalter bis zum 19. Jahrhundert (²1967); ferner *F. Lütge,* Geschichte der deutschen Agrarverfassung vom frühen Mittelalter bis zum 19. Jahrhundert (²1967); mit breitestem Beobachtungsfeld: *G. Duby,* L'Économie rurale et la vie des campagnes dans l'Occident, 2 vol. (1961); *R. Kötzschke,* Salhof und Siedelhof im älteren deutschen Agrarwesen, hrsg. von H. Helbig. In: Ber. d. Sächs. Akademie, Phil.-hist. Kl. 100 H. 5 (1953).

III,3: Zur Frage des bäuerlichen Besitzes und der Freien außer den in III,2 genannten Bänden der von G. Franz herausgegebenen Deutschen Agrargeschichte: *G. Franz,* Geschichte des Bauernstandes vom frühen Mittelalter bis zum 19. Jahrhundert (1970); *A. Dopsch,* Herrschaft und Bauer in der deutschen Kaiserzeit (1939); *Th. Mayer* (Hrsg.), Adel und Bauern im deutschen Staat des Mittelalters (1943, Neudruck 1967), daraus bes.: *K. S. Bader,* Staat und Bauerntum im deutschen Staat des Mittelalters; *G. Duby,* Guerriers et paysans. VIIᵉ–XIIᵉ siècle. Premier essor de l'économie européenne (1973).
Das Problem der Freiheit, Vorträge und Forschungen 2 (²1963).
Zum Problem der Hufe: *Ch. E. Perrin,* Observations sur le manse dans la région parisienne au début du IXᵉ siècle. Annales d'histoire sociale (1945); *F. Lütge,* Die Hufe in der thüringisch-hessischen Agrarverfassung der Karolingerzeit. In: *Ders.,* Studien zur Sozial- und Wirtschaftsgeschichte. Gesammelte Abhandlungen (1963).
Zur Siedlungsform: *H. Dölling,* Haus und Hof in westgermanischen Volksrechten (Veröff. d. Altertums-Kommission im Provinzialinstitut für Westfälische Landes- und Volkskunde 2, 1958).

III,4: Zur Frage von Freiheit und Unfreiheit, Hörigen und Sklaven: *K. Bosl,* Freiheit und Unfreiheit. Zur Entwicklung der Unterschichten in Deutschland und Frankreich. In: *Ders.,* Frühformen der Gesellschaft im mittelalterlichen Europa (1964); *R. Boutruche,* Seigneurie et féodalité, 2 vol. (1959–1970); *G. Duby,* Guerriers et paysans (wie III,3); *H. Nehlsen,* Sklavenrecht zwischen Antike und Mittelalter 1 (Göttinger Studien zur Rechtsgeschichte 7, 1972).

IV,1: Zu den Grundfragen der Aufnahme von Antike und Christentum: *F. Schneider,* Rom und Romgedanke im Mittelalter (1926); *G. Schnürer,* Kirche und Kultur im Mittelalter, 3 Bde. (²1927–1929); *J. Bühler,* Die Kultur des Mittelalters, Sammlung Kröner (²1931); *M. Seidlmayer,* Weltbild und Kultur Deutschlands im Mittelalter. In: Handbuch der Deutschen Geschichte, hrsg. von *L. Just* 1 (1957); souverän: *H. Grundmann,* Über die Welt des Mittelalters. In: Propyläen-Weltgeschichte. Summa historica (1965).

IV,2: Zur irischen Mission: *J. Ryan,* Irish Monasticism (1931); *W. Levison,* Die Iren und die fränkische Kirche. In: HZ 109 (1912), Neudruck in: *Ders.,* Aus rheinischer und fränkischer Frühzeit (1948); *J. Duft,* Über Irland und den irischen Einfluß auf das Festland. In: Zeitschrift für Schweiz. Kirchengeschichte 51 (1957).
Zur angelsächsischen Mission: *W. Levison,* England and the continent in the eighth century (1946, Neudruck 1956); *Th. Schieffer,* Angelsachsen und Franken, Abh. der Akademie Mainz (1950) 20, u. bes. *Ders.,* Winfrid-Bonifatius und die christliche Grundlegung Europas (1954, Neudruck 1974).

IV,3: Zur karolingischen Bildungserneuerung: *E. Patzelt,* Die karolingische Renaissance (1924); davon stark abweichend: *J. Fleckenstein,* Die Bildungsreform Karls des Großen als Verwirklichung der norma rectitudinis (1953); am umfassendsten der Sammelband: Karl der Große 2: Das geistige Leben, hrsg. von *B. Bischoff* (1965); vgl. auch *L. Wallach,* Alcuin and Charlemagne (1959).

V,1: Zum Gottesgnadentum grundlegend: *F. Kern,* Gottesgnadentum und Widerstandsrecht ([2]1954); *M. Bloch,* Les rois thaumaturges (1961); Das Königstum. Seine geistigen und rechtlichen Grundlagen. In: Vorträge und Forschungen 3 (1956, Neudruck 1963); zu den Vorgängen von 751–754: *E. Caspar,* Pippin und die römische Kirche (1914) und *W. H. Fritze,* Papst und Frankenkönig. In: Vorträge und Forschungen, Sonderband 10 (1973).

V.2: Zum Hof Karls des Großen: *J. Fleckenstein,* Karl der Große und sein Hof. In: Karl der Große 1 (wie oben II,4); zu den weltlichen Hofämtern: *P. Schubert,* Die Reichshofämter und ihre Inhaber bis an die Wende des 12. Jahrhunderts. In: MIÖG 34 (1913); zu den geistlichen Hofämtern: *J. Fleckenstein,* Die Hofkapelle der deutschen Könige, 2 Bde., Schriften der MGH 13,1 und 2 (1959 und 1965); Hof und Recht: *F. L. Ganshof,* Charlemagne et les institutions de la monarchie franque. In: Karl der Große 1 (wie oben II,4); Stand der Pfalzenforschung: Deutsche Königspfalzen (Veröff. d. MPI f. Gesch. 11, 1 und 2, 1963 und 1965).

V,3: Zum Königsgut s. oben III,1; dazu: *W. Metz,* Das karolingische Reichsgut (1960); *Ders.,* Zur Erforschung des karolingischen Reichsgutes (Erträge der Forschung 4, 1971); *Th. Mayer,* Das deutsche Königtum und sein Wirkungsbereich. In: Das Reich und Europa ([2]1941) und abgedruckt in: *Ders.,* Mittelalterliche Studien (1959); *E. Ewig,* Résidence et capitale pendant le haut Moyen Age. In: Revue historique 230 (1963).
Zur Adelsherrschaft: *O. von Dungern,* Adelsherrschaft im Mittelalter (1927); H. Mitteis, Formen der Adelsherrschaft (wie oben II,2); *W. Schlesinger,* Die Entstehung der Landesherrschaft ([2]1964); *K. Schmid,* Über die Struktur des Adels im frühen Mittelalter. In: Jb. f. fränk. Landesforschung 19 (1959).

Zur Reichsaristokratie grundlegend: *G. Tellenbach*, Königtum und Stämme in der Werdezeit des deutschen Reiches (1939); *Ders.*, Vom karolingischen Reichsadel zum deutschen Reichsfürstenstand. In: *Th. Mayer* (Hrsg.), Adel und Bauern im deutschen Staat des Mittelalters ([2]1967); *K. Bosl*, Reichsaristokratie und Uradel. In: Zeitschrift für bayerische Landesgeschichte 21 (1958).

V,4: Zu civitas, Gau und Grafschaft: *E. Ennen*, Frühgeschichte der europäischen Stadt (1953); *E. Ewig*, Civitas, Gau und Territorium in den Trierischen Mosellanden. In: Rhein. Vierteljahrsbl. 17 (1952); *E. von Guttenberg*, Judex h. e. comes aut grafio. In: Festschrift für E. E. Stengel (1952); *R. Sprandel*, Dux und comes der Merowingerzeit. In: ZRG Germ. Abt. 74 (1957); *D. Claude*, Untersuchungen zum fränkischen Comitat, ebd. 81 (1964).

VI,1: Zur Geschichte Karls des Großen, insbesondere der Vorgeschichte der Erneuerung des Kaisertums genüge der Hinweis auf das große, von *W. Braunfels* herausgegebene Aachener Karls-Werk: Karl der Große, in erster Linie Bd. 1 (vgl. oben II,3).

VI,2: Zur Kaiserkrönung Karls des Großen: *F. L. Ganshof*, The Imperial coronation of Charlemagne (Glasgow University Publ. 79, 1949); *P. E. Schramm*, Die Anerkennung Karls des Großen als Kaiser. In: HZ 172 (1951); *H. Löwe*, Eine Kölner Notiz zum Kaisertum Karls des Großen. In: Rhein. VjBll. 14 (1949); *H. Fichtenau*, Karl der Große und das Kaisertum. In: MIÖG 61 (1953); *J. Deér*, Die Vorrechte des Kaisers in Rom. In: Schweiz. Beitr. zur allgem. Geschichte 15 (1958); *R. Folz*, Le couronnement impérial de Charlemagne (Trente journées qui ont fait la France 3, 1967); *H. Beumann*, Das Paderborner Epos und die Kaiseridee Karls des Großen. In: Karolus Magnus et Leo Papa (1966); beste Zusammenfassung: *P. Classen*, Karl der Große, das Papsttum und Byzanz. In: Karl der Große 1 (1965); sehr hilfreich der Sammelband: Zum Kaisertum Karls des Großen, hrsg. von *G. Wolf* (Wege der Forschung 38, 1972) mit acht einschlägigen Aufsätzen. — Zum Zweikaiserproblem: *W. Ohnsorge*, Das Zweikaiserproblem im frühen Mittelalter (1947).

VI,3: Zur Frage des Treueides: *Th. Mayer*, Staatsauffassung in der Karolingerzeit. In: HZ 173 (1952); zur Divisio regnorum: *W. Schlesinger*, Kaisertum und Reichsteilung. Zur Divisio regnorum von 806, jetzt in: *Ders.*, Beiträge zur deutschen Verfassungsgeschichte des Mittelalters 1 (1963) und in dem VI,2 genannten Sammelband von *G. Wolf*; zur Ordinatio imperii: *Th. Schieffer*, Die Krise des karolingischen Imperiums. In: Aus Mittelalter und Neuzeit, Festschrift f. G. Kallen (1957).

VIII: Zum Feudalismusbegriff: *O. Brunner*, „Feudalismus". Ein Beitrag zur Begriffsgeschichte. Abh. der Akademie Mainz, Geistes- und Sozialwiss. Kl. 10 (1958) und in: *Ders.*, Neue Wege der Verfassungs- und Sozialgeschichte ([2]1968).

Grundlegende Gesamtdarstellungen: *O. Hintze,* Wesen und Verbreitung des Feudalismus (1929), Neudruck in: *Ders.*, Staat und Verfassung ([2]1962); *H. Mitteis,* Lehnrecht und Staatsgewalt (1933); *M. Bloch,* La société féodale, 2 vol. (1940). Neuere Darstellungen: *F. L. Ganshof,* Qu'est-ce que la féodalité? (1957), deutsch: Was ist das Lehnswesen? ([3]1970); *R. Boutruche,* Seigneurie et féodalité, 2 vol. (1959–1970).

VII,1: Zur Vasallität wie VII, dazu: *F. L. Ganshof,* Les liens de vasallité dans la monarchie franque. In: Les liens de vasallité et les immunités (Recueil de la société Jean Bodin 1, [2]1958).

VII,2: Zum Beneficium wie oben, dazu: *W. Ebel,* Über den Leihegedanken in der deutschen Rechtsgeschichte. In: Studien zum mittelalterlichen Lehnswesen (Vorträge und Forschungen 5, 1960).

VII, 3: Zur Bedeutung der Treue: *Mitteis,* Lehnrecht und Staatsgewalt S. 43 ff. und *Ganshof,* Quèst-ce que la féodalité? S. 53 ff.

VII,4: Zur Auswirkung des Lehnswesens vgl. insbesondere *Mitteis,* Lehnrecht und Staatsgewalt, S. 176 ff.

Zweiter Teil

I. Zum Zerfall des großfränkischen Reiches: *F. Lot* et *F. L. Ganshof,* Les destinées de l'empire en occident de 768 à 888. In: Histoire générale, publ. par *G. Glotz,* Moyen âge 1 (1949); *W. Schlesinger,* Die Auflösung des Karlsreiches. In: Karl der Große 1 (1965). – Die meisten Darstellungen behandeln mit der Auflösung zugleich die Frage der Neubildung, das heißt in unserem Fall der Entstehung des Deutschen Reiches. Dazu sind in erster Linie zu nennen: *G. Tellenbach,* Königtum und Stämme in der Werdezeit des deutschen Reiches (1939); *Ders.*, Die Entstehung des deutschen Reiches ([3]1947); *M. Lintzel,* Die Anfänge des deutschen Reiches (1942); *W. Schlesinger,* Die Grundlegung der deutschen Einheit im frühen Mittelalter, zuletzt in: *Ders.*, Beiträge zur deutschen Verfassungsgeschichte des Mittelalters 1 (1963); *R. Folz,* La naissance du Saint-Empire. In: Le mémorial des siècles, établi par *G. Walter* (1963); unter der Perspektive Lothringens: *E. Hlawitschka,* Lothringen und das Reich an der Schwelle der deutschen Geschichte (Schriften der MGH 21, 1968); mit viel späterem Ansatz als alle genannten Arbeiten: *C. Brühl,* Die Anfänge der deutschen Geschichte (Sitz. Berichte d. Wiss. Ges. der Johann-Wolfgang-Goethe-Universität Frankfurt, Bd. 10, 1972) Nr. 5. Vgl. dazu aber oben S. 138 f., 188 ff. – Weitere Arbeiten zur Entstehung des deutschen Reiches s. u. unter I,3.

I,1: Zur Ordinatio imperii als dem Ausgangspunkt der Reichsteilungen s. oben im ersten Teil VI,3; dazu *H. Zatschek,* Die Reichsteilungen unter König Ludwig dem Frommen. In: MIÖG 49 (1935). Zur Bedeutung des Vertrags von Verdun: Der Vertrag von Verdun, hrsg. von *Th. Mayer*

(1943); *P.E.Hübinger*, Der Vertrag von Verdun und sein Rang in der abendländischen Geschichte. In: Düsseldorfer Jahrbuch 44 (1947); *F.L. Ganshof*, Der Vertrag zu Verdun 843. In: DA 12 (1956); *P.Classen*, Die Verträge von Verdun und Coulaines 843 als politische Grundlagen des westfränkischen Reiches. In: HZ 196 (1963).

Zur Auswirkung der Teilung: *E. Ewig*, Beobachtungen zur politisch-geographischen Terminologie des fränkischen Großreiches und der Teilreiche des 9. Jahrhunderts. In: Festgabe für M.Braubach (1964). *E.Hlawitschka*, Lotharingien und das Reich an der Schwelle der deutschen Geschichte (Schriften der MGH 21, 1968).

Zu Karl III.: *Tellenbach*, Königtum und Stämme (wie I) und *Schlesinger*, Die Auflösung des Karlsreiches (wie I).

Zur Herrschaft Arnulfs: *H.Appelt*, Arnulf von Kärnten und das Karolingerreich. In: Kärnten in europäischer Schau (Hochschulwochen der Universität Graz, 1960); *W. Schlesinger*, König Arnulf und die Entstehung des deutschen Staates und Volkes. In: HZ 163 (1941); *M.Lintzel*, Zur Stellung der ostfränkischen Aristokratie beim Sturz Karls III. und der Entstehung der Stammesherzogtümer. In: HZ 166 (1942); anders: *G. Tellenbach*, Zur Geschichte König Arnulfs. In: HZ 165 (1942) und *ders.*, Wann ist das deutsche Reich entstanden? In: DA 6 (1943). S. auch die Aufsatzsammlung: Die Entstehung des deutschen Reiches, hrsg. von *H.Kämpf* (Wege der Forschung 1, 1956).

I,2: Zur Bedrohung von außen: *L.Musset*, Les invasions II. Le second assaut contre l'Europe chrétienne. La Nouvelle Clio 12 (1965); ferner *H.Büttner*, Die Ungarn, das Reich und Europa bis zur Lechfeldschlacht des Jahres 955. In: Zeitschrift für bayerische Landesgeschichte 19 (1956).

Zur Entstehung der Stammesherzogtümer: *Tellenbach*, Königtum und Stämme (wie I); *K. Bosl*, Das „jüngere" bayerische Stammesherzogtum der Luitpoldinger. In: Zeitschrift für bayerische Landesgeschichte 18 (1955); dazu *K.Reindel*, Die bayerischen Luitpoldinger von 893–983 (1953); zu den sächsischen Liudolfingern: *S. Krüger*, Studien zur sächsischen Grafschaftsverfassung im 9. Jahrhundert (1950).

I,3: Zu Konrad I. außer der bereits genannten Literatur: *M.Heidmann*, König Konrad I. (Diss. Jena 1922); *Th. Schieffer*, Die rheinischen Lande an der Schwelle der deutschen Geschichte. In: Hist. Forschungen und Probleme (Festschrift für P.Rassow, 1961); *M.Hellmann*, Die Synode von Hohenaltheim. In: HJb. 73 (1954); dazu: *H.Fuhrmann*, Zeitschrift für bayerische Landesgeschichte 17 (1954).

I,4: Zur Wahl Heinrichs I. in Fritzlar: *H. Heimpel*, Bemerkungen zur Geschichte Heinrichs I., Ber. d. Sächsischen Akademie 88 (1937); *M.Lintzel*, Zur Designation und Wahl König Heinrichs I. In: DA 6 (1943); *W.Schlesinger*, Die Anfänge der deutschen Königswahl. In: ZRG Germ. Abt. 66 (1948), auch in: *Ders.*, Beiträge zur deutschen Verfassungsgeschichte 1 (1963).

Zu der im Text nicht erwähnten Salbungsablehnung vgl. Gebhardts Handbuch 1, 225; dazu *C. Erdmann,* Der ungesalbte König. In: DA 2 (1938) und besonders *M. Lintzel,* Heinrich I. und die fränkische Königssalbung, Ber. d. Sächsischen Akademie 102 (1955), der zeigt, daß es im ostfränkischen Reich noch keine Salbungstradition gab.
Über die Machtgrundlagen der Herrschaft: *M. Seidlmayer,* Deutscher Nord und Süd im Hochmittelalter (1928); *Th. Mayer,* Das deutsche Königtum und sein Wirkungsbereich, zuletzt in: *Ders.,* Mittelalterliche Studien (1959). Bedeutung des Lehnrechts: *H. Mitteis,* Lehnrecht und Staatsgewalt (1933).
Zur Bedeutung der Hausordnung: *K. Schmid,* Die Thronfolge Ottos des Großen. In: ZRG Germ. Abt. 81 (1964); hier auch zum Problem der Unteilbarkeit des Reiches; dazu grundlegend: *G. Tellenbach,* Die Unteilbarkeit des Reiches. In: HZ 163 (1941), auch in: Wege der Forschung 1 (1956); ferner *E. Hlawitschka,* Zum Werden der Unteilbarkeit des mittelalterlichen Deutschen Reiches. In: Jb. d. Univ. Düsseldorf (1969/70).
Vertrag von Bonn: *Mitteis,* Lehnrecht und Staatsgewalt (1933), S. 214 f.
Zum Begriff des Regnum Teutonicum: *E. Müller-Mertens,* Regnum Teutonicum. Aufkommen und Verbreitung der deutschen Reichs- und Königsauffassung im frühen Mittelalter (1970); dazu *H. Beumann,* Regnum Teutonicum und rex Teutonicorum in ottonischer und salischer Zeit. In: AKG 55 (1973); zur Eingliederung Lothringens: *Hlawitschka,* Lothringen und das Reich (wie I).

II,1: Zur Wahl und Krönung Ottos I. in Aachen: *P. E. Schramm,* Die Krönung in Deutschland bis zum Beginn des salischen Hauses. In: ZRG Kan. Abt. 55 (1935); *W. Schlesinger,* Die Anfänge der deutschen Königswahl. In: ZRG Germ. Abt. 66 (1948), zuletzt in: *Ders.,* Beiträge zur deutschen Verfassungsgeschichte des Mittelalters 1 (1963); zum Verfahren auch: *H. Mitteis,* Die deutsche Königswahl und ihre Rechtsgrundlagen bis zur Goldenen Bulle (^{2}1944).

II,2: Zur Familienpolitik Ottos I.: *F. M. Fischer,* Politiker um Otto den Großen (1938); *H. Sproemberg,* Die lothringische Politik Ottos des Großen. In: Rhein. Vjbll. 11 (1941); *M. Hellmann,* Der deutsche Südwesten in der Reichspolitik der Ottonen. In: Zeitschrift f. württemb. Landesgesch. 18 (1959) und *K. Schmid,* Thronfolge (wie I, 4).

II,3: Zum Aufstand Liudolfs: *F. M. Fischer* (wie II,2), ferner mit z. T. problematischen Deutungen: *H. Naumann,* Rätsel des letzten Aufstandes gegen Otto I. 953–954. In: AKG 46 (1964); *H. Hoffmann,* Politik und Kultur im ottonischen Reichskirchensystem. Zur Interpretation der Vita Brunonis des Ruotger. In: Rhein. Vjbll. 22 (1957); *F. Lotter,* Die Vita Brunonis des Ruotger (1958) und noch immer von großem Nutzen: *H. Schrörs,* Erzbischof Bruno von Köln, eine geschichtliche Charakteristik. In: Ann. d. Hist. Ver. f. d. Niederrhein 100 (1957).

II,4: Bester Überblick über die Ottonische Reichskirche: *O. Köhler,* Die ottonische Reichskirche. In: Adel und Kirche (Festschrift für G. Tellenbach,

1968); über die Zusammenhänge von Hofkapelle und Reichskirche: *J. Fleckenstein,* Die Hofkapelle der deutschen Könige 2 (1966); zum Begriff: *Ders.,* Zum Begriff der ottonisch-salischen Reichskirche. In: Festschrift für Cl. Bauer (1974); vgl. auch *L. Santifaller,* Zur Geschichte des ottonisch-salischen Reichskirchensystems. In: SB Akad. Wien 229,1 (²1964).

II,5: Grundlegende Untersuchung zum Servitium regis: *B. Heusinger,* Servitium regis in der deutschen Kaiserzeit (1922), umfassende Weiterführung: *C. Brühl,* Fodrum, gistum, servitium regis, 2 Bde. (1968); in diesem Zusammenhang auch wichtig: *H. J. Rieckenberg,* Königsstraße und Königsgut in liudolfingischer und frühsalischer Zeit. In: AUF 17 (1941, Neudruck 1965).
Zur Frage des Reichs- und Kriegsdienstes der Geistlichen: *F. Prinz,* Klerus und Krieg im frühen Mittelalter (1971); *L. Auer,* Der Reichskriegsdienst des Klerus unter den sächsischen Kaisern (Phil. Diss. Wien 1968).
Zum Eigenkirchentum s. oben Erster Teil, II,4.

III,1: Verteidigungssystem an der Ostgrenze: *H. Aubin,* Die Ostgrenze des alten deutschen Reiches. In: HV 28 (1938), auch in: Von Raum und Grenzen des deutschen Volkes (1938).
Zu den Maßnahmen Heinrichs im Osten: *C. Erdmann,* Die Burgenordnung Heinrichs I. In: DA 6 (1943), auch in dessen Ottonischen Studien (1968); dazu *H. Büttner,* Zur Burgenordnung Heinrichs I. In: Bll. f. dt. Landesgesch. 92 (1952); hier auch über die milites agrarii; dazu ferner *G. Baaken,* Königtum, Burgen und Königsfreie. In: Vorträge und Forschungen 6 (1961) und bes. *K. Leyser,* Henry I. and the beginnings of the Saxon empire. In: The English Historical Review 83 (1968).
Zu Heinrichs Ungarnsieg: *M. Lintzel,* Die Schlacht von Riade und die Anfänge des deutschen Staates. In: Sachsen und Anhalt 9 (1933), auch in: *Ders.,* Ausgewählte Schriften 2 (1961).

III,2: Zur Ostpolitik und Markenorganisation Ottos I.: *A. Brackmann,* Die Ostpolitik Ottos des Großen. In: HZ 134 (1926), auch in: Ges. Aufsätze (1941); *Th. Mayer,* Das Kaisertum und der Osten im Mittelalter. In: Dt. Ostforschung, hrsg. von H. Aubin (1942); *H. F. Schmid,* Otto I. und der Osten. In: Festschrift zur Jahrtausendfeier der Kaiserkrönung Ottos des Großen. In: MIÖG Erg. Bd. 20, 1 (1962); dazu insbesondere *W. Schlesinger,* Burgen und Burgbezirke. In: Land und Kultur (Festschrift für R. Kötzschke, 1937), zuletzt in: *Ders.,* Mitteldeutsche Beiträge zur dt. Verfassungsgeschichte des Mittelalters (1961).

III,3: Zu den Bistumsgründungen: *W. Schlesinger,* Kirchengeschichte Sachsens im Mittelalter 1 (1962) und *D. Claude,* Geschichte des Erzbistums Magdeburg bis in das 12. Jahrhundert 1 (1972).
Ottos Ungarnsieg: *B. Eberl,* Die Ungarnschlacht auf dem Lechfeld (Gunzenlê) im Jahre 955 (Abh. z. Gesch. d. Stadt Augsburg 7, 1955); *Th. von Bogyay,* Lechfeld. Ende und Anfang (1955); *K. Leyser,* The Battle at the Lech 955. In: History 50 (1965).

IV. Zum imperialen Königtum: *H. Beumann,* Das imperiale Königtum im 10. Jahrhundert. In: Welt als Geschichte 10 (1950).

IV,1: Burgundpolitik Ottos: *A. Hofmeister,* Deutschland und Burgund im frühen Mittelalter (1914, Neudruck 1965); *J.-Y. Mariotte,* Le royaume de Bourgogne et les souverains allemands du haut moyen âge 888–1032. In: Mémoirs de la Société pour l'histoire du droit et des institutions des anciens pays bourguignons, comtois et romands 23 (1962).
Zur Italienpolitik: *E. Duprè-Theseider,* Otto der Große und Italien. In: Festschrift zur Jahrtausendfeier der Kaiserkrönung Ottos d. Gr. (s. IV,2); ferner: *Chr. E. Perrin,* L'Allemagne et l'Italie de 843 à 962. In: Les Cours de Sorbonne, Hist. du M. A. (1962).

IV,2: Zur Erneuerung des Kaisertums i. J. 962 gibt es eine umfangreiche Literatur, von der nur die wichtigsten Arbeiten genannt werden können, an ihrer Spitze die Festschrift zur Jahrtausendfeier der Kaiserkrönung Ottos d. Gr., MIÖG Erg. Bd. 20, 1 (1962) mit den einschlägigen Aufsätzen von *L. Santifaller, P. E. Schramm* und *E. Duprè-Theseider;* ferner: *H. Grundmann,* Betrachtungen zur Kaiserkrönung Ottos I. In: SB d. Bayer. Akademie (1962); *H. Beumann* und *H. Büttner,* Das Kaisertum Ottos d. Gr., hrsg. vom Konstanzer Arbeitskreis für mittelalterliche Geschichte (o. J.); *H. Löwe,* Kaisertum und Abendland in ottonischer und frühsalischer Zeit. In: HZ 196 (1963); *H. Keller,* Das Kaisertum Ottos d. Gr. im Verständnis seiner Zeit. In: DA 20 (1964); in diesem Zusammenhang auch wichtig: *R. Folz,* La naissance du Saint-Empire (wie I). *K. F. Werner,* Das hochmittelalterliche Imperium im politischen Bewußtsein Frankreichs. In: HZ 200 (1965); Zum Ottonianum: *E. E. Stengel,* Die Entwicklung des Kaiserprivilegs für die römische Kirche 817–962. In: HZ 134 (1926) und *H. Zimmermann,* Das Privilegium Ottonianum von 962 und seine Problemgeschichte. In: Festschrift zur Jahrtausendfeier der Kaiserkrönung Ottos d. Gr. (wie oben) und *ders.,* Das dunkle Jahrhundert (1971).

IV,3: Verhältnis Ottos zum Papsttum: *Duprè-Theseider,* Otto I. und Italien. In: Festschrift zur Jahrtausendfeier (wie IV,2). Verhältnis zu Byzanz: *W. Ohnsorge,* Otto I. und Byzanz. In: Festschrift zur Jahrtausendfeier (wie oben); *F. Dölger,* Die Ottonenkaiser und Byzanz. In: Karolingische und ottonische Kunst. Werden, Wesen, Wirkung (1957); *K. Leyser,* The Tenth Century in Byzantine-Western Relationships. In: Baker (Ed.), Relations between East and West in the Middle Ages (1973).

V. Zum Aufschwung der ottonischen Kultur: M. Seidlmayer, Weltbild und Kultur Deutschlands im Mittelalter. In: Handbuch der deutschen Geschichte, hrsg. von *L. Just* 1 (1957); *A. Borst,* Religiöse und geistige Bewegungen im Hochmittelalter. In: Propyläen-Weltgeschichte 5 (1963); zur ottonischen Literatur: *K. Hauck,* Mittellateinische Literatur. In: Dt. Philologie im Aufriß, hrsg. von *W. Stammler,* Bd. 2 (^{2}1960).

V,1: Neuanfänge im Schulwesen: *F. A. Specht,* Geschichte des Unterrichtswesens in Deutschland (1885); *J. Fleckenstein,* Königshof und Bischofsschule unter Otto dem Großen. In: AKG 38 (1956).

V,2: Zur Theologie der Ottonenzeit vgl. *M. Grabmann,* Geschichte der scholastischen Methode 1 (1909, Neudruck 1957). Zur Liturgie: *C. Erdmann,* Forschungen zur politischen Ideenwelt des Frühmittelalters (1951).
Zur ottonischen Kunst: *H. Jantzen,* Ottonische Kunst (1947), auch Rowohlts deutsche Enzyklopädie 89; *L. Grodecki,* L'architecture Ottonienne (1958); *H. Keller,* Das Nachleben des antiken Bildnisses von der Karolingerzeit bis zur Gegenwart (1970).

V,3: Zur Geschichtsschreibung der Ottonenzeit: *W. Wattenbach-R. Holtzmann,* Deutschlands Geschichtsquellen im Mittelalter. Deutsche Kaiserzeit I,1–4 (1938/43), Neuausgabe ergänzt von *F.-J. Schmale,* 2 Bde. (1967); bes. *H. Grundmann,* Geschichtsschreibung im Mittelalter. In: Dt. Philologie im Aufriß, hrsg. von *W. Stammler,* Bd. 3 (²1962, selbständiger Neudruck 1965).

VI,1: Zur Krise unter Otto II.: *K. Uhlirz,* Untersuchungen zur Geschichte K. Ottos II. In: MIÖG Erg. Bd. 6 (1901); *M. Hellmann,* Die Ostpolitik K. Ottos II. In: Syntagma Friburgense (Festschrift für H. Aubin 1956); *W. Mohr,* Die lothringische Frage und Otto II. und Lothar. In: Revue belge de phil. et d'hist. 35 (1957); *W. Kienast,* Deutschland und Frankreich in der Kaiserzeit (1943); zu den Sarazenenkämpfen: *A. Amari,* Storia dei Musulmani in Sicilia, 2. Aufl., hrsg. von C. Nallino 3 Bde. (1933/39); Otto II. und die deutschen Fürsten: *M. Lintzel,* Der Reichstag von Verona im Jahre 983. In: *ders.,* Miscellen zur Geschichte des 10. Jahrhunderts. Ber. d. Sächsischen Akademie, phil.-hist. Kl. 100, 2 (1953).

VI,2: Grundlegend für das Gesamtbild Ottos III.: *P. E. Schramm,* Kaiser, Rom und Renovatio (2 Teile 1929, Neudruck 1957); ferner: *M. Uhlirz,* Otto III. 983–1002 (Jbb. d. deutschen Reiches unter Otto II. und Otto III., Bd. 2, 1954).
Über Otto III. und Aachen: *Fleckenstein,* Hofkapelle 2 (1966) S. 77 ff. Zur Italienpolitik des Kaisers: *M. Uhlirz,* Die italienische Kirchenpolitik der Ottonen. In: MIÖG 48 (1934).
Otto III. und Rom: *Schramm,* Kaiser, Rom und Renovatio (s. oben), passim; wichtig: *C. Brühl,* Die Kaiserpfalz bei St. Peter und die Pfalz Ottos III. auf dem Palatin. In: QFIAB 34 (1954).
Hintergrund der Rompolitik: *H. Fuhrmann,* Konstantinische Schenkung und abendländisches Kaisertum. In: DA 22 (1966). Zum römischen Hofstaat, insbesondere dem Patriziustitel vgl. auch *C. Erdmann,* Forschungen zur politischen Ideenwelt des Frühmittelalters (1951).

VI,3: Die Probleme der Ostpolitik Ottos III. auf neue Grundlagen gestellt von *H. Beumann und W. Schlesinger,* Urkundenstudien zur deutschen Ostpolitik unter Otto III., Arch. f. Diplomatik 1 (1955); dazu *H. Ludat,*

An Elbe und Oder um das Jahr 1000 (1971): hier insbes. auch wichtige Beobachtungen zu Ottos Gnesenzug; dazu auch, wie stets, *Schramm*, Kaiser, Rom und Renovatio (wie VI,2); ferner *C. Woyciechowski*, La „Renovatio Imperii“ sous Otton III et la Pologne. In: Revue hist. 201 (1949); *O. Halecki*, The Millennium of Europe (1963) und *H. Ludat*, Reichspolitik und Piastenstaat um die Jahrtausendwende. In: Saeculum 14 (1963).
Gran und die Entstehung des ungarischen Staates: *A. Brackmann*, Zur Entstehung des ungarischen Staates, Abh. d. Akademie Berlin (1940); *J. Deér*, Die Entstehung des ungarischen Königtums (1942); *M. Uhlirz*, Die Krone des hl. Stephan (1951). S. auch *G. Székely*, Ungarns Stellung zwischen Kaiser, Papst und Byzanz zur Zeit der Kluniazenserreform. In: Spiritualità cluniacense (1960).
Zum Persönlichkeitsbild Ottos III.: *E. R. Labande*, „Mirabilia mundi“. Essai sur la personalité d'Otton III. In: Cahiers de Civilisation médiévale 6 (1963).

VII: Über den Zusammenhang zwischen Ottonen und Saliern: *Th. Schieffer*, Heinrich II. und Konrad II. In: DA 8 (1950 bzw. selbst. Neudruck 1969).

VII,1: Zur Wahl Heinrichs II. jetzt: *W. Schlesinger*, Erbfolge und Wahl bei der Königserhebung Heinrichs II. In: Festschrift für H. Heimpel 3 (1972).
Verlagerung der Machtgrundlagen: *M. Seidlmayer*, Deutscher Nord und Süd (wie I,4); *Th. Mayer*, Das deutsche Königtum und sein Wirkungsbereich (wie I. Teil, V,3).
Zur Ostpolitik Heinrichs II.: *K. Schünemann*, Deutsche Kriegführung im Osten während des Mittelalters. In: DA 2 (1938) und bes. *W. Fritze*, Entstehung und Wesen des Lutizenbundes, Jb. für die Geschichte Mittel- und Ostdeutschlands 7 (1958) und *M. Hellmann*, Grundzüge der Verfassungsstruktur der Lutizen. In: Siedlung und Verfassung der Slawen zwischen Elbe, Saale und Oder, hrsg. von *H. Ludat* (1961).
Zur Italienpolitik: *G. Schwarz*, Die Besetzung der Bistümer Reichsitaliens unter den sächsischen und salischen Kaisern (1913); vgl. auch *Schramm*, Kaiser, Rom und Renovatio (wie VI,2) und: *Ders.*, Die Kaiser aus dem sächsischen Hause im Lichte der Staatssymbolik. In: MIÖG Erg. Bd. 20 (1962/63).
Burgund: s. unten VII,2.
Zur Kirchenpolitik: *H. L. Mikoletzky*, Heinrich II. und die Kirche (1946); dazu *H. Appelt* in MIÖG 56 (1948); vor allem aber: *Th. Schieffer*, Heinrich II. und Konrad II. (wie VII); ferner: *E. Frhr. von Guttenberg*, Das Bistum Bamberg, Germania Sacra 2,1 (1937) und *Th. Mayer*, Die Anfänge des Bistums Bamberg. In: Festschrift für E. E. Stengel (1952).

VII,2: Zum Problem der transpersonalen Staatsvorstellungen: *H. Beumann*, Das Imperium und die „regna“ bei Wipo. In: Festschrift für F. Steinbach (1960), Neudruck in: *Ders.*, Wissenschaft vom Mittelalter (1974).

Zur Italienpolitik Konrads: *H. Löwe*, Kaisertum und Abendland in ottonischer und frühsalischer Zeit. In: HZ 196 (1963); dazu *C. Violante*, La società milanese nell'età precommunale (1953).
Zur Burgundpolitik: *A. Hofmeister und J.-Y. Mariotte* (wie IV,1).

VII,3: Konrad II. und die Kirche: *G. Tellenbach*, K. Konrad II. In: Deutscher Westen – Deutsches Reich 1 (1938) und *Th. Schieffer*, Heinrich II. und Konrad II. (wie VII).
Zur Entstehung der Reichsministerialität: *K. Bosl*, Vorstufen der deutschen Königsdienstmannschaft. In: VSWG 39 (1952), Neudruck in: *Ders.*, Frühformen der Gesellschaft im mittelalterlichen Europa (1964); *Ders.*, Die Reichsministerialität der Salier und Staufer (Schriften der MGH 10, 1 und 2., 1950/51).

Ausblick

Zur Herrschaft Heinrichs III.: *P. Kehr*, Vier Kapitel aus der Geschichte K. Heinrichs III., Abh. d. Akademie Berlin (1930), der allerdings die geistliche Komponente in Heinrichs Kirchenpolitik unterschätzt; vgl. dazu *J. Fleckenstein*, Hofkapelle 2 (1966); Heinrich III. und die Friedensbewegung: *C. Erdmann*, Die Entstehung des Kreuzzugsgedankens (1935); *H. Hoffmann*, Gottesfriede und Treuga Dei (Schriften der MGH 20, 1964). Heinrichs Kirchenpolitik und sein Verhältnis zur Reform: *G. Tellenbach*, Libertas. Kirche und Weltordnung im Zeitalter des Investiturstreites (1936); *G. Ladner*, Theologie und Politik vor dem Investiturstreit. Abendmahlstreit, Kirchenreform, Cluni und Heinrich III. (1936).
Die große Bewegung der Kirchenreform selbst wird im folgenden Band von *H. Fuhrmann* behandelt.

REGISTER

Deutsche Geschichte

Herausgegeben von Joachim Leuschner
Kleine Vandenhoeck-Reihe

Übersicht über das Gesamtwerk: *(* liegt vor)*

Band 1* JOSEF FLECKENSTEIN
Grundlagen und Beginn der deutschen Geschichte

Band 2 HORST FUHRMANN
Deutschland im hohen Mittelalter

Band 3 JOACHIM LEUSCHNER
Deutschland im späten Mittelalter

Band 4 BERND MOELLER
Deutschland im Zeitalter der Reformation

Band 5 MARTIN HECKEL
Deutschland im konfessionellen Zeitalter

Band 6 RUDOLF VIERHAUS
Deutschland im Zeitalter des Absolutismus

Band 7 KARL OTMAR FREIHERR VON ARETIN
Vom Deutschen Reich zum Deutschen Bund

Band 8 REINHARD RÜRUP
Deutschland im 19. Jahrhundert

Band 9* HANS-ULRICH WEHLER
Das Deutsche Kaiserreich 1871—1918

Band 10 GERHARD SCHULZ
Deutschland seit dem Ersten Weltkrieg

Vandenhoeck & Ruprecht in Göttingen